Rechte Gewalt in Deutschland

*Dachauer Symposien zur Zeitgeschichte*
Bd. 16

Herausgegeben im Auftrag der Stadt Dachau
und des Internationalen Jugendgästehauses Dachau/
Max-Mannheimer-Studienzentrums
von Sybille Steinbacher

# Rechte Gewalt in Deutschland

## Zum Umgang mit dem Rechtsextremismus in Gesellschaft, Politik und Justiz

Herausgegeben von
Sybille Steinbacher

WALLSTEIN VERLAG

# Inhalt

SYBILLE STEINBACHER

# Editorial

Als die Verbrecherbande aufflog, die sich den Namen »Nationalsozialistischer Untergrund« (NSU) gegeben hatte, folgten auf Erstaunen und Entsetzen kaum politische Konsequenzen. Dabei zeichneten sich Menschenverachtung, Rassismus und Mordlust in der extremen Rechten seit den letzten Jahrzehnten längst ab. Seit Neuestem kommt der Rechtsradikalismus in Deutschland im Schatten der Wahlerfolge der AfD, der selbsternannten Alternative für Deutschland, und der Pegida-Bewegung daher, der sogenannten Patriotischen Europäer gegen die Islamisierung des Abendlandes. Die Zahl der Gewalttaten schnellt in die Höhe. Diese Entwicklung war der Anlass, das Thema im Oktober 2015 zum Gegenstand des *Dachauer Symposiums zur Zeitgeschichte* zu machen. Unter dem Titel »Rechte Gewalt in Deutschland. Zum Umgang mit dem Rechtsextremismus in Gesellschaft, Politik und Justiz« wurde das drängende Gegenwartsproblem aufgegriffen, um Spezialisten zum Thema zu Wort kommen zu lassen, darunter Journalisten, Politologen, Soziologen, Zeithistoriker, Politiker und andere, die sich gegen rechts engagieren.

Ziel der *Dachauer Symposien*, die seit 2000 jährlich stattfinden, ist es, aktuelle Fragestellungen zur Geschichte und Nachgeschichte der NS-Zeit vorzustellen, zu diskutieren und darüber nachzudenken, warum und auf welche Weise der Nationalsozialismus nach wie vor in unsere Gegenwart ragt. Dass eine rechtsterroristische Organisation unter dem Namen »Nationalsozialistischer Untergrund« zwischen 1998 und 2011 unentdeckt in Deutschland mindestens zehn Morde begangen, mehrere Sprengstoffanschläge und Banküberfälle verübt und unter Migranten und Migrantinnen Angst geschürt hat, ist der atemverschlagende Verweis darauf, wie präsent die Geschichte des Dritten Reiches und wie wenig entwickelt das Bewusstsein für ihre Virulenz ist. Doch wo genau liegen die Bezüge? Wie hat sich der Rechtsextremismus entwickelt? Welche Gefahr geht von rechter Gewalt in Deutschland aus und was ist über internationale Zusammenhänge zu sagen? Worin liegt die Rolle von Frauen in der rechten Szene? Was konnten Untersuchungsausschüsse über das Verhalten von Sicherheits- und Geheimdienstkräften im Zusammenhang mit dem NSU-Terror herausfinden? Welche Aufgabe kommt den Medien im Vorgehen gegen rechts zu? Wie finden junge Leute einen Ausstieg aus dem Rechtsterror? Um diese und weitere Fragen geht es im vorliegenden Tagungsband.

Womöglich wäre nie aufgedeckt worden, dass in Deutschland jahrelang eine rechtsterroristische Gruppe operierte, hätten sich nicht zwei der Täter im November 2011 das Leben genommen, Uwe Mundlos und Uwe Böhnhardt. Gegen Beate Zschäpe und vier mutmaßliche Unterstützer verhandelt das Oberlandesgericht München seit Mai 2013. Dass das Kerntrio des NSU umfangreiche Verbindungen in die rechte Szene hatte, liegt auf der Hand, allerdings ist darüber noch wenig bekannt, und unklar ist, ob sich hierzu überhaupt noch Einzelheiten ermitteln lassen werden. Die Verbrechen wurden von den Sicherheitsbehörden nicht als Terrorakte erkannt, weder Zusammenhänge zwischen den Taten noch politische Motive gesehen. Das Bekanntwerden der Taten des NSU und das dabei offenkundig gewordene Versagen zumal von Polizei und Verfassungsschutz sorgten in Politik und Gesellschaft erstaunlicherweise kaum für eine Sensibilisierung im Umgang mit dem Rechtsterrorismus, auch nicht – ganz im Unterschied zum Terror der Roten Armee Fraktion (RAF) in den siebziger Jahren – für neue Prioritäten im Bereich der Inneren Sicherheit.

Ein neues Phänomen ist der NSU-Terror insofern nicht, als die Reorganisation des Nationalsozialismus in Deutschland, genauer: in Westdeutschland, schon unmittelbar nach dem Ende des Zweiten Weltkriegs begann, getragen von dessen Anhängern. Die Geschichte des Rechtsradikalismus ist lang, und sie lässt sich sicherlich nicht erzählen, ohne auch einflussreiche Strömungen aus anderen Ländern einzubeziehen sowie nach Phasen des Wandels ebenso zu fragen wie nach Zusammenhängen mit politischen, kulturellen und ökonomischen Rahmenbedingungen. Doch dies ist nicht das Ziel des vorliegenden Bandes. Der Fokus ist hier vielmehr auf Deutschland gerichtet, denn die europäische und die internationale Dimension des Rechtsextremismus böte Stoff für ein weiteres Symposium.

In den achtziger Jahren veränderte sich der Rechtsradikalismus in Deutschland insofern, als er nach einer Phase der Zersplitterung und organisatorischen Neuformierung seither immer stärker in Gewalt und Terror mündet. Die Zeitgeschichtsforschung hat sich noch kaum mit der Thematik befasst; Politologie und Soziologie sind hier bereits weiter, konzentriert auf eigene Fragestellungen und eine spezifische Terminologie. Während Zeitgeschichtsforscher eher von »Rechtsradikalismus« sprechen, dominiert unter Politologen und Soziologen der Terminus

»Rechtsextremismus«. Auch weitere, synonym verwendete Begriffe werden in den Sozialwissenschaften diskutiert und sind bisweilen mit jeweils unterschiedlichen Deutungen verknüpft, beispielsweise »Neonazismus«, »Neofaschismus« und »Rechtspopulismus«. Was genau darunter und was genau unter »Rechtsextremismus« zu verstehen ist, ist umstritten, eine klare, allgemeine Definition gibt es bisher nicht.

Vereinfacht gesagt, zeichnet sich Rechtsextremismus durch Ziele und Ideen aus, die den Werten der liberalen Demokratie diametral entgegengerichtet sind. Leben, Freiheit und überhaupt die Menschenrechte werden programmatisch missachtet. Im Zentrum steht eine Ideologie der Ungleichheit und Ungleichwertigkeit. Gewaltakzeptanz und Gewaltausübung kennzeichnen den Rechtsextremismus ebenfalls, ja Gewalt gehört zu seinem Wesen. Im Mittelpunkt des vorliegenden Bandes steht die Entwicklung in Deutschland seit den achtziger Jahren, als rechtsextreme Gewalt zunehmend militante Formen angenommen hat. Paramilitärische, nach dem Führerprinzip organisierte Vereinigungen entstanden, beispielsweise die sogenannten Wehrsportgruppen, die organisierte Gewaltakte verübten, darunter gezielte Mordtaten, Sprengstoff- und Brandanschläge. Das Oktoberfestattentat 1980 weist klar in diese Szene.

Die achtziger Jahre, die im Zeichen einer zunehmend gesellschaftspolitischen Polarisierung insbesondere in der Migrationspolitik standen, was rechtsextremen Parteien rasch Wahlerfolge bescherte, waren die Zeit der neonazistischen Mobilisierung und Radikalisierung. In den frühen neunziger Jahren wurde der Rechtsextremismus im Alltag zunehmend präsenter, Gewalttaten nahmen zu. Im Kontext des Vereinigungs-Pathos wuchs die rechte Szene. Dies war die Zeit der hohen Asylbewerberzahlen und der hitzigen Debatte über das Asylgrundrecht. Brandanschläge und Morde an Asylsuchenden und Migranten folgten, in Eberswalde, Lübeck, Solingen, Mölln, Rostock-Lichtenhagen und Hoyerswerda. Die Exekutive duldete fremdenfeindliche Gewalt oder reagierte zögerlich und schwächlich darauf, und die Justiz bestrafte sie allenfalls milde. Die Grenze zwischen dem Rechtsextremismus und der politischen Mitte verschwamm zusehends. Als das Grundrecht auf Asyl schließlich abgeschafft war, endete die Radikalisierung keineswegs, im Gegenteil: Unter den braunen Kameradschaften, die sich nun zusammenfanden, um mit Gewalt gegen das »System« zu agieren, war auch der NSU.

In drei thematischen Feldern werden im Folgenden die Entwicklungen und Zusammenhänge erschlossen: Zunächst geht es unter dem Titel »Fakten und offene Fragen zum NSU-Komplex« um die politischen und gesellschaftlichen Hintergründe, die zur Radikalisierung der Anhänger des Rechtsextremismus und zu den Verbrechen des NSU führten (Hajo Funke). Ferner wird die Arbeit der parlamentarischen NSU-Untersuchungsausschüsse beleuchtet, insbesondere am Beispiel Thüringens (Katharina König). Auch um die Bedeutung der internationalen rechten Musikszene (Thies Marsen) und um die Rolle des Staatsschutzes im Zusammenhang mit dem NSU (Dirk Laabs) geht es. Im Mittelpunkt des zweiten Teils steht die Frage nach den Bezügen zwischen Gesellschaft und Rechtsextremismus in Deutschland. Der Blick ist auf das Oktoberfestattentat und seine Folgen gerichtet (Ulrich Chaussy). Die gegenwärtige Rolle von Frauen und Mädchen in der rechten Szene wird untersucht (Juliane Lang). Um Wege, Jugendliche vom Rechtsextremismus abzubringen, geht es ebenfalls (Kurt Möller). Zudem werden Rolle und Aufgaben des Journalismus in der Auseinandersetzung mit rechter Gewalt diskutiert (Tanjev Schultz). Der dritte Teil ist der Struktur und Praxis des Rechtsextremismus gewidmet. Der Blick wird beispielsweise auf Dortmund gerichtet, eine Hochburg rechtsextremer Organisationen (Claudia Luzar). Ferner wird der Zusammenhang von Ideologie und Gewaltbereitschaft im Rechtsextremismus thematisiert (Samuel Salzborn). Anhand von Fallbeispielen wird überdies das »Lone Wolf«-Phänomen im Rechtsextremismus untersucht. In der Podiumsdiskussion, die den vierten und letzten Teil des Bandes bildet, setzen sich die Teilnehmer des *Dachauer Symposiums* u. a. mit der Frage auseinander, welche Bedeutung das Wissen über den Nationalsozialismus im Rechtsextremismus hat, und überlegen, welche Kontinuitäten im Umgang mit rechter Gewalt sich in der deutschen Geschichte ausmachen lassen.

Die Stadt Dachau und die Stiftung Jugendgästehaus Dachau ermöglichen die *Dachauer Symposien zur Zeitgeschichte*. Dafür danke ich Herrn Oberbürgermeister Florian Hartmann, außerdem dem Zeitgeschichtsreferenten im Stadtrat, Herrn Prof. Dr. Günter Heinritz, ferner den Mitwirkenden des Kulturausschusses und insbesondere auch dem Kulturamtsleiter, Herrn Tobias Schneider. Beim Internationalen Jugendgästehaus/Max-Mannheimer-Studienzentrum, dem Veranstaltungsort des Symposiums, danke ich dafür der Leiterin Frau Nina Ritz, außerdem Frau Petra Urbanski sowie allen Mitarbeiterinnen und Mitarbeitern des Hauses. Im Wallstein Verlag richtet sich mein Dank an Herrn Thedel v. Wallmoden und Frau Ursula Kömen. Sara Vorwalder, meiner Mitarbeiterin an der Universität Wien, danke ich für das Korrekturlesen des vorliegenden Bandes. Nicht zuletzt richtet sich mein Dank an die Autorinnen und Autoren, die das *Dachauer Symposium* mit ihrem Engagement getragen haben, und an die Besucher und Besucherinnen der Veranstaltung, die für lebendige Diskussionen sorgten.

# I. Fakten und offene Fragen zum NSU-Komplex

HAJO FUNKE

# Staatsaffäre NSU.
## Gesellschaftliche und politische Konsequenzen

Sie schreiben in Ihrer Einladung zum Dachauer Symposium: »Nach der Aufdeckung des Verbrechertrios, das sich den Namen ›Nationalsozialistischer Untergrund‹ (NSU) gab, folgten auf Erstaunen und Entsetzen kaum politische Konsequenzen« – ich füge hinzu: und es folgten erstaunliche Formen einer Aufklärungsblockade, die dazu führt, dass Jahre nach dem Aufdecken des NSU-Komplexes noch immer das Oberlandesgericht München und diverse Untersuchungsausschüsse um die Wahrheit kämpfen. Angesichts dessen haben sich die Bundestagsfraktionen zu einem zweiten Untersuchungsausschuss zur Ermittlung des Fehlverhaltens der Behörden auf Bundesebene entschlossen. Mit dieser Staatsaffäre in Gestalt einer weitgehenden Aufklärungsblockade vertieft und verschärft sich die Situation und drängt erst recht nach Aufklärung sowie nach gesellschaftlichen und politischen Konsequenzen – insbesondere angesichts der beispiellosen Gewaltwelle seit 2015 im Zuge von Pegida, dem Feldzug der sogenannten Patriotischen Europäer gegen die Islamisierung des Abendlandes, und AfD, der selbsternannten Alternative für Deutschland.

## Neuer gewalttätiger Rechtsextremismus nach 1990 und neonazistischer Kaderaufmarsch

Als sich Anfang der neunziger Jahre die »Gewaltbewegung« – wie mein Kollege Bernd Wagner im Interview mit mir sagt – »ungeheuer ausdehnte«, hing dies mit einem gewaltigen und für viele zerstörerischen Umbruchprozess in ökonomischer, sozialer und kultureller Hinsicht zusammen. Wissenschaftliche Forschungen zeigen – ähnlich der Studie von Marie Jahoda über die »Arbeitslosen von Marienthal«[1] aus den frühen dreißiger Jahren –, dass die sozialen und psychischen Erschütterungen vieler, teils ohnehin autoritärer, Familien so gravierend waren, dass sie entgleisten und die nächste Generation vielfach orientierungslos war.[2] Diese anomische Situation förderte ein erhebliches Potential an nach innen und außen gerichteter Spannungen und Gewalt. Gleichzeitig entstand ein wachsendes Angebot an Szenen und neonazistischen Kaderstrukturen, die von einer rassistisch gegen vermeintliche Feinde und Fremde aufgeladenen Atmosphäre getragen waren.

Erinnert sei an die pogromähnlichen Ausschreitungen in Rostock-Lichtenhagen im August 1992 und schon zuvor in Hoyerswerda sowie an die Mordopfer in Mölln, Solingen und Lübeck. Diese Ereignisse feuerten die Quasilegitimität dieser subkulturellen Gewaltbewegung an. Es war zu den ersten Morden gekommen und zu einer exzessiven Ausdehnung der Gewaltstraftaten – oft unter der Parole: »Wir tun, wovon die anderen nur reden. Wir kämpfen gegen Asylsuchende, gegen Migranten und die, die diese unterstützen, vor allem die Linken und die Punks.«

Die Erfahrungen des Umbruchs und der besonderen Transformationsgesellschaft Ostdeutschlands haben eine vielschichtige Radikalisierung des Rechtsextremismus herausgefordert (die sich allerdings schon zuvor ansatzweise abgezeichnet hatte). Die Radikalisierung betraf sowohl die ideologische Struktur, z. B. die Expansion der Holocaust-Leugner, wofür exemplarisch Aufstieg und Einflussmehrung David Irvings in rechtsextremen und neonazistischen Kreisen stehen,[3] als auch die organisierten, zum Teil neonazistischen Netzwerke und insbesondere Art und Ausmaß informeller völkischer Alltagskulturen und rechtsextremer Gewalt. Es waren weniger die etablierten rechtsextremen Wahlparteien – so bedeutsam deren Agitation auch gewesen ist –, die in dieser Bewegung Erfolge erzielten, als vielmehr jene bis 1989 marginalisierten, radikalen und kompromisslosen Neonationalsozialisten um Michael Kühnen und Christian Worch, die an Einfluss gewannen. Sie nutzten ihre Kontakte mit Akteuren der Neonaziszene in der Deutschen Demokratischen Republik (DDR) und etablierten eine Reihe neonazistischer Formationen wie die Deutsche Alternative (DA), die Nationale Offensive (NO) und die Gesinnungsgemeinschaft der Neuen Front (GdNF). Dies gelang, weil schon in der DDR etwa seit Mitte der achtziger Jahre in rechten Jugendszenen die Bereitschaft zur Gewalt etabliert war. Skinheads und Faschos hatten sich in einer Reihe von Bezirks- und Kreisstädten gegenüber nichtrechten Jugendszenen (wie Punks und Grufties) oft auch mit Gewalt durchsetzen können.

# Definitionen

Ich gehe allgemein davon aus, dass die Formen eines gewalttätigen, ins Terroristische reichenden, rassistischen Rechtsextremismus von mehreren Faktoren abhängen: Sie sind Resultat prekärer gesellschaftlicher, ökonomisch-sozialer und politisch-kultureller Prozesse sowie eines rechtsextremen »Angebots«.[4] Dabei verstehe ich unter Rechtsextremismus mit Hans-Gerd Jaschke und Richard Stöss Einstellungen, Verhaltensweisen und Aktionen, die von einer rassistisch oder ethnisch erklärten sozialen Ungleichheit der Menschen ausgehen, nach ethnischer Homogenität von Völkern verlangen, das Gleichheitsgebot der Menschenrechtsdeklaration ablehnen und für eine autoritär-totalitäre Ordnung eintreten.[5]

Unter Neonazis verstehe ich diejenigen, die sich mehr oder weniger stark in Ideologie und Gewaltpraxis an den Ideen des historischen Nationalsozialismus orientieren, an dessen Rassismus und Antisemitismus, tatsächlich ein »Viertes Reich« anstreben und nach 1990 mit der Ausdehnung eines neuen gewalttätigen Rechtsextremismus zunächst in Ostdeutschland – dann nach Westen überschwappend – eine neue nationalsozialistisch revolutionäre Chance sahen.

Ähnlich der Definition des nordrhein-westfälischen Landeskriminalamts verstehe ich unter Rechtsterroristen einen besonders gewaltbereiten Teil des Rechtsextremen, der sich zur Verwirklichung seiner Ziele in der Regel klandestin organisiert, sich bewaffnet und Sprengstoffanschläge, Morde oder andere Formen terroristischer Gewalt plant und durchführt. Im Falle des hier zu behandelnden Terrorismus kommt dessen spezifische Genese als Kontext hinzu: die Entwicklung in einer rechtsextremen Subkultur und in rechtsextremen Organisationen wie dem Thüringer Heimatschutz – vor allem in den neunziger Jahren – hin zu einer neonationalsozialistisch und weißrassistischen Ausrichtung, die eine besondere Akzentuierung auf entsprechend ideologisch definierte Feinde wie Juden oder neuerdings auch Türken – sogenannte »Fremdkörper« – nahelegt.

Nahezu alle rechtsterroristischen Gruppen in Deutschland – in den achtziger Jahren wie seit 2000 – kamen aus einem alltagsterroristischen bzw. präterroristischen Milieu, in dem es zum praktischen Selbstverständnis gehörte, jederzeit gegen definierte Feinde tödlich zuzuschlagen. Vor dem Hintergrund dieser Entwicklung, so z.B. im Thüringer Heimatschutz, war es möglich, auf der Basis der Diskussion um Terrorkonzepte wie von Combat 18 (C 18) oder des weißrassistischen Ku-Klux-Klan (KKK)[6] sich auch beim NSU eine Form führerloser Zellen

vorzustellen und mit der Hilfe des engeren Umfelds und seines Netz-
werks schrittweise umzusetzen. So ist für den NSU am Ende der neunziger Jahre die Entwicklung von gewissermaßen autonom agierenden
(führerlosen) Zellenstrukturen möglich geworden – nach dem Vorbild
von C 18/Blood & Honour (B&H) bzw. des Ku-Klux-Klan.

## Formationen aus West und Ost.
## Die Freiheitliche Deutsche Arbeiterpartei

Nach der Maueröffnung strömten westdeutsche Kader nach Sachsen,
Sachsen-Anhalt, Thüringen, Mecklenburg-Vorpommern und Branden-
burg und verbanden sich mit dortigen Faschos aus der Spätphase der
DDR.[7] Zu den einflussreichsten zählten Michael Kühnen, später auch
Christian Worch, Thomas Brehl, Arnulf Priem und der Österreicher
Gottfried Küssel. Schon 1977 hatte Kühnen den SA-Sturm 8. Mai und
Ende 1977 die Aktionsfront Nationaler Sozialisten (ANS), später Aktionsfront Nationaler Sozialisten/Nationaler Aktivisten (ANS/NA), u. a.
aus ehemaligen Kadern der Nationaldemokratischen Partei Deutschlands (NPD) gegründet. Diese offen auftretende, neonationalsozialistische Gruppierung wurde 1983 verboten. Daraufhin ging ein beträcht-
licher Teil der Aktivisten in die ebenfalls neonationalsozialistische, aber
traditionell geleitete Freiheitliche Deutsche Arbeiterpartei (FAP). Sie
wurde 1979 von Martin Pape, einem Lehrer, als eine eher diffuse, natio-
nalkonservativ orientierte Partei gegründet, allerdings mit starken neonationalsozialistischen Einsprengseln. Die Parteiführung wandte sich
nicht entschieden gegen die Unterwanderung durch die Nationalsozialisten um Michael Kühnen und Christian Worch. So wuchs die Zahl
ihrer Mitglieder Mitte der achtziger Jahre auf zirka 500 Personen. Eine
Reihe von Untergliederungen entstand, darunter Gau-, Kreis- und Orts-
verbände, außerdem die Deutsche Frauenfront (DFF) und ein Komitee
zur Vorbereitung der Feierlichkeiten zum 100. Geburtstag von Adolf
Hitler (KAH). Die Programmatik der Partei war nationalistisch, rassistisch und antisemitisch. Sie begriff Gewalt als Mittel der Wahl.

Schon vor der deutschen Vereinigung verfügte die Freiheitliche Deutsche Arbeiterpartei mittels Skinheads und Hooligans über beträchtliche
Kontakte in die DDR. Zu den Aktivisten im Berlin-Brandenburgischen
Raum zählte Christian Wendt. Bei Aufmärschen und Gewaltakten – so
während der ausländerfeindlichen Aktion in Rostock-Lichtenhagen im
August 1992 – war die Partei präsent. Sie kooperierte eng mit der Däni-
schen Nationalsozialistischen Bewegung (DNSB), die die Hetzschrift

*Einblick* zur Bekämpfung von Liberalen und Linken (die sogenannte Anti-Antifa-Kampagne) veröffentlichte. Im September 1993 kündigte die Bundesregierung an, beim Bundesverfassungsgericht einen Antrag auf Verbot der Partei zu stellen. Sie wurde dann schon auf dem Verordnungsweg verboten.

### *Gesinnungsgemeinschaft der Neuen Front*

Einflussreicher wurde die 1985 gegründete Gesinnungsgemeinschaft der Neuen Front. Michael Kühnen hatte sie u. a. als Konsequenz aus dem Verbot der Aktionsfront Nationaler Sozialisten/Nationaler Aktivisten mit zum Teil dem gleichen Mitgliederstamm ins Leben gerufen, der gleichzeitig die Freiheitliche Deutsche Arbeiterpartei unterwanderte. Die Gesinnungsgemeinschaft der Neuen Front war eng mit der Nationalsozialistischen Deutschen Arbeiterpartei Partei/Auslands- und Aufbauorganisation (NSDAP/AO) verbunden. Ihre führenden Kader waren in der Regel Mitglieder der von dem amerikanischen Holocaust-Leugner Gary Lauck geleiteten Vereinigung. Sie gruppierte sich um die Organisation mit dem Namen »Informationsbrief zur Lage der Bewegung – Die neue Front« und gliederte sich nach ihrem Vorbild, der Nationalsozialistischen Deutschen Arbeiterpartei (NSDAP) im Dritten Reich, in Gaue, Kameradschaften und Stützpunkte. Die Volkstreue außerparlamentarische Opposition (VAPO), eine österreichische Organisation unter der Führung von Gottfried Küssel, gehörte ebenfalls dazu. Die Freiheitliche Deutsche Arbeiterpartei tönte: »Wir lassen uns nicht gefallen, dass Deutschland vernegert […] der Volkszorn erwacht! Asylanten werden mehr und mehr ›abgefackelt‹. Wir als nationale Sozialisten sehen als einzige Kraft den kommenden Bürger- und Rassenkrieg voraus.«[8] Politisch sah man sich, wie es hieß, »in der Tradition der SA und des revolutionären Flügels der historischen NSDAP«, strebte eine »nationalsozialistische ›2. Revolution‹« an und sah in Hitler eine »Heilsgestalt der arischen Rasse«.[9] In der 1988 von Michael Kühnen formulierten Schrift »Die zweite Revolution – Glaube und Kampf« steht:

»Unser Ziel ist die nationalsozialistische Revolution, aus der das 4. Reich und eine art- und naturgemäße neue Ordnung für die weiße Rasse hervorgehen wird. […] Um das zu erreichen, sind in der jetzigen Kampfzeit verschiedene Zwischenziele anzustreben und zu verwirklichen: Überwindung des NS-Verbots, Neugründung der NSDAP, Staatsreform, Vereinigung aller geschlossen siedelnden Deutschen in einem einheitlichen, souveränen und sozialistischen Großdeutschland. [...] Die Strategie besteht in der Nutzung des durch das offene Bekenntnis zum Nationalsozialismus ausgelösten massenpsychologischen Umkehrprozesses, der sich darin äußern wird, dass im Falle einer ernsthaften Systemkrise die unzufriedenen und rebellierenden Massen sich an denen orientieren werden, die vorher vom System am erbarmungslosesten verfolgt worden sind und sich selbst als die kompromisslosesten Gegner des Systems erwiesen haben.«[10]

Der Gesinnungsgemeinschaft der Neuen Front ging es weiterhin um den Kampf gegen »Überfremdung«, »Amerikanismus«, Umweltzerstörung und für die »Reinerhaltung der arisch-germanischen Rasse«. Ernst Röhm und Adolf Hitler galten als Orientierungsgrößen.[11] Zur ideologischen Grundlage gehörten das 20-Punkte-Programm der NSDAP und Hitlers Schrift »Mein Kampf«. Als legal arbeitender Arm der Organisation wurde am 5. Mai 1989 die Deutsche Alternative (DA) für das Gebiet der DDR ins Leben gerufen. Kurz zuvor, im März, war von den Anhängern Michael Kühnens, namentlich von Christian Worch und Thomas Wulff, die Nationale Liste (NL) in Hamburg gegründet worden. Schon 1989 war es der Deutschen Alternative gelungen, ihre Strukturen auf die DDR zu übertragen (u. a. durch den Dresdner Neonazi Rainer Sonntag).

*Heerschau der neonazistischen Kampf- und Terrorkader. Ein Fanal*

Die Kundgebung am 9. November 1991 in Halle mit dem Blood & Honour-Gründer Ian Stuart Donaldson und dem Holocaustleugner David Irving im Rahmen einer Heerschau der neonazistischen Kampf- und Terrorkader[12] wurde von Christian Worch eröffnet, der Irving als ersten Redner aufrief. Dieser wurde von einer skandierenden Menge unterbrochen, als er an die großen »Helden« erinnerte, die im Namen der »deutschen Revolution« tätig gewesen seien. Als er den »großen Deutschen« Rudolf Heß als »Märtyrer des Friedens« feierte, skandierte die Menge wiederholt »Sieg-Heil«. Irving drückte seine Freude über die großdeutsche Perspektive aus: die »wirtschaftliche und finanzielle Hegemonie Deutschlands« über das zusammengefallene Sowjetreich. Danach sprach der Thüringer Neonazi Thomas Dienel vom »von Ausländern überfluteten Deutschland« und rief ein Deutschland aus, das »von der Maas bis an die Memel« reichen werde. Während des anschließenden Demonstrationszugs grölten Teilnehmer: »Wir kriegen dich auch. Wir kriegen euch alle.«[13]

Mit von der Partie war der entscheidende Mann des britischen Blood & Honour-Netzwerks, der Sänger Ian Stuart Donaldson von der

Neonazikultband Skrewdriver. Die Inszenierung des Aufmarsches dieser wenigen Hundert glich einem nicht besonders gelungenen Imitat aus Nazi-Zeiten. Die mehrheitlich männlichen Jugendlichen – kurz geschorene Haare, Springerstiefel, manche im Militär-Look – und die wenigen Alten trugen Reichskriegsflaggen und die Fahnen ihrer Organisationen. Sie marschierten mit laut skandierten Parolen wie »Deutschland den Deutschen«, »Ausländer raus« und wiederholt »Sieg-Heil«-Rufen zum Kundgebungsplatz. Unter den Teilnehmern waren Ewald Althans, ein Organisator von David Irvings Kampagnen Anfang der neunziger Jahre zur Propagierung der Holocaust-Leugnung (unter der Kontrolle des umtriebigen V-Manns Stefan Wiesel), außerdem Thomas Dienel, Andreas Rachhausen und höchstwahrscheinlich auch Kai Dalek.

### Sündenböcke. Projektionen der Wut auf Asylsuchende und die prekäre Rolle der Politik

Diese Kader einer Gruppe versprengter Nationalsozialisten, die das Dritte Reich wieder aufleben lassen wollten, traf mit ihrem Ritt nach Ostdeutschland auf einen für sie faszinierenden, breiten Resonanzboden. Denn der Euphorie der deutschen Einheit war alsbald Enttäuschung gefolgt. Statt »blühender Landschaften« dehnte sich die Massenarbeitslosigkeit aus. Im Jahr 1991 waren hier bereits 69 Prozent der Arbeitsplätze weggefallen. Die Treuhand tat ein Übriges. Es gab keine angemessene wirtschafts- und arbeitsmarktpolitische Vorgehensweise gegen die Entwicklung. Dies lag ökonomisch auch an der de facto drei- bis vierhundertprozentigen Aufwertung (!) einer ohnehin erheblich schwächeren DDR-Ökonomie durch die Währungsunion – und damit an einer kalten ökonomischen Revolution. Der Schock der Massenarbeitslosigkeit wurde für immer größere Teile der ostdeutschen Bevölkerung fühl- und sichtbar. Empörung und Kritik wuchsen. Es gab eine verbreitete Wut, die keine politische und ökonomische Strategie auffing.

Die vereinigten Neonazikader und DDR-Faschos sahen daher eine unvermutet große Chance für ihre neonationalsozialistisch-revolutionäre Euphorie im Kampf gegen »das System« und vor allem gegen den neu ausgemachten Feind: die Migranten und Asylsuchenden. Zugleich betrieb die Politik öffentlich wirksame Asylrestriktionen. Der Soziologe und Migrationsforscher Ruud Koopmans hat nachgewiesen, dass sich mit einer Kette von Gesetzesinitiativen, Asylbeschleunigungsverfahren und der Verteilung von Asylsuchenden auf das gesamte Bundesgebiet,

also auch auf die dafür unvorbereiteten sogenannten neuen Bundesländer, innerhalb der folgenden Monate »das Hauptproblem der Arbeitslosigkeit auf das des Zustroms von Asylflüchtlingen verschieben ließ
und so de facto der Asylflüchtling zum Kernproblem« nicht nur in den
neuen Bundesländern (gemacht) wurde.[14] Die Verschiebung auf einen
De-facto-Sündenbock wurde zugleich gegen die Sozialdemokratische
Partei Deutschlands (SPD) gerichtet, im September 1991 mit der infa-
men Formulierung des Generalsekretärs der Christlich-Demokratischen
Union (CDU), Volker Rühe, der sagte, ab jetzt sei »jeder Asylant ein
SPD-Asylant«. Diese Formulierung veranlasste seinen Parteikollegen
Bundespräsident Richard von Weizsäcker im Monat darauf zu der öf-
fentlichen Äußerung, so gehe man nicht mit Menschen um.

## Das Exempel Thüringen. Radikalisierung und Terror

Anfang der neunziger Jahre stieg die Gewalt auch in Thüringen expo-
nentiell an, wie selbst die Verfassungsschutzberichte ausweisen.[15] Der
Alltagsterror in der Innenstadt von Jena war grenzenlos. Hassparolen auf
dem Weihnachtsmarkt. Körperliche Übergriffe. Lothar König, der Pfarrer der dortigen Jungen Gemeinde, beschreibt, warum sich die Szene in
dieser Zeit radikalisierte. Es seien die Anschläge auf türkische Bewohner in Mölln 1992 und Solingen 1993 gewesen, die in der rechten Szene
als Erfolge gefeiert wurden. Es war die Zeit, in der das braune Netz in
Rudolstadt, Saalfeld, Kahla, Weimar und Gera, aber auch in Jena sich
verdichtete und die Jugendszenen dominierte. Eine Art Bürgerkrieg kam
aus den ökonomisch und mental verlassenen Plattenbaugettos von
Lobeda, einem Ortsteil von Jena. Als gefährliche Gruppe traten Uwe
Böhnhardt, Uwe Mundlos und Beate Zschäpe zusammen mit André
Kapke, Ralf Wohlleben und Holger G. verstärkt ab 1995 in den Vordergrund, später auch mit Carsten S.
    Katharina König aus Jena, heute in Thüringen Landtagsabgeordnete
der Linken, erinnert sich, dass es 1992 zu den ersten Angriffen aus der
Naziszene auf die Junge Gemeinde in Jena kam, einem unabhängigen
Zentrum der DDR-Kritiker, gegründet in den achtziger Jahren.[16] Bald
weiteten sich die Angriffe auf bis zu 40 pro Jahr aus. Gezielt richtete
sich der Straßenterror gegen Linke und vor allem gegen die Leute der
Jungen Gemeinde. Schon 1993 gab es einen direkten Angriff auf deren
Räume, einen zweiten 1997, parallel dazu fanden Hetzjagden auf der
Straße statt. Seit Mitte der neunziger Jahre galten Mundlos, Böhnhardt
und Zschäpe als das gefährlichste Trio innerhalb der Jenaer Neonazis.

Katharina König berichtet in Interviews, die ich mit ihr und dem Studentenpfarrer Lothar König 2012 führte, dass Linke oder die, die sie für solche gehalten hatten, eiligst die Straßen wechseln mussten, um nicht deren Gewalt ausgesetzt zu sein. Vor allem vor Böhnhardt zitterten die Jugendlichen. Die Jenaer Kameradschaft gehörte – neben der aus Saalfeld-Rudolstadt – zu den gewalttätigsten in der Umgebung. Sie zählte zur Anti-Antifa Ostthüringen, ehe diese sich als Thüringer Heimatschutz (THS) definierte.

## Neonazis und Verfassungsschutz. Tino Brandt

Der Thüringer Heimatschutz wurde ab etwa Mitte der neunziger Jahre zur größten neonazistischen Gewaltformation in Deutschland. Ihr Cheforganisator war der zuvor als V-Mann vom Thüringer Landesamt für Verfassungsschutz (TLfV) angeworbene Tino Brandt, der sich in den Augen des Verfassungsschutzes als unersetzbar erwies und für den der frühere stellvertretende Präsident des TLfV, Peter Nocken, noch im Erfurter Untersuchungsausschuss einen »absoluten Quellenschutz« verteidigte.[17] Neben Brandt gab es eine Reihe weiterer Verbindungsleute des Verfassungsschutzes.

Die Gewinnung von V-Leuten im Kontext des Thüringer Heimatschutzes war auch ein zentrales Objekt der vom Verfassungsschutz eingeleiteten Operation »Rennsteig« (die etwa 1995 begann, aktenkundig war sie nach jetzigem Stand ab 1997). Regelrecht unter dem Schutz des Verfassungsschutzes konnte sich die Neonaziszene enorm ausweiten und sich im Wege provokativer und terroristischer Aktionen radikalisieren, ohne eingedämmt zu werden.

Seine erste große Aktionserfahrung sammelte Brandt als 17-Jähriger im Rahmen des Rudolf-Heß-Gedenkmarsches im August 1992, den er mit Thomas Dienel aus Weimar organisierte. An dem Marsch in Rudolstadt nahmen über 2.000 Neonazis aus vielen Ländern Europas teil – ein halbes Jahr nach dem Auftritt David Irvings vor den Neonazis Deutschlands in Halle an der Saale. Zu den Organisatoren gehörte auch der spätere V-Mann Andreas Rachhausen, Mitglied der Skinhead-Gruppe um Sven »Rosi« Rosemann, dem Zellengenossen von Uwe Böhnhardt. Dabei waren zudem Vertreter der radikalsten Gruppen jener Zeit, u. a. der Freiheitlichen Deutschen. Ihr Erfolg beflügelte sie. Dabei war stets auch Brandts Mentor Kai Dalek, der bereits als V-Mann des Bayerischen Landesamtes für Verfassungsschutz tätig war. Zwei Jahre später, im Mai 1994, organisierte Tino Brandt ein großes Skinkonzert im

»Deutschen Krug« in Rudolstadt. Im gleichen Jahr wurde er vom Thüringer Landesamt für Verfassungsschutz angeworben. Er blieb bis 2001 ohne jegliche rechtliche Restriktionen V-Mann und wurde, wie er selbst sagte, insgesamt mit 200.000 Mark entlohnt. Das Geld setzte er, wie er glaubwürdig mitteilte, zur Förderung vor allem seiner neonazistischen Kampforganisation ein.

Brandt sah sich in der Rolle eines (durchaus erfolgreichen) Doppelagenten und nutzte die Ressourcen, die ihm der Verfassungsschutz zur Verfügung stellte. Das Amt ließ zu, dass einer der zentralen Einpeitscher und Akteure des Thüringer Heimatschutzes in einer solchen Position blieb und aggressiv agierte. Brandt war vom bayerischen Spitzel und Kader der Gesinnungsgemeinschaft der Neuen Front, Kai Dalek, gefördert worden. Der Thüringer Heimatschutz hatte durch seine Anwerbung als V-Mann immensen Spielraum, so dass sich die V-Leute selbst bei schwerwiegenden Gewaltstraftaten praktisch vor jeglicher Strafverfolgung geschützt wissen konnten.

Gerade dadurch wurde der Thüringer Heimatschutz seit etwa Mitte der neunziger Jahre zur größten neonazistischen Gewaltformation in Deutschland. Er mobilisierte bis zu 300 aktionsbereite Sympathisanten. Im Untersuchungsausschuss in Erfurt haben diejenigen, die das miterlebt haben, davon eindrucksvoll berichtet.[18] Thomas Richter, seit 1993 V-Mann des Bundesamtes für Verfassungsschutz, schilderte Anfang 1995 Details über Uwe Mundlos. Dieser hatte demnach bereits engen Kontakt zu Thomas Starke, dem etwas älteren, in der Szene hoch anerkannten, gewalttätigen Informanten der Sicherheitsbehörden, und hatte ihm Briefe ins Gefängnis geschickt. Mundlos beendete im April 1995 seine Bundeswehrzeit, da er vom Militärischen Abschirmdienst (MAD) offenkundig angeworben werden sollte, jedenfalls als Ansprechpartner genannt wird. Nach seiner Entlassung aus der Bundeswehr wurden die Jenaer Kameraden aktiver und radikaler. In einem Lokal oberhalb von Lobeda spielte am 20. April 1995, aus Anlass von Hitlers Geburtstag, die Band »Vergeltung« – für Mundlos »unsere Band«. Dort, so die Autoren Stefan Aust und Dirk Laabs, sangen sie das Lied, das Mundlos, als er in Straubing mit Kameraden gefeiert hatte, bereits Ärger eingehandelt hatte: »Blut muss fließen, knüppelhageldick«, heißt es in einer Strophe. Auch Informant Tino Brandt war bei diesem Konzert dabei. Die Szenen aus Rudolstadt und Jena wuchsen nun immer schneller zusammen und koordinierten sich. Wenig später errichteten Ralf Wohlleben, André Kapke und andere ein Holzkreuz auf einer Wiese, das sie nach Art des Ku-Klux-Klans in Brand setzten. Zu den regelmäßigen Treffen am Mittwochsstammtisch in Gorndorf bei Rudolstadt gehörten nun auch

Mundlos und Zschäpe, vermutlich auch Böhnhardt. Innerhalb kurzer Zeit waren die Kameradschaft aus Jena und der Thüringer Heimatschutz engstens miteinander verbunden. Die Gruppen begaben sich auf einen immer radikaleren Kurs. André Kapke war der Kameradschaftsführer in Jena – in direkter Tuchfühlung mit den dreien und in Symbiose mit Brandt aus Saalfeld-Rudolstadt.

Wenig später, im Herbst 1995, wurden erste präterroristische Aktionen inszeniert: Eine Puppe hing an einem Fernwärmerohr, das mitten durch Jena führt. Am Tag darauf wurde ein selbstgebauter Sprengkörper durch ein offenes Fenster in ein Haus geworfen, in dem bosnische Bürgerkriegsflüchtlinge untergebracht waren. Die kleine Bombe explodierte – verletzt wurde niemand. Zum Jahreswechsel 1995/96 erfuhr die Sonderkommission Rex (SoKo) des Landeskriminalamts Thüringen (LKA) aus der rechten Szene, dass die Verfassungsschützer in Tino Brandt eine sogenannte Quelle hatten. Mitgliedern der SoKo Rex gelang es, durch zwei Hinweisgeber (u.a. Ivo S.) Entscheidendes sowohl über die Szene als auch über die V-Leute-Struktur zu erfahren, ohne dass zunächst die Hinweisgeber in den Zugriff des Landesamts für Verfassungsschutz gelangten. Danach wurde jedoch die SoKo neutralisiert, um Brandts Rolle nicht zu gefährden. Der hoch gelobte Verbindungsmann des Verfassungsschutzes war de facto an schweren Verbrechen und an der Eskalation der Taten der Neonazis führend beteiligt – und genoss »absoluten Quellenschutz«.

Die Indizienkette war eindeutig. Daher wurde gegen Tino Brandt erfolgreich ermittelt, das Verfahren gegen ihn jedoch 1996 eingestellt. Da Brandt an einem Gewaltverbrechen Ende Januar 1996 in Gräfenthal nachweislich beteiligt war und dabei eine Anstifterrolle spielte, ist die Rolle des Verfassungsschutzes klar: Die Beamten wussten davon und haben, anstatt die Ermittlungen der Polizei zu fördern, diese systematisch behindert und von einem durch nichts gerechtfertigten »absoluten Quellenschutz« gesprochen. Brandt hat zu terroristischer Gewalt angestachelt und sie gefördert – als V-Mann und im Wissen von seiner Führungsrolle. Dies illustrieren sinnfällig die vielen Interventionsversuche gegenüber Polizei und Staatsanwalt aus Verfassungsschutzkreisen. Und dies dürfte zu den Gründen gehören, warum Mario Melzer vom Landeskriminalamt Thüringen, der die Praxis des Verfassungsschutzes unverhohlen kritisierte, mehrfach diskreditiert wurde, ehe er im Thüringer Untersuchungsausschuss zum NSU rehabilitiert worden ist.

# Blood & Honour, Hammerskins und Ku-Klux-Klan an der Seite des NSU-Umfelds. Eine Skizze der Spitzel und Drahtzieher

Der NSU war nicht isoliert, sondern hatte von Beginn an ein Unterstützernetzwerk, sowohl in ideologischer als auch in praktischer Hinsicht. Eingebettet in die wichtigste neonazistische Gewaltformation jener Jahre, den Thüringer Heimatschutz, hatte der NSU seit 1998 in den radikalsten neonazistischen Netzwerken seine Förderer, nämlich Blood & Honour, Hammerskins und Ku-Klux-Klan. Irritierend ist, dass in diesen Organisationen seit Mitte der neunziger Jahre V-Männer aus dem Bundesamt für Verfassungsschutz und aus Verfassungsschutzbehörden von mindestens sieben Bundesländern zum Teil entscheidenden Einfluss besaßen. Je genauer die Recherchen vor allem von Nebenkläger-Anwälten im NSU-Prozess vor dem Oberlandesgericht München, aber teilweise auch des Bundeskriminalamtes vorangetrieben werden, desto klarer wird das Bild des Unterstützernetzwerks des NSU-Komplexes: Es ist dicht geknüpft und überzieht die gesamte Republik.

Verschiedene Gruppen sind miteinander verbunden, überlappen sich personell und sind aufeinander bezogen. Sie waren und sind zu einem erheblichen Teil auch mit rechten Rocker-Organisationen im engen Kontakt und in der organisierten Kriminalität tätig, nicht zuletzt in der Schaffung der Crystal-Meth-Route von Tschechien nach Deutschland, aber auch im Geschäft mit Prostitution und Kindesmissbrauch.

Die Bedeutung des Konflikts um die Infiltration mit Spitzeln wird verständlicher, wenn man sich den Hintergrund der Verfassungsschutzstrategie gegenüber den neuen Ländern seit der deutschen Einheit vor Augen führt. So hatten Verfassungsschützer nach wenigen Jahren die Spitzen-Spitzel in der neonazistischen Gewaltbewegung und den Kaderstrukturen neonazistischer Kleinstorganisationen, wie der Freiheitlichen Deutschen Arbeiterpartei oder der Gesinnungsgemeinschaft der Neuen Front, in einer Mischung aus informationeller Kontrolle, Zersetzung und Radikalisierung unterwandert. Besonders radikale V-Leute wurden an entscheidenden Knotenpunkten der gewaltgefährlichen neonazistischen Netzwerke eingesetzt. Innerhalb weniger Jahre gelang es den Verfassungsschützern, in Gewalt-Aktionszentren in ganz Deutschland V-Leute zu platzieren. Personen, die im staatlichen Auftrag »in Dienst« genommen waren, erhielten Apanagen und stachelten als Brandstifter wiederholt neonationalsozialistische Gewalttaten an.

Diese erschreckende These ist Resultat der Zusammenstellung von Daten zu V-Leuten aus den wichtigsten Gewaltzentren des Neonazismus seit Mitte der neunziger Jahre. V-Leute pflegten oftmals persönlichen Kontakt mit dem NSU-Kerntrio, auch nach dessen Untertauchen, so z. B. Thomas Starke, Tino Brandt und Thomas Richter sowie nicht zuletzt Ralf Marschner (Zwickau). Die Zentren befanden sich in mindestens acht Bundesländern, u. a. in Sachsen, Thüringen und Sachsen-Anhalt, aber auch in Bayern, Baden-Württemberg, Hessen und in Nordrhein-Westfalen. In den meisten der folgenden Aktionszentren waren V-Leute »Top-Quellen« und Führungsfiguren, ja regelrechte »Turbobeschleuniger«:[19]

- in Sachsen die Skinheads Sächsische Schweiz (SSS) und die Hammerskins mit dem V-Mann des Bundesamts für Verfassungsschutz, Mirko Hesse alias »Strontium«;
- in Sachsen Sturm 34 mit dem Aussteiger und ehemaligen Informanten Matthias Rott, der Schwerpunkt lag in Mittweida. Schon die Anhänger des Sturms 34 hatten das Konzept eines führerlosen Widerstandes, orientierten sich an Gruppen wie Blood & Honour, Combat 18 und dem Weißen Wolf Rundbrief;
- in Sachsen die Aktiven von Blood & Honour (und Chemnitz Concerts 88) mit Thomas Starke u. a. als Informanten der Polizei, in engster Verbindung u. a. mit Uwe Mundlos und Beate Zschäpe;
- in Thüringen und Sachsen die Anti-Antifa Ostthüringen, der Thüringische Heimatschutz und Blood & Honour-Strukturen, mit Marcel Degner, Tino Brandt, Andreas Rachhausen, Michael See und Thomas Richter als V-Leuten;
- in Brandenburg (Region Königs Wusterhausen) mit Combat 18, dem V-Mann Carsten S. alias »Piatto« und mutmaßlich Nick Greger;
- in Bayern die Kameradschaft Süd bzw. das Freie Netz Süd mit dem Agent Provocateur und in bewaffneten Kämpfen erfahrenen V-Mann Didier Magnien, der Granatwerfer gegen a.i.d.a., eine Recherchegruppe aus dem Umfeld antifaschistischer Personen in Bayern, einzusetzen vorschlug, sowie mit dem V-Mann Kai Dalek;
- in Baden-Württemberg Neonazis und Ku-Klux-Klan-Formationen mit dem mutmaßlichen V-Mann Achim Schmid (Schwäbisch Hall), dem V-Mann des Bundesamts für Verfassungsschutz Thomas Richter alias »Corelli« und zeitweilig dem V-Mann Tino Brandt;
- in Nordrhein-Westfalen Combat 18 und in Dortmund mit dem besonders gewaltradikalen V-Mann Sebastian S., der Band Oidoxie, der Oidoxie Streetfighting Crew und Marco G.;
- in Nordrhein-Westfalen die Gruppe um den V-Mann Andree Zimmermann;
- in Hessen die Kameradschaft Kassel mit V-Mann Benjamin G. sowie dem Sturm 18 in Kassel mit Christian W.;

– in Niedersachsen und an weiteren Orten Michael See alias »Tarif« als »Topquelle« des Bundesamts für Verfassungsschutz.

Die Tatsache, dass in einer ganzen Reihe von rechtsextremen Gewaltzentren V-Leute von großem Einfluss tätig und informiert waren, hat nicht etwa den Ermittlungsbehörden gedient, im Gegenteil: Die zentrale Ermittlungsbehörde, die Besondere Aufbauorganisation (BAO) Bosporus, vernachlässigte die rechtsextreme Spur.

## Aufklärungshindernisse. Spuren verfehlt und rassistischen Interpretationen die Tür geöffnet

Die bayerischen und bundesweiten Ermittlungsbehörden haben das ihre dazu beigetragen, der NSU-Mordserie nicht auf die Spur zu kommen. Nach dem Mord an Enver Şimşek am 9. September 2000 in Nürnberg, der ersten Tat der Mordserie, waren die Verbrechen Gegenstand der Ermittlungsbehörden – zunächst in der SoKo Halbmond, ab 2005 dann in der BAO Bosporus. Die Ermittlungsbehörden haben sich dabei konsistent so verhalten, dass die Spur Rechtsextremismus tabu blieb.

Die politische Verantwortung für die Ermittlungen hatte das Innenministerium in München unter der Leitung von Günther Beckstein (CSU). Der bayerische Innenminister hatte einen seiner engsten Freunde in der operativen Leitung des Bundesamts für Verfassungsschutz: Klaus-Dieter Fritsche, der bis 1996 sein Büroleiter in München gewesen war. Die Verantwortung zweier für die Aufklärung zentraler Institutionen – die BAO Bosporus und das Bundesamt für Verfassungsschutz – lag also bei zwei einander gut bekannten Personen. Im Folgenden wird gezeigt, wie es geschehen konnte, dass der Spur Rechtsextremismus im Rahmen der Ermittlungen nicht nachgegangen wurde. Auch geht es darum zu zeigen, wie die Fahndungen aus der Sicht der Opferfamilien wahrgenommen wurden.

### »Schmerzliche Heimat« (Semiya Şimşek)

Semiya Şimşek erinnert gemeinsam mit ihrem Mitautor Peter Schwarz in ihrem eindrucksvollen Buch »Schmerzliche Heimat« berührend an ihren Vater.[20] Sie zeigt, wie die Ausrichtung nicht nur einer Ermittlereinheit, sondern so gut wie aller Ermittler sich in der Frage des Mords an neun Kleinunternehmern südosteuropäischer oder türkischer Herkunft auf das angeblich kriminelle Milieu, insbesondere das angebliche Drogen-Milieu, im Opferumfeld konzentriert hatte. Sie bezieht sich dabei nicht nur auf den Fall ihres Vaters Enver Şimşek und ihrer Familie, sondern auf alle Opfer der Mordserie, die nichtdeutscher Herkunft waren. Gewiss steht beim Fehlen eines offensichtlich Tatverdächtigen das Opferumfeld im Zentrum von Ermittlungen. Dies aber gilt nicht bei einer Mordserie und nicht ohne die selbstverständliche Verpflichtung der Ermittler, »die Angehörigen des Getöteten einfühlsam zu behandeln«.[21] Hier ging es ganz anders zu: »[Ohne jede Sensibilität] platzten zwei Polizisten am Abend des Mordtags nach 9:00 Uhr abends in die Wohnung und begannen, auf die Mutter einzureden. Meine Mutter war völlig verwundert und dachte nicht im Entferntesten daran, dass ihrem Mann etwas passiert war. [...] Dann begriff sie, dass Vater etwas zugestoßen sein könnte. [...] Von da an war sie aufgelöst und ganz durcheinander. [...] Die Nürnberger Polizei [hatte] ihre Kollegen in Schlüchtern verständigt, die Angehörigen gleich zu vernehmen, insbesondere zu einem möglichen Tatverdacht.«

Auch Semiya wurde mit Fragen konfrontiert. Die Ermittler suchten die damals 14-Jährige in der Schule in Aschaffenburg auf: »Sie zeigten mir Fotos und fragten: Ist dein Vater mal bedroht worden von einem Blumenhändler namens Cakir? Ich hatte den Menschen noch nie gesehen. Dann legten sie mir Fotos von Onkel Hüsayn, von meiner Mutter, von Verwandten und von wildfremden Menschen vor.« Als Semiyas Mutter, Adile Şimşek, im Frühjahr 2001 erneut von der Polizei bedrängt und mit neuen, de facto erlogenen »Argumenten« auf die angeblichen Drogengeschäfte ihres Mannes verwiesen wurde, brach sie zusammen: »Meine Mutter begann zu seufzen, zu stöhnen und zu schluchzen, sie schrie unter Tränen, mehrere Minuten lang schüttelte der Weinkrampf sie. Der Polizist hat es letztlich doch geschafft, sie zu brechen, ihren Glauben an ihren Mann, zumindest für diesen Moment: War denn, so schoss es meiner Mutter durch den Kopf, ihr ganzes Leben eine Lüge gewesen, ihre Ehe eine Lüge gewesen, ihre Ehrbarkeit, ihr Fleiß, ihr Glaube?«[22] Lange Jahre blieb der Vorwurf präsent, dass Enver Şimşek mit Drogen gehandelt bzw. diese transportiert habe. Die Ermittler folgten dieser »Spur« immer entschlossener. Dieser Blumenhändler, so vermuteten sie, war ein Transporteur für Heroinstreckmittel. Gegenüber Adile Şimşek stellten sie ihre Theorie, die auf den falschen Aussagen eines Mannes namens Yildirim beruhte (der mit sieben Kilo Heroin von der Polizei gefasst worden war), immer wieder als Tatsache dar. Erst 2006 erledigte ein neu in den Fall eingestiegener Beamter endlich die polizeilichen Hausaufgaben durch einen Faktencheck.[23]

*Drogenspekulation. Eine »Verschwörungsideologie«*
*der Polizei für eine ganze Dekade?*

Mit der Drogenspekulation, so Semiya Şimşek, ließen sich auch die anderen Fälle der Mordserie aus der Sicht der Ermittler verklammern: Verschiedene Drahtzieher aus dem Milieu hätten demnach Ärger mit Untergebenen gehabt, und um sich des Problems zu entledigen, wählten sie alle denselben, bewährten Weg – sie wandten sich an Profikiller. Wahrscheinlich seien die Auftragsmörder Türken, schrieb ein Beamter, es könne sich allerdings auch um Albaner handeln.[24] Meinen Recherchen mit Rechtsanwälten der Nebenklägerinnen und Nebenkläger zufolge wurden alle Opferfamilien im Rahmen der Ermittlungen gedemütigt oder für mitschuldig erklärt. Das gilt neben den Şimşeks vor allem für die Familien Boulgarides und Kılıç. Angeblich wurden immer wieder Spuren, die in ein kriminelles Opferumfeld führten, entdeckt, in Drogenhandel, Erpressung und quasiterroristische Strukturen zwischen Türken und Kurden. Zum Tod von Boulgarides stellte die Münchner *Abendzeitung* fest: »Türkenmafia schlug wieder zu«. *Die Welt* mutmaßte, die Mörder hätten den Auftrag einer von den Bergen Anatoliens aus operierenden Bande vollstreckt. Und die *Nürnberger Zeitung* fragte: »Geht es um Drogendepots bei biederen und somit unverdächtigen Geschäftsleuten, die durchaus ein paar Euro nebenbei brauchen können?«[25] »Jahr für Jahr schrieben die Zeitungen weiter von der Drogenmafia und einer Istanbul-Connection und die Ermittler soufflierten«, schreibt Semiya Şimşek. »Der Leiter der SoKo Bosporus mutmaßte im Interview, vielleicht seien alle Ermordeten zuvor in der Drogenszene aktiv gewesen, ein anderer Polizist brachte Waffenschmuggel und Menschenhandel ins Spiel. Er kritisierte die Mauer des Schweigens in der türkischen Szene und meinte, diese Leute seien einfach noch nicht in dieser Gesellschaft angekommen, eine Zeitung nannte die Opferfamilien äußerst zugeknöpft, und ein Nachrichtenmagazin erklärte sich ihre Sprachlosigkeit mit Angst vor den Killern«.[26] »Neben der Ausblendung rassistischer Tatmotive beeindruckte die allgemeine Verharmlosung der Neonaziszene. […] Eine derartige Mordserie schienen die staatlichen Behörden den Neonazis nicht zugetraut zu haben.«[27] Wie konnte es zu einer derartigen Fehleinschätzung kommen, obwohl die neonazistische Gruppe um Martin Wiese 2003 einen massiven terroristischen Anschlag in München geplant hatte, was zum Glück rechtzeitig aufgedeckt worden war? Von den neonazistischen Bluttaten ganz zu schweigen. Im Untersuchungsausschuss wurde nie geklärt, warum von den 682 Neonazis im Großraum Nürnberg, die der BAO Bosporus vom Bayerischen Landesamt für Verfassungsschutz nach monatelangem Zögern genannt wurden, nur neun kontaktiert worden sind.

Während die BAO Bosporus nach dem letzten in Bayern begangenen NSU-Mord 2005 die Münchener Wohnung und den Schrebergarten des Mordopfers mit Spürhunden durchsuchen ließ und das Telefon von dessen Bruder abhörte, begnügten sich die Ermittler in Bezug auf die rechte Szene mit sogenannten Gefährderansprachen bei neun weiteren Aktivisten, um sie vor zusätzlichen Kontakten und Taten im neonazistischen Zusammenhang zu warnen. Dies waren unter anderem der bayerische NPD-Vorsitzende und Stadtrat der rassistischen Bürgerinitiative Ausländerstopp (BIA), Ralf Ollert, aus Nürnberg, ferner der Nürnberger Ex-NPD-Aktivist Rainer Biller sowie der Fürther Szeneanwalt Frank Miksc. Das Ergebnis der oberflächlichen Recherchen in der rechten Szene war, wie nicht anders zu erwarten, gleich null.

Auch die staatlich bezahlten Neonazis, die V-Leute, hätten nichts Relevantes berichtet, hieß es. Unbegreiflich bleiben bis heute die naiven Vorannahmen der Ermittler: Wieso sollten organisierte Neonazis die Wahrheit sagen, wenn es um Morde an den ihnen verhassten Migranten geht? Den bayerischen Ermittlern fehlte, was die Neonaziszene anbelangt, jegliche Phantasie. Doch wenn es darum ging, die vermeintlichen Killer in der türkischen Community aufzuspüren, wurden in München und Nürnberg sogar falsche Dönerimbisse betrieben. Dieser Aufwand ist umso erstaunlicher, als nur eines der bayerischen Mordopfer in dieser Branche tätig gewesen war, bundesweit waren es nur zwei. Im bayerischen NSU-Untersuchungsausschuss wurde eines deutlich: Der Staat schützte die von ihm in ihrer Funktion als V-Leute bezahlten Neonazis selbst dann, wenn es um Mord ging.

## Das terroraffine Netzwerk heute

Angesichts der gegenwärtigen Ausbreitung von gewaltbereiten Neonazis im Schatten der rechtspopulistischen Protestbewegungen ist die fehlende Aufklärung der Mordserie besonders problematisch. Denn das terroraffine Netzwerk existiert, und darin gibt es Formationen, die gegen Flüchtlinge mobil machen – auf neonazistische rassistische Weise. Das ist nicht nur die NPD in Heidenau oder Freital, zuvor schon in Schneeberg, sondern auch der Dritte Weg, eine Art legaler Arm des NSU-Umfelds. In Teilen Nordrhein-Westfalens beispielsweise ist die Ersatzpartei für die NPD, Die Rechte, aktiv und mobilisiert Rassismus und die damit verbundene Gewalt.

Uli Jentsch, Hilde Sanft und Eike Sanders haben in ihrem Beitrag im *apabiz* gefordert, dem antifaschistischen Pressearchiv und Bildungs-zentrum Berlin, dass nach drei Jahren der Aufklärungsmisere die Blick-richtung nun erneut auf das Problem selbst erfolgen solle.[28] Sie haben recht. Denn die terroraffinen Netzwerke der Neonazis sind langfristiger, vielfältiger, gefestigter und international vernetzter, als die Behörden uns dies weismachen wollen. Es gab und gibt eine im Untergrund agie-rende gewalttätige Neonaziszene – einen realen Neonationalsozialisti-schen Untergrund –, der weiterexistiert. In der Gegenwart zeigen dies die Kette an Brandanschlägen auf Flüchtlingsheime und das Netzwerk von Neonazis im Untergrund, ferner Rockergruppen und ihre Verbin-dung mit der organisierten Kriminalität im Drogen- und Menschen-handel, nach wie vor auch in Thüringen und Sachsen. Statt der Veren-gung auf einen Einzeltäter oder ein Trio, das inzwischen ja nur noch aus einer Person besteht, sollten wir uns der Tatsache stellen, dass der heu-tige neonationalsozialistische Untergrund über eine gewaltideologische Ausrichtung verfügt, der sie zu rassistischen Terrortaten befähigt. Die terroraffinen Gewalttäter sind folglich unter uns.

Nach wie vor existiert ein wirksames Geflecht an NPD-Kadern, Netz-werken der organisierten Musikszene (u. a. Blood & Honour) und der sogenannten autonomen Organisationsformen. Es gibt deutschlandweit ebenso wie in den einzelnen Bundesländern weitreichende Überlap-pungen. Ein Teil des Bundesvorstands der NPD ist auf das Engste mit den Freien Kameradschaften und der aggressiven Rechts-Rockszene ver-bunden oder repräsentiert sie. Von machtpolitischer Bedeutung für die Vernetzung zwischen den verschiedenen Ebenen sind in der NPD Udo Pastörs (Mecklenburg-Vorpommern), Thorsten Heise, Christian Berisha (NPD Niedersachsen), Karl Richter, Thomas Wulff, Andreas Storr so-wie eine Reihe weiterer in den einzelnen Ländern relevante NPD-Größen. Die Kameradschaftsszene dominiert in der NPD, insbesondere in Mecklenburg-Vorpommern, Berlin, Sachsen, Thüringen und Baden-Württemberg. Im Schatten der 2014 an die Öffentlichkeit getretenen rechtspopulistischen Bewegung Pegida, und im Schatten der AfD macht die extreme neonazistische Gewaltrechte heute mobil wie seit den frühen neunziger Jahren nicht mehr. Wo immer Rechtspopulisten und Rechts-radikale auftreten, werden sie von den gewaltbereiten rechten Misch-szenen und von Neonazis instrumentalisiert, unterlaufen oder gekapert. So in einigen Orten in Mecklenburg-Vorpommern, außerdem in Düs-seldorf, Magdeburg und München. Die Mobilisierung des Mobs durch Rechtspopulisten hat gleichzeitig dazu beigetragen, neonazistische Ge-walt zu entfesseln. Im Schatten von Pegida konnten sich die Neonazis reaktivieren bzw. neu bilden. Die NPD will nicht nur Asylsuchende zurückschicken, sondern darüber hinaus auch Millionen Menschen, die, wie es heißt, »nicht ethnisch rein« seien. Das ist ein klares Programm aus der neonazistischen Ecke. Nirgends ist das Verhältnis von Ideologie und Gewalt so eng wie in den neonazistischen Parteikreisen und ihrem Kameradschafts- und Hooligan-Umfeld.

Inzwischen drohen Gefahren eines neuen Rechtsterrors der dazu fähigen neonazistischen kleinen Organisationen, wie Die Rechte (so in Bamberg) und Der Dritte Weg (nicht zuletzt aus dem Umfeld des NSU). Der Mordanschlag auf die später zur Oberbürgermeisterin von Köln gewählte Henriette Reker im Oktober 2015 war das Resultat einer über Monate hinweg überaus aufgeheizten Stimmung. Holger Münch, Präsident des Bundeskriminalamts, hat angesichts zunehmender Gewalt gegen Flüchtlinge vor dem Entstehen rechtsextremer Untergrundgruppen nach NSU-Vorbild gewarnt. Die Polizei brauche »schnelle Ermittlungsergebnisse und Urteile, um die Dynamik der rechtsextremen Straftaten zu unterbrechen«, sagte er im Januar 2016 der *Bild am Sonntag*.[29] Sonst könnten sich schlimmstenfalls weitere terroristische Strukturen bilden, wie es sie mit der NSU-Gruppe bereits gegeben habe. Von den rund 500 ermittelten Tätern, die 2015 Straftaten gegen Asylunterkünfte verübt haben, seien 70 Prozent zuvor nicht wegen politisch motivierter Delikte aufgefallen; sie seien überwiegend aus der Umgebung der Unterkünfte gekommen. Mit Sorge sehe er zudem die selbst ernannten Bürgerwehren, die Recht und Gesetz in die eigene Hand nehmen wollten. Da müsse man genau hinschauen, wer wie tätig werde, sagte Münch. In rechtsextremen Internetforen gebe es seit den Übergriffen auf Frauen an Silvester so viel Kommunikation wie nach dem Anschlag von Paris. »Dort wird zur Notwehr aufgerufen mit dem Ziel, in der Bevölkerung hoffähig zu werden.«

## Fazit

»Nach der Aufdeckung des Verbrechertrios, das sich den Namen ›Nationalsozialistischer Untergrund‹ (NSU) gab, folgten auf Erstaunen und Entsetzen kaum politische Konsequenzen« – ich zitiere wieder aus Ihrer Einladung und ergänze erneut: und außerdem erstaunliche Formen einer Aufklärungsblockade. Angesichts einer beispiellosen Gewaltwelle im Zuge von Pegida und AfD brauchen wir heute beides: einen effizienteren Rechtsstaat, der besser aufklärt und schützt, und eine entschiedene Bekämpfung fremdenfeindlicher Mobilisierung durch die Gesellschaft.

Es bedarf erstens einer integrierten Prävention durch Gesellschaft und Politik. Nach fast vier Jahren der Konzentration auf das, was die Behörden taten und vor allem unterließen, vor allem aber auf eine immer wieder zu beobachtende weitreichende Aufklärungsblockade über die Ursachen eines fundamentalen Versagens von Geheimdiensten und Ermittlungsbehörden muss man erkennen, dass die Gesellschaft erneut vor der Herausforderung steht, vor allem sich selbst um eine Aufklärung der terroraffinen Netzwerke zu kümmern. Auf den Staat (die staatlichen Behörden) ist oft – dies haben die letzten Jahre gezeigt – kein Verlass. Es braucht eine integrierte Prävention aus Gesellschaft, vor allem Zivilgesellschaft, Öffentlichkeit und Politik, der sich polizeiliche und justizielle Repression zuordnen muss, es braucht ferner die öffentliche Konfrontation mit rassistischen Thesen (verbreitet beispielsweise von dem Publizisten Thilo Sarrazin und dem bayerischen Finanzminister Markus Söder) und eine sozial sensible Integration insbesondere von Jugendlichen, die, blieben sie ohne Perspektiven, für die Rechtsextremen anfällig wären. Eine wirksame Gewalteindämmung läuft ansatzweise dort positiv, wo Politik und Zivilgesellschaft entschieden gegen die Akteure rechtsextremer Gruppen in der Öffentlichkeit vorgehen und Polizei und Justiz ihre Aufgabe effizient und zeitnah umsetzen.[30]

Zu einem solchen originär gesellschaftlichen und politischen Ansatz sollten die Sicherheitsbehörden in einer Art Dienstleistung stehen, die mit ihren Mitteln vor allem von Polizei und Justiz die Entstehung von Gewaltstrukturen eindämmen, verbieten oder auflösen und den Rechtsstaat durchsetzen helfen. Es bedarf ferner einer sozialen und Bildungs-Integration als Prävention. Niemand wird als Rassist geboren. Im Sinne einer langfristigeren sozialen Prävention ist es wichtig, dass sich Kinder, Jugendliche und junge Erwachsene nicht desintegriert, abgewertet und alleingelassen oder gar überflüssig fühlen. Soziale Integration – vor allem durch Bildung für alle – ist vielleicht sogar die entscheidende Prävention gegen ein Klima des Mobbing, der Entwertungen und Sündenbockjagden. Wie wichtig dies von früh an ist, zeigt die Studie der Soziologin Christel Hopf, die nachweist, dass diejenigen, die in einem freundlichen, zugewandten Klima aufwachsen, nahezu immun gegen Ethnozentrismus und Rassismus sind.[31] Es gehört daher zu den Kernaufgaben der Eltern, aber genauso sehr auch der Kindergärten, Grundschulen und weiterführenden Schulen, dass es ein solches Klima der gegenseitigen Anerkennung und zugewandten Unterstützung gibt. Es ist eine der Hauptaufgaben der Politik, niemanden zu demütigen oder alleinzulassen, erst recht keine Kinder. Es gilt überdies, das Schattenreich des Verfassungsschutzes abzuschaffen, eine wirksame gesellschaftliche und politische Kontrolle einzuführen und Konsequenzen für Ermittlungs-behörden und Staatsanwaltschaften zu erlangen. Zu den Konsequenzen zählt ein Ende der Inlands-Geheimdienstorganisation im Ausnahmezu-stand und ohne effektive Kontrolle, das heißt eine Reform an Haupt und Gliedern, die die Abschaffung der V-Leute in der bisherigen Form zum Ziel hat, außerdem die Etablierung einer unabhängigen Kontroll-institution und, beispielsweise durch den Schutz von Whistleblowern, eine Stärkung der Zivilcouragierten.

## *Anmerkungen*

1 Marie Jahoda beschrieb in ihrer zeitgenössisch entstandenen soziologisch-psychologischen Analyse des Ortes Marienthal in der Nähe von Wien, dass nach dem Zusammenbruch der für den Ort zentralen Fabrik im Zuge der Weltwirtschaftskrise die Bewohner so erschüttert waren, dass die bis dahin geltenden Strukturen und Normen schlicht nicht mehr funktionierten und sich ihr Alltag bis in ihre Ess- und Schlafgewohnheiten hinein fundamental veränderte. Später stellte die Autorin fest, dass der zunächst mehrheitlich sozialdemokratische Ort sich den Nationalsozialisten verschrieben hatte. Vgl. Marie Jahoda, Die Arbeitslosen von Marienthal. Ein soziographischer Versuch über die Wirkungen langandauernder Arbeitslosigkeit, Leipzig 1933 (Neuauflagen 1960, 1975); vgl. Marie Jahoda, in: Hajo Funke, Die andere Erinnerung. Gespräche mit jüdischen Wissenschaftlern im Exil, Frankfurt a. M. 1989, S. 336-361.
2 Vgl. Hajo Funke, Paranoia und Politik, Berlin 2002.
3 David Irving wurde als angeblicher englischer Historiker über Jahrzehnte in rechten und rechtsextremen Kreisen vor allem in Deutschland herumge-reicht. Im Jahr 2000 wurde er in einem von ihm angestrengten, aufsehen-erregenden Beleidigungsprozess »David Irving versus Deborah Lipstadt« als Rassist und Holocaustleugner entlarvt.
4 Ohne ein breites gesellschaftliches Umfeld, dem Resonanzboden von Ras-sismus und Fremdenfeindlichkeit, und ein engeres Umfeld neonazistisch inspirierter Gewaltszenen wie in Thüringen ist die Bereitschaft zu exzessiver, auch mörderischer Gewalt und zur Bildung von Zellen am Rande des Un-tergrunds und im Untergrund weniger wahrscheinlich.
5 Vgl. Hans-Gerd Jaschke, Rechtsextremismus und Fremdenfeindlichkeit. Begriffe, Positionen, Praxisfelder, Opladen 1994; Richard Stöss, Extremis-mus von rechts, in: Robert Harnischmacher (Hrsg.), Angriff von Rechts, Rostock 1993, S. 5-29. Es reicht für eine sozial- und politikwissenschaftliche Untersuchung des Rechtsextremismus nicht, sie nur nach einem Links-rechts-Schema einzuordnen, die Mitte als gemäßigt zu interpretieren und die Ränder als extrem, die sich gegenseitig aufschaukeln oder sogar nach einem Bild aus der Physik (U-förmiger Magnet) gegenseitig anziehen. Sol-

che Thesen können zu wenig erklären, warum es zu einem Ab- oder Aufwind rechtsextremer Bewegungen und zu spezifischen Verhaltensformen kommt; sie sind oft verharmlosend und begreifen vielfach rechtsextreme Erscheinungen als normalen Teil der Demokratie. Eine sozialwissenschaftlich erweiterte Rechtsextremismus- und Rassismusforschung, wie ich sie verstehe, geht in der Regel vom Zusammenwirken langfristiger gesellschaftlicher und kurzfristiger situativer Faktoren aus. Sie geht auch davon aus, dass Rechtsextremismus das Resultat einer Wechselwirkung solcher Faktoren ist und die Existenzbedingungen sich nur multifaktoriell erklären lassen. Für den Rechtsextremismus neuen Typs seit Anfang der neunziger Jahre ist es von Bedeutung, folgende Aspekte aufeinander bezogen zu untersuchen: längerfristige mentale Traditionen und ihren Niederschlag in kulturellen Praktiken, also etwa Einflüsse der politischen Kultur wie die geistesgeschichtliche Ablehnung demokratischer Ideale, obrigkeitsstaatliche Staatsbezüge, konformistische Untertanenmentalität, die Traditionen der Konfliktvermeidung, vorurteilsanfällige Freund-Feind-Schematisierungen, Rassismus sowie militaristische Orientierungen – Dimensionen, die mit den von Theodor W. Adorno diagnostizierten autoritätsgebundenen Dispositionen korrespondieren (Historik und Kultur); gesellschaftliche Desintegrationsprozesse einschließlich Prozesse sozialer Anomie, nicht zuletzt gravierende Umbrüche und Transformationsprozesse (Sozio-Ökonomie); Stabilität bzw. Wandel des politischen Systems und seiner Legitimität (Politik und Politische Sphäre) und das »Angebot« rechtsextremer Ideologien und Netzwerke, Organisationen und Diskurse und deren Interaktion. Vgl. Funke, Paranoia (wie Anm. 2).

6  Combat 18 war eine britische Terrorgruppe, die sich in kleinen, relativ autonomen Zellen organisierte, auch, um nicht gleich von den Sicherheitsbehörden erfasst und kontrolliert zu werden. Ku-Klux-Klan ist eine Gewalt- und Terrororganisation, die seit über 100 Jahren in den USA existiert und für Attentate vor allem auf Schwarze verantwortlich ist.

7  Dies wurde klar, als ich Gelegenheit hatte, für den Prozess »David Irving versus Deborah Lipstadt« in London über einige Jahre sämtliche persönlichen Dokumente, Tagebücher und Briefe Irvings einzusehen.

8  Zit. n. Bernd Wagner (Hrsg.), Handbuch Rechtsextremismus, Reinbek bei Hamburg 1994, S. 100.

9  Zit. n. ebd., S. 110.

10  Zit. n. ebd., S. 109 f.

11  Vgl. ebd., S. 110.

12  Hierüber liegt ein Videodokument vor, das im Prozess »David Irving versus Deborah Lipstadt« eine zentrale Rolle gespielt hat.

13  In Halle waren nahezu alle kleinen neonazistischen Organisationen – untereinander oft zerstritten – versammelt, einschließlich des Blood & Honour-Chefs aus Großbritannien sowie Gottfried Küssel, Christian und Uschi Worch. Die Videoaufzeichnung trug wesentlich dazu bei, 2000 das Gericht im Prozess »David Irving versus Deborah Lipstadt« davon zu überzeugen,

dass Irving nicht etwa ein seriöser Historiker, sondern ein Antisemit, Rassist und Holocaustleugner ist. Vgl. Hajo Funke/Thomas Skelton-Robinson, David Irving. Eine politische Karriere im braunen Netz, unveröffentlichtes Manuskript 2002.

14 Vgl. Ruud Koopmans, Asyl. Die Karriere eines politischen Konflikts, in: Wolfgang van den Daele/Friedhelm Neidhardt (Hrsg.), Kommunikation und Entscheidung. WZB-Jahrbuch (Wissenschaftszentrum Berlin für Sozialforschung), Berlin 1996, S. 167-192.

15 Das Verhältnis rechter und linker Straftaten fällt nach der Erfassung des Thüringer Innenministeriums folgendermaßen aus: 1996: 939 zu 59 und 1997: 1206 zu 53 Straftaten. Die rechten Straftaten machten das 22-Fache der linken aus.

16 Vgl. auch den Beitrag von Katharina König in diesem Band.

17 Tino Brandt und seine entscheidende Rolle als Organisator der damals größten neonazistischen Bewegung einerseits und als Agent des Verfassungsschutzes in Thüringen andererseits stelle ich hier ausführlich dar, auch deswegen, weil sowohl die Entwicklung des NSU-Kerntrios als auch die fördernde Rolle Tino Brandts als V-Mann so besser und genauer kenntlich werden.

18 Der Name »Interessengemeinschaft Thüringer Heimatschutz« tauchte Anfang 1995 zum ersten Mal in Jena auf. Die Gruppe wollte eine Demonstration in der Innenstadt zur Bewahrung der Identität der Stadt »gegen die Internationalisierung durch die EG« durchführen, die Europäische Gemeinschaft.

19 Eine Formulierung des Politikwissenschaftlers und Fernsehjournalisten Rainer Fromm aus: Rainer Fromm/Elmar Thevessen, Brandstifter im Staatsauftrag. V-Leute und der rechte Terror, ZDF-Dokumentation 2013, www.youtube.com/watch?v=Ud6ez57RvUg.

20 Semiya Şimşek, Schmerzliche Heimat, Berlin 2013.

21 Dieses und nachfolgende Zitate ebd., S. 83 ff.

22 Ebd., S. 121.

23 Vgl. ebd., S. 151 f.

24 Vgl. ebd., S. 142 f.

25 Zitiert nach ebd., S. 142.

26 Ebd., S. 168 f.

27 Ebd.

28 Hilde Sanft/Eike Sanders/Uli Jentsch, Reihenweise Einzeltäter. Die Behörden verhindern die Aufklärung des NSU-Netzwerks, in: rundbrief des apabiz (Antifaschistisches Pressearchiv und Bildungszentrum Berlin e. V.), Oktober 2014.

29 Bild am Sonntag, 17.1.2016.

30 So beispielsweise in Oranienburg durch Stadt und Zivilgesellschaft, wo das Forum gegen Rassismus und rechte Gewalt mit dem Bürgermeister und weiteren zivilgesellschaftlichen Organisationen und Schulen kooperiert und die Unterstützung der lokalen Öffentlichkeit, der Medien und der Gedenk-

stätte Sachsenhausen erfährt; das Forum nimmt Anregungen der Polizei auf und fordert umgekehrt die Polizei zu entschiedenem Handeln auf, wenn Gefahr in Verzug ist.

31 Vgl. Christel Hopf/Peter Rieker/Christiane Schmidt, Familie und Rechtsextremismus, Weinheim/München 1995.

KATHARINA KÖNIG

# »Rechtsterrorismus und Behördenhandeln«. Der Thüringer NSU-Untersuchungsausschuss. Zum Gang der Ermittlungen

Am 22. August 2014 fand im Erfurter Landtag die Sondersitzung zum Abschlussbericht des Untersuchungsausschusses »Rechtsterrorismus und Behördenhandeln« statt. »Die NSU-Verbrechen hätte es mit hoher Wahrscheinlichkeit nicht gegeben, wenn die Thüringer Behörden die zweifelsfrei vorhandenen Hinweise und Spuren aufgegriffen und die drei NSU-Aktivisten Böhnhardt, Mundlos und Zschäpe rechtzeitig gefasst hätten«, so das bittere Fazit, das die Vorsitzende des Ausschusses, die SPD-Abgeordnete Dorothea Marx, zog. Als sie zu Beginn ihrer Rede die erste Seite des Abschlussberichtes mit den Namen, Todestagen und Todesorten der zehn Opfer der Mordanschläge des Nationalsozialistischen Untergrunds (NSU) verlas und betonte: »Wir bitten die Opferangehörigen und die 23 teils lebensgefährlich Verletzten der Sprengstoffanschläge in Köln für das ihnen entgegengebrachte Misstrauen und die rassistischen Verdächtigungen um Verzeihung. Unser Beileid gilt den Hinterbliebenen«, erhoben sich im Thüringer Landtag alle Anwesenden von ihren Plätzen. Die Abgeordneten gemeinsam mit den Angehörigen auf der Besuchertribüne, den türkischen und griechischen Diplomaten und weiteren gesellschaftlichen Vertretern von Bund und Land sowie zahlreichen Bürgerinnen und Bürgern, die sich gegen Neonazismus engagieren.

Die Opfer der Mordanschläge sind: Enver Şimşek, getötet am 9. September 2000 in Nürnberg; Abdurrahim Özüdoğru, getötet am 13. Juni 2001 in Nürnberg; Süleyman Taşköprü, getötet am 27. Juni 2001 in Hamburg; Habil Kılıç, getötet am 29. August 2001 in München; Mehmet Turgut, getötet am 25. Februar 2004 in Rostock; İsmail Yaşar, getötet am 9. Juni 2005 in Nürnberg; Theodoros Boulgarides, getötet am 15. Juni 2005 in München; Mehmet Kubaşık, getötet am 4. April 2006 in Dortmund; Halit Yozgat, getötet am 6. April 2006 in Kassel; Michèle Kiesewetter, getötet am 25. April 2007 in Heilbronn.

Der Untersuchungsausschuss hielt in seinem Abschlussbericht fest:

»Auch künftig gilt unser gemeinsames Engagement der Bekämpfung des Rassismus und der Zurückdrängung der extremen Rechten in *allen* Formen. Wir hoffen auf eine baldige gerechte und konsequente, rechtsstaatsgemäße Verurteilung *aller* Täter und *aller* weiteren Personen, die auf verschiedene Weise wissentlich und willentlich zu den Taten des NSU beigetragen oder sie schuldhaft ermöglicht und sich der Beihilfe, der Begünstigung und – womöglich – der Strafvereitelung schuldig gemacht haben. Wir setzen uns dafür ein, dass auch künftig im Freistaat Thüringen *alle* Anstrengungen unternommen werden, um die Verbrechen des NSU und die Tatbeiträge ihrer Unterstützer aufzuklären, und dass diese Aufklärung nicht vor der Verantwortung von Sicherheits- und Strafverfolgungsbehörden halt macht.«[1]

Was war geschehen? Am 4. November 2011 kam es in Eisenach zu einem Banküberfall, welcher Ähnlichkeiten mit vorangegangenen Überfällen aufwies. Ein Großeinsatz der Polizei folgte, die Fahndung nach den Tätern begann. Gefunden wurde wenige Stunden später, um zwölf Uhr mittags, ein Wohnmobil – der mutmaßliche Fluchtwagen der Bankräuber. Die beiden Polizeibeamten, die als Erste eingetroffen waren, hörten um 12:05 Uhr Schüsse aus dem Wohnmobil, das kurz darauf in Flammen aufging. Vier Tage später veröffentlichte Martina Renner, die innenpolitische Sprecherin der Fraktion Die Linke im Thüringer Landtag, erste Informationen zu den aufgefundenen Leichen im Wohnmobil und erklärte in einer Pressemitteilung: »Nach der Fraktion DIE LINKE vorliegenden Informationen handelt es sich bei den Heilbronner Polizisten-Mördern höchstwahrscheinlich um drei Neonazis, die 1998 untergetaucht waren, nachdem in Jena eine Bombenwerkstatt ausgehoben wurde.«[2] Dies war der Beginn allmählicher Erkenntnisse über ein in den neunziger Jahren in Thüringen entstandenes rechtsterroristisches Netzwerk, dessen Verbrechen bis heute noch immer nicht restlos aufgeklärt werden konnten: die als sogenannter Nationalsozialistischer Untergrund agierende Gruppe um das 1998 in Jena untergetauchte Kerntrio Uwe Böhnhardt, Uwe Mundlos und Beate Zschäpe.[3]

# Anfänge in der DDR. Stationen und Entwicklung der Thüringer Neonaziszene seit 1990

»Im Unterschied zur BRD wurde im sozialistischen deutschen Staat der Faschismus mit allen seinen Wurzeln, mit Stumpf und Stiel ausgerottet.«[4] Dieser Legitimationsmythos der DDR wurde spätestens mit dem Überfall von extrem rechten Skinheads auf ein inoffizielles Punkkonzert in der Ostberliner Zionskirche im Oktober 1987 offensichtlich und unter medialer Beachtung widerlegt. Für die Sozialistische Einheitspartei Deutschlands (SED) und ihre Organe war das dennoch kein Grund, von der gefährlichen Lüge Abstand zu nehmen. Feindbild und Opfer der Nazi-Skins waren von Anfang an vor allem Immigrierte und linke Oppositionelle, wobei sich in einigen Jugendcliquen Rechte und Linke mischten und sich die offene Feindschaft erst mit der deutschen Vereinigung entlud. Ab 1989 nahmen ausländerfeindliche Aktivitäten und gewalttätige Übergriffe massiv zu.

Unwissenheit und Ignoranz der politischen Obrigkeit gegenüber den neonazistischen Entwicklungen überlebten den politischen Wechsel der Wendezeit. Aufgrund des jugendlichen Potentials und der Planlosigkeit der Behörden entwickelten sich die sogenannten neuen Länder schnell zu beliebten Auftrittsorten rechtsextremer Bands. Auch Großdemonstrationen mit bis zu 2.000 Neonazis, wie anlässlich des Rudolf-Heß-Gedenkmarsches 1992 in Rudolstadt, ließen nicht lange auf sich warten.

Kurz nach der deutschen Vereinigung betätigte sich in Thüringen eine Vielzahl neonazistischer Organisationen. Neben Parteien wie der Nationaldemokratischen Partei Deutschlands (NPD), der Deutschen Volksunion (DVU) und den Republikanern (REP) veranstaltete auch der Verlag für Volkstum und Zeitgeschichtsforschung sogenannte Lesertreffen; der Verlag, der seinen Sitz in Nordrhein-Westfalen hat, publizierte Schriften, die den Nationalsozialismus verherrlichen und den Holocaust leugnen. Regionale Gruppen wie der SA-Sturm Erfurt, verschiedene Skinhead-Cliquen und -Bands sowie bundesweit bedeutsame Neonazigruppen wurden nun aktiv.

Zunächst gewannen in den neuen Bundesländern nicht die bekannten westdeutschen Parteien, sondern randständige, radikale Neonazigruppen an Einfluss. Darunter waren zahlreiche informelle Zusammenschlüsse offen gewaltbereiter Aktivisten, die vor allem der Skinhead-Subkultur angehörten. Während bis Mitte der neunziger Jahre der organisierte Neonazismus auf Westdeutschland konzentriert blieb, wuchs in Ostdeutschland eine extrem rechte Subkultur heran. Verschiedene Organisationen versuchten – mit geringem Erfolg –, auf sie Einfluss zu nehmen. Gerade das subkulturelle Milieu war maßgeblich für die Gewaltwelle gegen Migranten und Migrantinnen in Ostdeutschland verantwortlich. Auf die rassistischen Pogrome in Rostock, Solingen, Mölln und anderswo, die sich 1992 vor allem gegen Asylsuchende richteten, reagierte Bundesinnenminister Rudolf Seiters (CDU) mit einer Reihe von Verboten. 15 Vereinigungen waren davon bis 2000 betroffen – acht davon zwischen 1992 und 1994. Darunter befanden sich Organisationen wie die Wiking-Jugend und die Freiheitliche Deutsche Arbeiterpartei (FAP), welcher u. a. der Thüringer Rechtsrock-Händler Thorsten Heise angehörte, ehemals NPD-Bundesvorstandsmitglied. Die Neonaziszene reagierte auf die Verbotswelle bundesweit mit der Gründung sogenannter Freier Kameradschaften. Auch in Thüringen entwickelten sich solche Gruppen neben der NPD zur zentralen Organisationsform der extremen Rechten. Bereits Anfang der neunziger Jahre entstanden Freie Kameradschaften in Jena, Saalfeld-Rudolstadt, Gera und weiteren Städten, wie beispielsweise die Kameradschaft Jena, der neben André Kapke auch der seit November 2011 als mutmaßlicher NSU-Unterstützer inhaftierte Ralf Wohlleben sowie Uwe Mundlos, Uwe Böhnhardt und Beate Zschäpe angehörten. Aus den Kameradschaften ging ab 1994 die Anti-Antifa Ostthüringen mit Sitz in Rudolstadt hervor. Nach dem Vorbild des Konzeptes des Hamburger Neonazis Christian Worch stellte sie eine informelle und vermeintlich hierarchiefreie Organisationsstruktur dar und begriff sich als Bestandteil einer militanten Neonaziszene. Dies entsprach der Ankündigung, die die Anti-Antifa u. a. in ihrem Publikationsorgan *Der Einblick* 1993 gemacht hatte. Darin war von der »professionellen Vorbereitung« von Aktionen gegen den politischen Gegner die Rede. In Thüringen bedeutete dies konkret: Regelmäßige wöchentliche Treffen der Anti-Antifa Ostthüringen mündeten in einer Vielzahl von Übergriffen auf AntifaschistInnen sowie öffentlichkeitswirksamen Auftritten. So wurde mittels einer Bombenattrappe die Gedenkveranstaltung für die Opfer des Faschismus in Saalfeld-Rudolstadt im September 1995 gestört.

Während der Verfassungsschutzbericht 1994 bereits von einer Verdoppelung politisch rechts motivierter Taten sprach, urteilte das Thüringer Landesamt für Verfassungsschutz (TLfV) zwei Jahre später: »Neben dem Kreisverband der ›Republikaner‹ in Erfurt existiert im Raum Saalfeld-Rudolstadt die weitgehend strukturlose Gruppierung ›Anti-Antifa Ostthüringen‹, die auch unter den Namen ›Thüringer Heimatschutz‹ (THS) und ›Kameradschaft Jena‹ auftritt.«[5] Die Anfang der neunziger Jahre noch als Selbstfindung zu bezeichnende Phase Thüringer Neonazis mündete 1996 in der Gründung und Bündelung einzelner Kameradschaften im Thüringer Heimatschutz. Damit einhergehend kam es zur Professionalisierung, Radikalisierung und Politisierung der Neonaziszene. Unter der Führung von Tino Brandt im Landkreis Saalfeld-Rudolstadt sowie den ehemaligen Führungspersonen der Kameradschaft Jena André Kapke, Uwe Mundlos, Uwe Böhnhardt und Ralf Wohlleben war zunehmend die Existenz einer organisierten Nazistruktur spürbar. Regelmäßig kam es zu Übergriffen auf politisch alternativ eingestellte Jugendliche, junge Erwachsene, Migrantinnen und Migranten. Bedrohungsszenarien, wie Hetzjagden durch Mitglieder des Thüringer Heimatschutzes, waren bis Anfang der 2000er-Jahre Normalität. »National befreite Zonen« entstanden – nach dem Konzept des Mitte 1991 erschienenen Aufrufs »Schafft befreite Zonen«. Schwerpunkte dafür waren erneut die Hochburgen des Thüringer Heimatschutzes: die Landkreise Saalfeld-Rudolstadt und Jena. In Saalfeld wurde der Stadtteil Gorndorf für alternative, also nicht rechtsextrem orientierte Jugendliche und junge Erwachsene regelrecht zu einer »No-go-Area«.

Das Thüringer Landesamt für Verfassungsschutz schätzte die Neonaziszene in der Region Mitte der neunziger Jahre auf ca. 1.000 Personen; die Saalfelder Polizei sprach 1997 von 120 aktiven Neonazis im Landkreis. Von den 939 polizeilich registrierten extrem rechten Straftaten 1996 entfielen 231, also rund 25 Prozent, auf Saalfeld-Rudolstadt. Tino Brandt, Führungsfigur des Thüringer Heimatschutzes und seit 1994 V-Mann des Thüringer Verfassungsschutzes, war wahrscheinlich in mehrere dieser Taten verwickelt: In insgesamt 35 teilweise schwerwiegenden Fällen wurde während seiner Zeit als V-Mann gegen ihn ermittelt. Doch eine Verurteilung erfolgte nie.[6] Im Oktober 1997 kam es zu einer polizeilichen Razzia im Treffpunkt des Thüringer Heimatschutzes in Heilsberg. Ausgehoben wurde das bis dahin größte Neonazi-Waffenarsenal. Trauriger Höhepunkt war Ende März 1998 schließlich der Mord an der 14-jährigen Saalfelderin Jana G., begangen von einem im örtlichen rechten Spektrum zu verortenden 15-jährigen Jugendlichen.

## Ungestörte Radikalisierung

In Jena wurden die Stadtteile Lobeda und Winzerla zum Agitationsgebiet – erst der Kameradschaft Jena, dann der örtlichen Sektion des Thüringer Heimatschutzes. Das Jugendzentrum Winzerclub in Winzerla war einer der Anlauf- und Treffpunkte der rechten Szene in Jena – auch von Uwe Mundlos, Uwe Böhnhardt und Beate Zschäpe. Die fehlende sozialpädagogische Professionalität entsprang dabei nicht nur in Jena

KATHARINA KÖNIG

dem falsch verstandenen Konzept der »akzeptierenden Jugendarbeit«. Die Zunahme von Übergriffen auf linke Jugendliche wurde seitens der Öffentlichkeit weitestgehend negiert, mehr noch: Der Jungen Gemeinde (JG) Stadtmitte Jena, einem der Treffpunkte für Alternative, also junge Leute, die den Rechtsextremismus unverhohlen ablehnten, wurde vorgehalten, »Feindbild schaffend« zu agieren. Die Radikalisierung der Sektion Jena des Thüringer Heimatschutzes konnte vor diesem Hintergrund ungestört voranschreiten. Im Jahr 1996 tauchten erstmals Aufkleber dieser Gruppe mit dem Spruch »Bratwurst statt Döner« auf. Als Verantwortlicher galt André Kapke. Ebenfalls 1996 fand sich an einer Autobahnbrücke bei Jena eine menschengroße Puppe, versehen mit einem gelben Judenstern und ausgestattet mit einer Bombenattrappe. Verantwortlich dafür war Uwe Böhnhardt. Die nächste Bombenattrappe in Form einer Kiste tauchte im Oktober 1996 im Fußballstadion Ernst-Abbe in Jena auf. Auch sie zierte ein Hakenkreuz. Briefbombenattrappen wurden außerdem über den Jahreswechsel 1996/97 an eine lokale Zeitung, die Stadtverwaltung und die Polizei versandt. Anfang September 1997 wurde ein ebenfalls mit einem Hakenkreuz bemalter Koffer vor dem Theaterhaus in Jena gefunden. Im Koffer lagen ein funktionsfähiger Sprengsatz sowie zehn Gramm TNT-Sprengstoff. Nur drei Monate später, Ende Dezember 1997, wurde erneut ein Koffer mit aufgesprühtem Hakenkreuz entdeckt – diesmal auf dem Jenaer Nordfriedhof, an einer Gedenkstätte für den antifaschistischen Widerstandskämpfer Magnus Poser. Hinzu kamen Szenezeitschriften wie *Doitsche Musik* aus Erfurt oder die *Neue Thüringer Zeitung – Stimme der Nationalen Erneuerung*, die in Zusammenarbeit von Frank Schwerdt und Tino Brandt entstand. Die zunehmende Radikalisierung fand in Thüringen überdies Ausdruck durch Rechtsrockbands und deren Konzerte, aber auch durch Szeneläden, die nicht nur Kleidung und Musik, sondern – wie im Fall des Mitte der neunziger Jahre im Zentrum Jenas entstandenen Ladens »Madley« – sogar Waffen beschafften. Das »Madley« steht symbolhaft für die Ausdehnung einer rechten Alltagskultur in Thüringer Städten, zu der noch heute Neonazi-Läden gehören. Bis 1998 wuchs der Thüringer Heimatschutz laut Landesamt für Verfassungsschutz auf 120 Personen an. Im Gegensatz dazu stehen diverse Zahlenangaben lokaler antifaschistischer Gruppen, die allein für den Landkreis Saalfeld-Rudolstadt eine Mitgliederzahl von 120 Personen im Thüringer Heimatschutz benannten. Thüringen war mittlerweile – gemessen an Übergriffen durch Neonazis und deren Veranstaltungen – zum »braunen Herz Deutschlands« geworden. Die Aktivitäten des Heimatschutzes waren jedoch nicht lokal beschränkt. Regelmäßig wurden vielmehr bun-

desweite Demonstrationen und Aktivitäten der Neonaziszene wahrgenommen, beispielsweise die Aktionstage zum Todestag des Hitler-Stell-
vertreters Rudolf Heß, außerdem Neonazi-Aufmärsche gegen die
Ausstellung über die Verbrechen der Wehrmacht in München und in
Dresden.

Im Jahr 1998 erfolgte nach der Abwahl des ehemaligen NPD-Landes-
vorsitzenden Frank Golkowski eine engere Anbindung des ausdifferen-
zierten rechten Spektrums an die NPD, das sich dadurch aber nicht
minimierte. Die Zusammenarbeit des Thüringer Heimatschutzes mit
unterschiedlichen rechten und rechtskonservativen Gruppen und Partei-
en intensivierte sich vielmehr und wurde geradezu augenscheinlich in
der Zusammenarbeit mit der Burschenschaft Jenensia. Tino Brandt
sorgte auf Landesebene für eine enge Verbindung zwischen den Kameradschaften und der NPD: Ab 1999 war er Pressesprecher des Thüringer
Landesverbandes der NPD und ab April 2000 vorübergehend auch dessen stellvertretender Landesvorsitzender. Im Jahr 2000 gehörten sieben
von zwölf NPD-Vorstandsmitgliedern dem Thüringer Heimatschutz an,
der als Bindeglied zwischen der militanten Neonaziszene, der NPD und
den Jungen Nationaldemokraten fungierte. Brandt wurde 2001 als
V-Mann des Thüringer Landesamts für Verfassungsschutz enttarnt. In
den Jahren 1994 bis 2001 soll er für seine Informantendienste etwa
200.000 Mark erhalten haben, die er laut eigenen Angaben zum Aufbau
der Bewegung verwendet hat. Der Thüringer Heimatschutz erfuhr
durch die Enttarnung seiner Führungsfigur einen Rückschlag und verlor an Bedeutung sowie Bindekraft. Die Neonaziszene in Thüringen
begann von da an, auf andere Weise zu agieren und sich neue Aktivitäts-
formen zu suchen. Als identitätsstiftendes Symbol existiert der Thüringer Heimatschutz bis heute, was die öffentliche Verwendung seines
Namens zum Ausdruck bringt, die beispielsweise auf Transparenten bei
Demonstrationen und Rechtsrock-Konzerten aufscheint.

### Die Anfänge des Thüringer Untersuchungsausschusses

Am 26. Januar 2012 wurde die Einsetzung des ersten NSU-Untersuchungsausschusses in Thüringen auf Antrag aller fünf Fraktionen des
Landtags beschlossen. Aufgabe war es,

»mögliches Fehlverhalten der Thüringer Sicherheits- und Justizbehörden, einschließlich der zuständigen Ministerien unter Einschluss der
politischen Leitungen sowie der mit den Sicherheitsbehörden zusam-

menarbeitenden Personen (sogenannte menschliche Quellen) im Zusammenhang mit Aktivitäten rechtsextremer Strukturen, insbesondere des ›Nationalsozialistischen Untergrunds‹ (NSU) und des ›Thüringer Heimatschutzes‹ (THS) und seiner Mitglieder sowie mögliche Fehler der Thüringer Sicherheits- und Justizbehörden bei der Aufklärung und Verfolgung der dem NSU und ihm verbundener Netzwerke zugerechneten Straftaten« aufzuklären.

In insgesamt 68 Sitzungen wurden 123 Zeugen und Sachverständige gehört, einige Zeugen auch mehrmals. Den Ausschussmitgliedern wurden durch die Landesregierung bis zum Abschluss der Arbeit des ersten Untersuchungsausschusses insgesamt 11.681 Akten zur Verfügung gestellt. Der am 22. August 2014 vorgestellte Abschlussbericht von knapp 2.000 Seiten dokumentiert weite Teile der Arbeit des Untersuchungsausschusses und sorgte sowohl aufgrund seiner detaillierten Darstellungen als auch seiner Bewertungen für bundesweite Beachtung. So heißt es darin u. a.: »Die Häufung falscher oder nicht getroffener Entscheidungen und die Nichtbeachtung einfacher Standards lassen aber auch den Verdacht gezielter Sabotage und des bewussten Hintertreibens eines Auffindens der Flüchtigen zu. Die Geschichte der von 1998 bis 2003 von allen daran Beteiligten betriebenen bzw. nicht betriebenen Fahndung ist im Zusammenhang betrachtet ein einziges Desaster.«

## Die Garagendurchsuchung

Im Oktober 1997 wurde Uwe Böhnhardt vom Landgericht Gera zu einer Haftstrafe verurteilt, die er aber nicht antrat. Zugleich konzentrierten sich die Ermittlungen der Polizei im Fall der Bombenattrappen mehr und mehr auf die Kameradschaft Jena. Daher wurde die Observation Böhnhardts durch das Mobile Einsatzkommando des Thüringer Landeskriminalamtes (TLKA) angeordnet, die jedoch lediglich rudimentär ausfiel. Sie fand an drei nicht aufeinanderfolgenden Tagen statt, am dritten Tag wurde sie vermutlich vorzeitig abgebrochen, weil das Mobile Einsatzkommando das Observationsteam einer anderen Behörde am Ort antraf. Unter ungeklärten Umständen erfolgten daraufhin Observationen bei Böhnhardt durch den Thüringer Verfassungsschutz. Hierbei soll Mitte November eine verdächtige Garage in der Nähe der Saale in Jena in den Blickpunkt gerückt sein, die Mundlos und Böhnhardt benutzt hatten. Böhnhardt nutzte außerdem zwei Garagen am Wohnhaus seiner Familie. Ein Observationsbericht hierüber wurde der

Ermittlungsgruppe Terrorismus Extremismus (EG TEX) übersandt, jedoch mit einem Geheimhaltungsvermerk versehen. Anfang 1998 erwirkte die EG TEX über die Staatsanwaltschaft Gera Durchsuchungsbeschlüsse für die drei Garagen. Dazu erging ein einheitlicher Beschluss des Amtsgerichtes Jena. Ein Haftbefehl wurde jedoch nicht erwirkt. Vorermittlungen ergaben, dass die Garage Nummer 5 am Klärwerk, das war diejenige in der Nähe der Saale, von einem Herrn Apel an Beate Zschäpe vermietet worden war. Da Apel der Mädchenname von Zschäpes Mutter ist, unterblieben weitere Ermittlungen. Im Vorfeld der Durchsuchungsmaßnahme wurde Herr Apel, der – wie sich herausstellte – Beamter der Jenaer Polizei war, jedoch von zwei Beamten zuhause aufgesucht und zur Garage befragt.

Am 26. Januar 1998 erfolgte die Durchsuchung der Garagen, dabei war der Ermittlungsführer wegen eines Lehrganges nicht anwesend. Der zuständige Staatsanwalt war krankheitsbedingt nicht in seinem Büro. Der Durchsuchungsleiter beschloss, ein Team die Durchsuchungen der Garagen am Wohnhaus der Familie Böhnhardt beginnen zu lassen und selbst auf den Kollegen Apel zu warten, um die dritte Garage – die von Beate Zschäpe gemietet worden war – in dessen Beisein zu öffnen. Die erste Garage wurde in Böhnhardts Anwesenheit durchsucht. Die Garage am Klärwerk war mit einem massiven Vorhängeschloss gesichert. Zum Öffnen musste die Feuerwehr anrücken. Im Innern fanden die Beamten dann mehrere im Bau befindliche Rohrbomben sowie Sprengstoff. Sie forderten umgehend Spezialkräfte zur Sicherstellung der Funde an.

Da die Durchsuchung der anderen Garage zu diesem Zeitpunkt noch nicht beendet war, kann davon ausgegangen werden, dass Böhnhardt zum Zeitpunkt des Auffindens der Sprengmittel noch anwesend war. Festgenommen wurde er jedoch nicht. Vielmehr konnte er unbehelligt in sein Auto steigen und davonfahren.

Umfangreiche Unterlagen, die neben Propagandamaterial vor allem Briefe und Kontaktlisten enthielten, darunter die sogenannte Telefonliste Mundlos (auch Fluchtliste genannt), eine von Uwe Mundlos verfasste Zusammenstellung, wurden bei der Garagen-Durchsuchung und bei späteren Wohnungsdurchsuchungen ebenfalls sichergestellt.[7] Aber zu keinem Zeitpunkt wurden sie ernsthaft ausgewertet, vielmehr kamen sie zum Teil ohne jede Begutachtung in den Reißwolf. Erst mehrere Stunden nach der Durchsuchung der Garagen ordnete die Staatsanwaltschaft die vorläufige Festnahme von Böhnhardt, Mundlos und Zschäpe sowie die Durchsuchung ihrer Wohnungen an. Die Suchmaßnahmen liefen erst am frühen Nachmittag des 26. Januar 1998 an, etwa fünf Stunden nach Böhnhardts Verschwinden. Keiner der drei Gesuchten

KATHARINA KÖNIG

wurde angetroffen. Allerdings ließen sich Unterstützungshandlungen mehrerer Personen feststellen, die der Sektion Jena des Thüringer Heimatschutzes zuzurechnen waren, darunter Juliane W., die in der Wohnung von Mundlos angetroffen wurde, und Volker H., der am Abend Böhnhardts Auto zu dessen Eltern gebracht hatte. Jedoch blieben diese Tatsachen ohne Folgen. Nachdem die Festnahmeanordnung zwischenzeitlich sogar aufgehoben worden war, wurde erst am 28. Januar – nach Freigabe des Observationsberichts durch das Landesamt für Verfassungsschutz – Haftbefehl gegen Mundlos, Zschäpe und Böhnhardt erlassen.

Inzwischen war das Kerntrio jedoch in den Untergrund abgetaucht und hielt sich bis zu seiner Enttarnung im November 2011 verborgen. Die Fahndung durch die Thüringer Behörden endete Mitte 2003. Nur nach Uwe Böhnhardt wurde aufgrund seiner Haftstrafe noch bis Ende 2007 gesucht. An der Fahndung beteiligten sich neben der Thüringer auch die sächsische Polizei, das Sächsische Landesamt für Verfassungsschutz, das Bundeskriminalamt (BKA) und das Bundesamt für Verfassungsschutz (BfV). Eine besondere Rolle spielte zudem das Thüringer Landesamt für Verfassungsschutz. Über die Jahre wechselten sich aktive Fahndungsphasen mit Phasen absoluter Passivität ab.

## Die Fahndung

Bereits Ende Januar 1998 wurde die Zielfahndungseinheit des Thüringer Landeskriminalamtes mit der Suche nach dem Trio beauftragt. Parallel startete das Thüringer Landesamt für Verfassungsschutz eine Operation und traf Absprachen mit der Zielfahndung, wobei eine Arbeitsteilung vorgeschlagen wurde: Das Landesamt für Verfassungsschutz kümmerte sich um die rechte Szene, in der, wie es hieß, die Polizei nicht ermitteln möge. Diese solle sich vielmehr um das familiäre Umfeld der Gesuchten kümmern. Zugleich sammelte das Landesamt für Verfassungsschutz Meldungen seiner sogenannten Quellen, vor allem von Tino Brandt, über den Verbleib des Trios, gab diese jedoch zumeist nicht an die Zielfahndung weiter. Während das Landeskriminalamt anfangs vornehmlich den Telefonverkehr überwachte, führte das Landesamt für Verfassungsschutz im Verlauf des Jahres 1998 mehrere Observationen durch, teilweise mit Unterstützung des Bundesamtes für Verfassungsschutz. Das Kerntrio des NSU war zwischenzeitlich bei Mitgliedern des Blood & Honour-Netzwerkes in Chemnitz untergekommen und erhielt über Kontaktpersonen vor allem finanzielle Unterstützung aus der Thüringer

46

Naziszene sowie von Böhnhardts Eltern. Der Fluchtwagen, das Fahrzeug von Ralf Wohlleben, der in Sachsen einen Unfall gebaut hatte, wurde im Februar 1998 von Andreas Rachhausen, einem Mitarbeiter des Thüringer Landesamtes für Verfassungsschutz, zurück nach Thüringen gebracht.

Von alldem erhielt die Zielfahndung unter anderem über die Telefonüberwachung relativ schnell Kenntnis, verhielt sich jedoch nach Aktenlage auffällig passiv in Bezug auf die ermittelten Unterstützer und Unterstützerinnen. Ein Beamter der Zielfahndung förderte jedoch die Bemühungen des Thüringer Verfassungsschutzes, Juliane W., die Freundin von Ralf Wohlleben, als Quelle zu gewinnen. Zur gleichen Zeit suchten zwei Mitarbeiter des Thüringer Landesamts für Verfassungsschutz die Familie Mundlos auf und rieten ihr, bei Kontaktaufnahmen mit dem Amt nicht das eigene Telefon zu benutzen. Generalbundesanwalt Kay Nehm lehnte im Frühjahr 1998 auf Grundlage eines von Bundeskriminalamt und Staatsanwaltschaft Gera erarbeiteten Berichts eine Übernahme der Ermittlungen ab, weil es sich bei den drei Untergetauchten, wie es hieß, nicht um eine terroristische Vereinigung handle.

Im September 1998 erhielt das Thüringer Landesamt für Verfassungsschutz die Meldung des Brandenburger V-Mannes »Piatto«, wonach drei Skinheads, die in Chemnitz untergetaucht seien, den Blood & Honour-Aktivisten Jan Werner beauftragt hätten, ihnen Waffen zu besorgen, damit sie sich Geld beschaffen und ins Ausland flüchten könnten. Diese Information erreichte die Zielfahndung des Thüringer Landeskriminalamtes offenbar nie. Dem V-Mann Brandt wurden im September 1998 vom Landesamt für Verfassungsschutz 2.000 Mark übergeben, mit denen André Kapke dem Kerntrio falsche Reisepässe besorgen sollte. Die Pässe wurden allerdings am Ende nicht ausgestellt, der Verbleib des Geldes ist unklar. Die Gesuchten generierten Einnahmen, indem sie auf Konzerten Spenden sammelten und ihr selbst erdachtes Spiel »Pogromly« verkauften, eine volksverhetzende Variante von »Monopoly«. Der Kaufpreis dafür lag bei 100 Mark pro Stück. Über Tino Brandt erwarb der Thüringer Verfassungsschutz 1998 insgesamt sieben dieser Spiele – und bezahlte sie auch.

Bereits ab Herbst 1998 liefen unter Einbeziehung eines Geraer Anwalts Verhandlungen zwischen dem Thüringer Landesamt für Verfassungsschutz, der Staatsanwaltschaft Gera und den Eltern von Uwe Böhnhardt. Es ging darum, dass sich die Untergetauchten gegen Strafnachlass freiwillig stellen sollten. Das Landesamt für Verfassungsschutz sagte den Eltern zu, für die Dauer der Verhandlungen auf Überwachungsmaßnahmen zu verzichten und übernahm auch die Anwaltskosten. Im März 1999 scheiterten die Verhandlungen jedoch an der fehlenden Zustimmung des Leitenden Oberstaatsanwaltes.

Jürgen Helbig wurde im Mai 1999 vom Thüringer Landeskriminalamt zu den dokumentierten Unterstützungshandlungen befragt und räumte Kurierfahrten nach Zwickau im Auftrag Wohllebens ein. Carsten S. aus Jena avancierte zur wichtigen Kontaktperson zwischen Wohlleben und dem Trio. Er kümmerte sich um die Geldweiterleitung und besorgte im Auftrag Wohllebens im Jenaer Szeneladen »Madley« eine Česka-Pistole mit Schalldämpfer, die er schließlich nach Chemnitz zu Mundlos und Böhnhardt brachte. Der NSU verübte vermutlich seinen ersten Sprengstoffanschlag auf eine Gastwirtschaft in Nürnberg. Dabei wurde eine Person leicht verletzt. Zwei Banküberfälle in Chemnitz im Oktober 1999 werden ebenfalls dem NSU zugerechnet. Die Ermittler in Thüringen nahmen von diesen Straftaten allerdings keine Notiz, eine Verbindung zum Kerntrio des NSU wurde nicht gezogen.

Im Mai 2000 wurden die Ermittlungshandlungen mit Schwerpunkt in Chemnitz verstärkt. Nach einem öffentlichen Fahndungsaufruf in der MDR-Sendung »Kripo live« initiierte das Thüringer Landesamt für Verfassungsschutz in Abstimmung mit dem Thüringer Landeskriminalamt, dem Sächsischen Landesamt für Verfassungsschutz, dem Sächsischen Landeskriminalamt und der lokalen Polizei Observationsmaßnahmen in Chemnitz. Dabei wurde ein Mann fotografiert, das Foto jedoch erst knapp zwei Wochen später dem Thüringer Landeskriminalamt übermittelt. Eine Analyse des Bundeskriminalamts ergab, dass es sich bei der Person auf dem Bild mit hoher Wahrscheinlichkeit um Uwe Böhnhardt handelte. Nun wurden für den Zeitraum um Böhnhardts Geburtstag im Oktober weitere umfangreiche Observationsmaßnahmen in Chemnitz in Zusammenarbeit mit der sächsischen Polizei und dem dortigen Verfassungsschutz vorbereitet und durchgeführt. Sie bleiben allerdings ergebnislos.

Zu dieser Zeit war das Kerntrio bereits von Chemnitz nach Zwickau umgezogen. Am 9. September 2000 erschossen mutmaßlich Uwe Mundlos und Uwe Böhnhardt in Nürnberg den Blumenhändler Enver Şimşek. Die Ermittlungen, besser: die rassistisch motivierten Ermittlungen, richteten sich schnell gegen Angehörige des Opfers. Im Zentrum standen angebliche Kontakte zur organisierten Kriminalität. Am 19. Januar 2001 explodierte in einem Kölner Lebensmittelgeschäft eine vermutlich vom NSU deponierte Sprengfalle. Eine junge Deutsch-Iranerin erlitt schwere Verletzungen. Im Februar 2001 äußerte der Zielfahnder für die Leitung des Thüringer Landeskriminalamtes in einem Vermerk den Verdacht, dem Trio werde Unterstützung des Verfassungsschutzes zuteil und mindestens eine Person sei zudem Quelle des Landesamtes für Verfassungsschutz. Als Folge dieses Verdachtes kam es Anfang 2001 zu einer Unterredung zwischen Thomas Sippel, dem Präsidenten des Thüringer Landesamtes für Verfassungsschutz, und dem Thüringer Innenminister Christian Köckert (CDU). Daraufhin wurden mehreren Beamten im Landesamt dienstliche Erklärungen abgefordert. Im Mai 2001 wurde der V-Mann Tino Brandt schließlich durch eine Thüringer Zeitung enttarnt. Nun fanden tiefgreifende Umstrukturierungen im Landesamt statt und eine große Zahl von Mitarbeitern und Mitarbeiterinnen musste gehen.

In kurzer Folge verübten mutmaßlich Mundlos und Böhnhardt im Sommer 2001 drei weitere Morde. Am 13. Juni töteten sie Abdurrahim Özüdoğru in Nürnberg, am 27. Juni Süleyman Taşköprü in Hamburg und am 29. August Habil Kılıç in München. Alle drei wurden tagsüber in ihren Geschäften erschossen. Die Behörden spekulierten über eine Mordserie im Milieu der »Türkenmafia«. Zwischendurch raubten Böhnhardt und Mundlos im Juli eine Postfiliale in Zwickau aus. Ohne dass weitere Fahndungsmaßnahmen erfolgten, übergab die Zielfahndung am 22. August ihre Akten wieder an die Staatsschutzabteilung des Thüringer Landeskriminalamtes, dort blieben sie bis Ende des Jahres unbeachtet liegen.

In der Neonazi-Postille *Der Weisse Wolf* erschien 2002 ein Gruß an den NSU. Herausgegeben wurde das Blatt u. a. von David Petereit, heute Landtagsabgeordneter der NPD in Mecklenburg-Vorpommern. Im November 2002 empfahl die Staatsanwaltschaft Gera der Polizei mit Blick auf die anstehende Verjährung der Verbrechen, weitere Ermittlungen zum Trio zu unterlassen. Nach einer gegenteiligen Stellungnahme der Generalstaatsanwaltschaft revidierte die Staatsanwaltschaft ihre Haltung dahingehend, dass sie über das Bundeskriminalamt eine Abfrage bei deutschen Auslandsvertretungen vornehmen ließ, die jedoch negativ verlief. Durch die Staatsanwaltschaft Gera erfolgte am 15. September 2003 schließlich die Einstellung des Verfahrens wegen »Verjährungseintritts«, wie es hieß.

Am 25. Februar 2004 wurde Mehmet Turgut in einem Imbiss in Rostock mutmaßlich von Böhnhardt und Mundlos ermordet. Im Mai ereigneten sich zwei Banküberfälle in Chemnitz, für die der NSU verantwortlich gemacht wird. Dem folgten am 9. Juni 2004 der Anschlag mittels einer auf einem Fahrrad deponierten Nagelbombe auf die überwiegend von türkischstämmigen Migrantinnen und Migranten bewohnte Kölner Keupstraße. Auf einem Überwachungsvideo sind zwei Personen bei der Vorbereitung zu sehen, die später als Mundlos und

Böhnhardt identifiziert wurden. Bundesinnenminister Otto Schily (SPD) schloss bereits am Tag nach der Tat einen rechtsterroristischen Hintergrund aus. Die Täter wurden entweder unter den Anwohnenden oder im Umfeld der Arbeiterpartei Kurdistans (PKK) und der türkischen Mafia gesucht.

Die Staatsanwaltschaft Gera beantragte aufgrund offener Ermittlungsverfahren wegen Körperverletzungsdelikten aus dem Jahr 1997 im September 2004 Haftbefehle gegen Uwe Böhnhardt und Uwe Mundlos. Diese wurden jedoch vom Amtsgericht Jena nicht erlassen. Die Ausstellung eines Haftbefehls unterbricht die Verfolgungsverjährung einer Straftat. Da aber keine Haftbefehle ergingen, wurde das Verfahren am 12. Januar 2005 wegen Eintritts der Verjährung durch die Staatsanwaltschaft Gera schließlich eingestellt.

Innerhalb von zehn Tagen, konkret am 5. und 15. Juni 2005, geschahen die Morde an İsmail Yaşar in Nürnberg und an Theodoros Boulgarides in München. Beide Männer wurden in der für den NSU typischen Art und Weise in ihren Geschäften niedergeschossen. Der Schlüsseldienst von Theodoros Boulgarides in München war erst wenige Tage zuvor eröffnet worden. Die Münchner Boulevardpresse schrieb zum Mord: »Türken-Mafia schlug wieder zu«. Nicht lange und es wurde ein weiterer Mann ermordet: Mehmet Kubaşık starb am 4. April 2006 als mutmaßlich achtes Todesopfer des NSU in seinem Geschäft in Dortmund.

Bereits am 6. April erschossen vermutlich Mundlos und Böhnhardt Halit Yozgat in seinem Internetcafé in Kassel. Erstmals bei solch einer Tat waren hier weitere Personen anwesend, von denen allerdings niemand die Vorgänge beobachtet haben will. Unter ihnen war auch der hessische Verfassungsschützer Andreas T., »klein Adolf« genannt, der sich nach dem Verbrechen jedoch nicht bei der Polizei meldete. Von den Beamten wurde er ausfindig gemacht, bestritt aber Wahrnehmungen zur Tat. Erstmals wurde nun in einer Profilanalyse, welche die bayerische Polizei im Mai 2006 erstellte, von einem ausländerfeindlichen Tatmotiv für die Mordserie ausgegangen. Die Besondere Aufbauorganisation (BAO) Bosporus ließ sich daraufhin Namen von Neonazis im Raum Nürnberg vom Bayerischen Landesamt für Verfassungsschutz übermitteln. Es folgten im September auch Treffen mit den Ermittlern zum Nagelbombenattentat in Köln. Im Jahr 2006 wurde auf Antrag der Staatsanwaltschaft Gera gegen Böhnhardt ein europäischer Haftbefehl erlassen, also ein europaweit gültiges Auslieferungsersuchen. Grund war dessen ausstehende Haftstrafe aus dem Jahr 1997.

Ein Überfall im Oktober 2006 auf eine Sparkasse in Zwickau sowie ein weiterer im November ebenfalls auf eine Sparkasse, diesmal in Stralsund, gingen vermutlich auch auf das Konto des NSU. Auf die gleiche Stralsunder Sparkasse erfolgte im Januar 2007 ein weiterer Überfall durch Mundlos und Böhnhardt. Dem Thüringer Landeskriminalamt lagen zu sämtlichen Morden Ereignismeldungen vor. Auch leisteten Thüringer Polizeibehörden partiell unterstützende Ermittlungsarbeit zu Waffen, Munition oder Funktelefonen, die an Tatorten eingeloggt waren. Am 4. April 2007 führte die BAO Bosporus eine Informationsveranstaltung für Beamte der Thüringer Polizeibehörden zur Mordserie durch. Dabei wurden Phantombilder gezeigt. Hinweise der Thüringer Polizisten gab es indes nicht. Im Anschluss wurde eine Einsatzkonzeption für den Fall eines gleichartigen Mordfalls in Thüringen erarbeitet. Das Motiv Rassismus spielte dabei allerdings keine Rolle.

Am 25. April 2007 wurde in Heilbronn die aus Oberweißbach in Thüringen stammende baden-württembergische Polizistin Michèle Kiesewetter vermutlich von Böhnhardt und Mundlos in ihrem Streifenwagen erschossen, ihr Kollege Martin A. durch einen Kopfschuss schwer verletzt. Die Polizei ging von Tätern aus dem »Zigeunermilieu« oder von »Russen« aus. Nach Oberweißbach gab es vielfältige Kontakte aus dem Umfeld des Thüringer Heimatschutzes. Der Schwager von Ralf Wohlleben war dort einige Zeit Pächter eines auch von Neonazis genutzten Gasthofs. In seiner polizeilichen Vernehmung gab der Onkel von Michèle Kiesewetter an, er gehe von einer Verbindung zu den diversen Morden an Gewerbetreibenden aus. Ein Kollege habe ihn auf Parallelen aufmerksam gemacht. Der Onkel war als Polizist in Saalfeld tätig und dort auch im Bereich Staatsschutz eingesetzt. Sein Kollege, den er erwähnt hatte, wurde allerdings nicht vernommen. Von Thüringer Polizeibehörden wurden einzelne Ermittlungen in dem Mordfall übernommen. Mit Eintritt der Verjährung endete am 9. Dezember 2007 schließlich die Fahndung nach Uwe Böhnhardt.

Danach erfolgten weder weitere Ermittlungen, noch wurden Aktivitäten des NSU-Kerntrios bekannt. Dies änderte sich erst mit Überfällen auf Thüringer Banken 2011, die schließlich zur öffentlichen Enttarnung des NSU führten – und zu den bis heute andauernden Ermittlungen sowie zum Versuch parlamentarischer Aufarbeitung.

## Die Rolle des Thüringer Verfassungsschutzes

Unabhängig von der Frage, ob das Thüringer Landesamt für Verfassungsschutz Kenntnisse besaß, die das breite Wissen der Öffentlichkeit über den Neonazismus in Thüringen und dessen Strukturen überstiegen, ist es entscheidend zu eruieren, wie das Landesamt mit dem unzweifelhaft vorliegenden Wissen und den erlangten Erkenntnissen umgegangen ist und welche Maßnahmen de facto ergriffen wurden. Um es auf den Punkt zu bringen: Im Ergebnis entsteht ein desaströses Bild. Einerseits wurde im Thüringer Untersuchungsausschuss durch die Zeuginnen und Zeugen des Thüringer Landesamts für Verfassungsschutz dargestellt, dass ein erheblicher Anteil ihrer nachrichtendienstlichen Tätigkeit auf die Beobachtung der neonazistischen Gruppen entfallen sei. Andererseits teilten Zeuginnen und Zeugen der Thüringer Polizei einhellig die Einschätzung, dass sie durch das Landesamt über konkrete Aktionen der neonazistischen Organisationen entweder gar nicht, nur unzureichend oder zeitlich so knapp unterrichtet worden seien, dass ihnen eine effektive polizeiliche Gefahrenabwehr und Maßnahmen zur Strafverfolgung nur eingeschränkt möglich gewesen seien. Sofern also das Thüringer Landesamt für Verfassungsschutz überhaupt auf Erkenntnisse über neonazistische Strukturen reagierte, liefen seine Ansätze zur Bekämpfung des Neonazismus letztlich ins Leere.

Als noch wesentlich gewichtiger sind die de facto als kontraproduktiv und verharmlosend zu bezeichnenden Äußerungen des Thüringer Landesamts für Verfassungsschutz in Bezug auf die tatsächlich aus dem Neonazismus erwachsenen Gefahren zu werten. Die bis heute andauernde Einschätzung über lediglich »anpolitisierte« junge Menschen, die »NS-Symbole oder Antifa-Symbole« nutzten, über neonazistische Strukturen als »Durchlauferhitzer«, den Thüringer Heimatschutz als lediglich »losem Personenzusammenschluss« und die Gleichsetzung von Rechts und Links im Sinne der Totalitarismustheorie sind fatale Grundlage eines Thesenpapiers des Landesamtes von 1996, in dem es heißt: »Empfehlung zur Gelassenheit und Akzeptanz der Ränder in vertretbarem Maße, ohne die eigenen Ziele aus den Augen zu verlieren. Aufrufe an die Öffentlichkeit, Zivilcourage nützen nichts, führen maximal zu einer Hypersensibilisierung, die zum ›Hexenjagdklima‹ führt und gegebenenfalls nicht existentes Problem im Sinne einer self fulfilling prophecy herbeibetet.«[8] Diese quasioffizielle Haltung des Thüringer Landesamts für Verfassungsschutz steht im Widerspruch zu den heute durch die Zeuginnen und Zeugen der Behörde vertretenen Darstellungen, wonach man »spätestens ab 1996« von einer radikalisierten und intelligenten Szene sprechen musste, die zunehmend Gewalttaten beging. Es ist nicht zu erkennen, dass die heutige Darstellung zum damaligen Zeitpunkt grundlegend für die Arbeit des Thüringer Landesamtes für Verfassungsschutz war. Vielmehr war dafür die im genannten Thesenpapier zum Ausdruck kommende Einschätzung maßgebend, die sich wie folgt zusammenfassen lässt: Beschwichtigung der Öffentlichkeit; Gelassenheit im Umgang mit dem Rechtsextremismus; zivilcouragiertes Entgegentreten gegen Neonazis galt erstens als unnütz und zweitens als Hexenjagd; und Neonazismus sei ein nicht existentes Problem, das gar durch Thematisierung erst geschaffen würde.

So ist die Auffassung der Sachverständigen Anetta Kahane zu teilen, die im Thüringer Untersuchungsausschuss festhielt, dass das Thüringer Landesamt für Verfassungsschutz »in einer so verheerenden Weise die Situation ignoriert und von den Füßen auf den Kopf gestellt hat oder umgekehrt, also die Ursache und Wirkung so verdreht hat, dass es ohne Beispiel ist in der Geschichte des Rechtsextremismus in der Bundesrepublik«. Betrachtet man die Vorgänge um die V-Leute Tino Brandt, Marcel Degner, Thomas Dienel und Andreas Rachhausen, soweit sie bekannt sind, so ist zu konstatieren, dass das Thüringer Landesamt für Verfassungsschutz in fortgesetzter Weise Straftäter und Führungskader in seinen Reihen führte, vor Verfolgung schützte und über sie neonazistische und zum Teil hochgefährliche Organisationen und Strukturen alimentierte.

Angesichts der vielen gleich gelagerten Fälle von Unterstützung, Abschirmung und Einflussnahmen auf Ermittlungsverfahren in Bezug auf sogenannte Quellen ist hier nicht von Einzelfällen, sondern von einem systemischen Versagen der Institution Verfassungsschutz auszugehen, das sich wie folgt skizzieren lässt: Vom Verfassungsschutz eingesetzte V-Personen im rechten Milieu beförderten oftmals Radikalisierungsprozesse in ihrem Umfeld. Sie agierten oft als führende Persönlichkeiten in den Strukturen, aus denen sie berichteten. Das Wirken in den Organisationen wurde ihnen mit Geld- und Sachmitteln erleichtert oder gar erst ermöglicht. Sie erhielten die Gelegenheit, Vernetzungsprozesse voranzutreiben, die der Verfassungsschutz dann im Nachgang beklagte. Der Verfassungsschutz erhielt von diesen überzeugten Neonazis am Ende nur die Informationen, die man ihm geben wollte, und gab sich damit offenbar auch zufrieden.

Im Jahr 1997 fasste ein Positionspapier des Bundeskriminalamtes ähnliche Kritik am Verfassungsschutz und dem V-Leute-System zusammen. Festgestellt wurde, dass es Probleme gebe, deren Ursache die »zunehmende Divergenz zwischen Verfassungsschutzoperationen und exekutiven Maßnahmen«[9] sei. Aus Sicht des Bundeskriminalamts seien »Quellenaktivitäten dafür verantwortlich«. Es bestehe »die Gefahr, dass Quellen des Verfassungsschutzes (VS) sich gegenseitig zu größeren Aktionen anstacheln«; es drohe ein »Brandstifter-Effekt«; »aus Quellenschutzgründen« würden Informationen des Verfassungsschutzes an die

Polizei »erst so spät weitergeleitet«, dass rechte Aktionen »nicht mehr
verhindert werden können«; wenn der Verfassungsschutz über Durchsuchungen informiert werde, würden »die Quellen oft vorher gewarnt«.
Es bestehe »die Gefahr, dass Beweismittel vor Eintreffen der Exekutive
vernichtet werden«; Verfassungsschutz-Quellen, die »als Straftäter festgestellt wurden«, würden oft »weder angeklagt noch verurteilt«; »die
Mehrzahl der Quellen« seien »überzeugte Rechtsextremisten«, die glaub-
ten, »unter dem Schutz des VS im Sinne ihrer Ideologie ungestraft handeln zu können und die Exekutive nicht ernst nehmen zu müssen«.[10]

Am Beispiel der V-Frau Juliane W. wurde im Thüringer Untersuchungsausschuss deutlich, dass auch Personen, die der Neonaziszene eigentlich fernstehen, von der Behörde bedrängt wurden, um an deren
Aktivitäten mitzuwirken. Damit wurde faktisch die Szene durch das
Landesamt auch noch personell gestärkt und die V-Person radikalisierte
sich womöglich auf diesem Weg. Durch den Verfassungsschutz erhielt
die Szene Informationen über polizeiliche Aktivitäten und die polizeiliche Arbeitsweise. Dies geschah vornehmlich, indem immer wieder und
fortgesetzt V-Leute vor Polizeimaßnahmen gewarnt wurden. Eine Strafverfolgung oder gar Verurteilung von V-Personen war damit so gut
wie ausgeschlossen. Zu guter Letzt erhielten die Polizeibehörden aus
Gründen des Quellenschutzes nicht oder nur verspätet und unzureichend die Informationen, die zur Gefahrenabwehr und Straftatbekämp-
fung erforderlich gewesen wären. Anwerbung und Einsatz von V-Personen sind daher kein adäquates Mittel der Informationsbeschaffung,
sondern widersprechen allein schon durch die Erfordernisse des Quellenschutzes den Grundsätzen der gesetzmäßigen Verwaltung. Die Nicht-
weitergabe von Informationen zu Straftaten durch Mitarbeiter und Mitarbeiterinnen der führenden Behörde aus Gründen des Quellenschutzes
führt notwendig zu deren strafbarem Handeln. Dies zu vermeiden kann
im Ergebnis – in der Sprache der Verfassungsschutzbehörden ausge-
drückt – nur durch die sofortige Abschaltung aller Quellen und in der
Konsequenz durch den völligen Verzicht auf dieses Mittel der Informationsbeschaffung erreicht werden.

## Das Netzwerk des Nationalsozialistischen Untergrunds

Auch in den Ermittlungen zum Kerntrio des NSU wurden dessen Straftaten als unstrukturierte Einzeltaten ohne Bezug zu den Kamerad-
schaftsorganisationen verstanden und damit de facto entpolitisiert. Ihre
auch in der hochideologischen Motivation begründete Gefährlichkeit

wurde verharmlost, ja sogar negiert. Durch die damit einhergehende Verleugnung des Rechtsterrorismus insgesamt wurde die bereits für die neunziger Jahre konstatierte Verharmlosung von offen nazistischer Gewalt durch Polizei und Justiz im Freistaat Thüringen auf fatale Weise fortgesetzt.

Der NSU agierte nicht als Zelle, bestehend lediglich aus Uwe Böhnhardt, Uwe Mundlos und Beate Zschäpe, sondern vielmehr als Netzwerk militanter Neonazis. Es umfasste auch diejenigen Neonazis, die die Morde und Anschläge des Kerntrios unterstützt hatten. Hinzu kommen die dem NSU nahestehenden und dessen mörderische Ideologie befördernden Neonazi-Organisationen wie Blood & Honour und dessen militant agierender Arm Combat 18, ferner die Hammerskins und der Ku-Klux-Klan. Der NSU umfasst insgesamt einen Personenkreis von mehr als 200 Neonazis, deren Rolle im Gesamtnetzwerk, Tätigkeiten und Handlungen bis heute nur in Teilen bekannt sind. Offen ist ebenso die Antwort auf die Frage nach neonazistischen Unterstützern und Unterstützerinnen der Täter an den Tatorten. Fest steht, dass in allen Städten, in denen der NSU gemordet hat, Angehörige von Blood & Honour ansässig waren, einer Organisation, die seit 2000 in Deutschland verboten ist. Nachfolgestrukturen existieren dort bis heute. Zu allen Tatorten lassen sich zudem personelle Verflechtungen zwischen dem Kerntrio des NSU und möglichen weiteren Unterstützern und Unterstützerinnen, die der Neonaziszene entstammen, nachweisen, welche teils bis in die frühen neunziger Jahre zurückreichen. Der Blick auf diese Zusammenhänge könnte – sofern sie untersucht würden – einen Antwortversuch auf die von Ayşen Taşköprü gestellten Fragen liefern. Sie ist die Schwester des 2001 vom NSU ermordeten Süleyman Taşköprü. »Alles, was ich noch möchte, sind Antworten. Wer sind die Leute hinter dem NSU? Warum ausgerechnet mein Bruder? Was hatte der deutsche Staat damit zu tun? Wer hat die Akten vernichtet und warum?«[11] So lauten ihre drängenden Fragen.

Andreas Speit, Journalist und Experte zum Thema Neonazismus, führte als Sachverständiger in einer Anhörung des Innenausschusses des Sächsischen Landtages aus, dass man die »ideologieprägende Wirkung von ›Blood & Honour‹ genau beleuchten (müsse), um den NSU-Terror zu verstehen«. In den neunziger Jahren wurden sowohl in diversen Blood & Honour-Magazinen als auch von Combat 18 Anschläge auf Migranten und Migrantinnen propagiert: »Vor allem müssen wir die Einwanderer selbst angreifen«, zitierte das ARD-Magazin »Monitor« im November 2011 aus Combat-18-Schriften. In den Blood & Honour-Terroranleitungen steht, man solle keine Bekennerschreiben hinterlassen, solle in kleinen Zellen arbeiten, Nagelbomben einsetzen und Listen von möglichen Opfern erstellen.[12] Ohne Zweifel ist es insbesondere notwendig, derlei Veröffentlichungen näher zu betrachten, die als Vorbild für die mörderischen Taten des NSU gedient haben könnten. So verwies z. B. der Sachverständige Matthias Quent in seinem Gutachten für den Thüringer Untersuchungsausschuss auf eine 1992 veröffentlichte Schrift mit dem Titel »Eine Bewegung in Waffen«, die sich in Teilen wie ein Drehbuch für das Vorgehen des NSU lese und worin das Konzept »Leaderless Resistance« propagiert werde. »Leaderless Resistance« (führerloser Widerstand) kennzeichnet selbstbestimmt agierende, neonazistische Kleinstgruppen, die keiner übergeordneten organisatorischen Struktur angehören. Das verbindende Element zwischen ihnen stellt allein die Ideologie dar. An vielen verschiedenen Orten bestehen derlei Gruppen, die unabhängig voneinander Attentate begehen, um am Ende die »nationalsozialistische Revolution« durchzusetzen. Matthias Quent führte aus:

»Die Verfasser von ›Eine Bewegung in Waffen‹ geben an, dass die Grenze zwischen legalem und illegalem Kampf ›fließend‹ ist und ›legaler und illegaler Arm der Bewegung des öfteren personalmäßig identisch‹ sind. Dem Strategiepapier folgend sind als ›legaler Arm‹ die rechten Parteien zu sehen: ›Und doch ist alles demokratische Gehabe nach außen nur Schein, nur eine taktische Maßnahme‹, die die weitere Nutzung umfassender legaler Propagandamittel ermöglicht. ›Wir erstreben keine parlamentarische Arbeit‹, um durch sie die ›Meinungsvielfalt einer pluralistischen Gesellschaft‹ zu erweitern.«

In dem Pamphlet wird die Taktik beschrieben, mit der der NSU die Hinrichtung von zehn Menschen in die Tat umgesetzt hat. Es heißt darin: »Der Kleinkrieg ist ein Krieg irregulärer Einheiten ohne erkennbare Fronten, es ist ein ›Krieg aus dem Dunkel‹. Bewaffnete Irreguläre operieren dort, wo es der Gegner nicht oder nur am wenigstens erwartet.«[13]

## Ausblick

In Thüringen wurde im Februar 2015 ein zweiter NSU-Untersuchungsausschuss eingesetzt, dessen Auftrag es u. a. ist, die Ereignisse des 4. November 2011 herauszuarbeiten, also die Enttarnung des NSU, ferner herauszufinden, ob und falls ja in welchem Umfang Thüringer Justiz- und Sicherheitsbehörden Erkenntnisse über die Vernetzung rechtsextremer

Gruppen in Thüringen mit Strukturen oder Personen der organisierten Kriminalität sowie über Aufenthalt, Aktivitäten und Straftaten besaßen, die dem NSU sowie dessen Unterstützern zugerechnet werden. Festzuhalten bleibt, dass Ideologie und Hass keine Besonderheit des NSU und seiner Unterstützer und Unterstützerinnen sind. Ideologische und logistische Angebote zum Kampf im Untergrund, wie etwa Veranstaltungen mit dem früheren Rechtsterroristen Karl-Heinz Hoffmann, aber auch Anleitungen für Anschläge kursieren weiterhin in der Neonazi-szene und werden zumindest informativ genutzt. Die Thüringer Situation eines zumindest fahrlässigen Verhaltens von Behörden, die finanzielle Unterstützung – sei es durch Mittel des Verfassungsschutzes an V-Leute oder auch Existenzgründungshilfen des Thüringer Sozialministeriums – sowie die mehrheitliche Ignoranz gegenüber dem Auf- und Ausbau von Neonazi-Strukturen in den neunziger Jahren durch Zivilgesellschaft und Kommunen stellen Faktoren der ideologischen Festigung und strukturellen Verankerung rechtsextremer Gruppen dar. Sie waren für das Entstehen des NSU und seines Unterstützernetzwerkes wesentlich. Das Problem heißt Rassismus – dies ist das Fazit der bisherigen Aufklärung. Dem Rassismus entgegenzutreten sollte Aufgabe aller gesellschaftlichen Akteure sein. Ein öffentlich-medialer Druck reicht heute nicht mehr aus. Es gilt, dem Rechtsextremismus den Resonanzboden zu entziehen.

## Anmerkungen

1   Thüringer Landtag, Bericht des Untersuchungsausschusses 5/1 »Rechtsterrorismus und Behördenhandeln«, Thüringer Landtag 2014, S. 3 (Herv. i. Org.)

2   Martina Renner, Polizistenmord von Heilbronn führt zu Neonazi-Bombenbauern aus Jena, 8.11.2011, www.die-linke-thl.de/nc/presse/pressemitteilungen/detail/browse/17/zurueck/pressemitteilungen-12/artikel/martina-renner-polizistenmord-von-heilbronn-fuehrt-zu-neonazi-bombenbauern-aus-jena/. Hervorhebung im Original.

3   Vgl. Katharina König/Mathias Quent, Anfänge in der DDR. Stationen und Entwicklung der Thüringer Neonaziszene seit 1990, in: Bodo Ramelow (Hrsg.), Made in Thüringen? Nazi-Terror und Verfassungsschutz-Skandal, Hamburg 2012, S. 54-66.

4   Bernd Siegler, Auferstanden aus Ruinen. Rechtsextremismus in der DDR, Berlin 1991, S. 99.

5   Thüringer Landtag (1996), Drucksache 2/1075, 26.4.1996, S. 3.

6   Vgl. Thüringer Landtag (2012), Drucksache 5/4198, 15.3.2012.

7   Vgl. dazu den Beitrag von Thies Marsen in diesem Band.

8   Thüringer Landtag, Bericht des Untersuchungsausschusses 5/1 »Rechtsterrorismus und Behördenhandeln«, Thüringer Landtag 2014, S. 477.

9 Maik Baumgärtner/Sven Röbel/Holger Stark, Der Brandstifter-Effekt, in: Der Spiegel 45, 2012.
10 Ebd.
11 Im Wortlaut: Der Brief der Schwester des Hamburger NSU-Mordopfers, in: Hamburger Abendblatt 16.2.2013; www.abendblatt.de/politik/article113679608/Der-Brief-der-Schwester-des-Hamburger-NSU-Opfers.html.
12 Vgl. Robert Andreasch/Alois Zwicklbauer, NSU in Bayern, a.i.d.a., 17.10. 2012, www.aida-archiv.de/index.php?option=com_content&view=article&id=3261%3Ansu-in-bayern-teil.
13 Matthias Quent, Expertise für den Untersuchungsausschuss des Thüringer Landtags, 23.4.2012.

THIES MARSEN

# Der Soundtrack des Terrors.
## Internationale Musiknetzwerke und rechte Gewalt

Wie wichtig Musik für die Neonaziszene ist, lässt sich besonders plastisch am Beispiel des Nationalsozialistischen Untergrunds (NSU) zeigen, jener Terrorgruppe, die über ein Jahrzehnt lang im Geheimen operiert, drei Bombenanschläge sowie fünfzehn Raubüberfälle verübt und zehn Menschen ermordet hat. Dass Uwe Böhnhardt, Uwe Mundlos und Beate Zschäpe – und vermutlich noch einige andere – den NSU bilden konnten, hängt in mehrerlei Hinsicht mit Rechtsrock zusammen, anders gesagt: Ohne Rechtsrock hätte es den NSU nicht gegeben.[1] Rechtsrock bildete die Subkultur, durch die junge Menschen in den neunziger Jahren an rechte Ideologie herangeführt wurden. Rechtsrock hatte in manchen Teilen Ostdeutschlands zeitweise die kulturelle Hegemonie, der sich ein Großteil der jungen Leute kaum entziehen konnte. Rechtsrock lieferte so das Lebensgefühl einer ganzen Generation, außerdem die politischen Parolen, mithin die Ideologie, und ermöglichte so eine tiefergehende Politisierung bei Böhnhardt, Mundlos und Zschäpe. Die Rechtsrockszene sorgte auch für Anleitungen zum Untergrundkampf – von den Strategien, wie der Bildung kleiner Zellen und dem sogenannten führerlosen Widerstand, bis hin zum Bombenbau. Die Rechtsrockszene bildete darüber hinaus klandestine Strukturen heraus, die das Leben im Untergrund ermöglichten, schließlich hatten die Protagonisten der Szene langjährige Erfahrung damit, wie man über Ländergrenzen hinweg Netzwerke schafft und Gelder weiterleitet. So wurden die Untergetauchten mit Wohnungen, Geld und neuen Identitäten ausgestattet. Die Rechtsrockszene war und ist gewalt- sowie waffenaffin. Noch bevor das NSU-Kerntrio untertauchte, erhielt es von einem der Anführer Sprengstoff; danach gab es höchstwahrscheinlich Versuche aus der Szene heraus, die drei mit Waffen zu versorgen.

## Was ist Rechtsrock?

Die einfachste Definition für Rechtsrock lautet: »moderne Musik mit extrem rechten Texten«, also antisemitischen, rassistischen, nationalistischen Inhalten. Diese Definition reicht weit über das enge Feld des Genres Rock hinaus und ist unabhängig vom Stil der Musik. Im Bereich der extrem rechten modernen Musik gibt es inzwischen eine enorme Bandbreite vom klassischen Oi-Punk über Dark Wave und Liedermacher bis hin zum Hiphop. Darüber hinaus existiert eine Anzahl von Bands, deren Texte zwar nicht eindeutig extrem rechts sind, die aber über ihre Texte und ihre Ästhetik, also ihr öffentliches Gebaren, rechte Ideologieelemente transportieren. So enthalten z. B. frühe Veröffentlichungen der norditalienischen Band Frei.wild, die sich inzwischen antirassistisch gibt, Versatzstücke antisemitischer Ideologie. Im Lied »Gutmenschen und Moralapostel« heißt es:

»Sie richten über Menschen, ganze Völker sollen sich hassen / nur um Geschichte, die noch Kohle bringt, ja nicht ruhen zu lassen / nach außen Saubermänner, können sie jeden Fehler sehen / sind selber die größten Kokser, die zu Kinderstrichern gehen.«[2]

Manche Fachleute, etwa Michael Weiss vom Antifaschistischen Pressearchiv und Bildungszentrum Berlin e. V. (apabiz), ordnen auch Musikgruppen aus dieser Grauzone dem Bereich Rechtsrock zu, wobei Weiss Rechtsrock von Nazirock unterscheidet: »Nazirock heißt, das sind Leute, die ein positives Verhältnis zum Neonazismus oder zum Nationalsozialismus haben, und das sehe ich bei einigen Bands nicht, die sich aber von ihren Texten her eindeutig politisch rechts positionieren, indem sie eben rechte Ideologieelemente transportieren, wie Rassismus, wie Antisemitismus, wie Nationalismus. Rechtsrock ist Rockmusik, die über musikalische Botschaften rechte Inhalte transportiert, über Texte, über Ästhetik oder meistens einer Gemengelage aus all dem.«[3] Der Begriff »Rechtsrock« sei hier auf klassischen Nazirock eingegrenzt.

## Faschismus und populäre Musik – eine lange Geschichte

Dass Faschisten populäre Musik für ihre Zwecke nutzen, ist nichts Neues. Das taten schon die Nationalsozialisten und sie erfanden dafür oft nichts Originäres, sondern nutzten Melodien bzw. Lieder, die schon vorhanden und auch schon populär waren. Bestes Beispiel dafür ist das Horst-Wessel-Lied, die Parteihymne der Nationalsozialistischen Deutschen Arbeiterpartei (NSDAP). Die Melodie stammt vermutlich aus dem

19. Jahrhundert, hatte sich also längst etabliert, ehe sie mit einem politisch-ideologischen Text versehen wurde. Selbst traditionelle linke Arbeiterlieder wie »Brüder zur Sonne, zur Freiheit« wurden von den Nationalsozialisten »feindlich übernommen«, indem sie einfach umgedichtet wurden, etwa zu: »Brüder, formiert die Kolonnen«.

Eine Besonderheit bildet der Badonviller-Marsch, eingedeutscht: Badenweiler Marsch, der von Hitler besonders geschätzt wurde und deshalb im Dritten Reich zeitweise nur in dessen Anwesenheit gespielt werden durfte. Als vermeintlich unpolitisches Musikstück ohne Text wurde der Badenweiler Marsch nach 1945 weiterhin aufgeführt und erfreute sich einiger Beliebtheit. Erklang seine Melodie, so implizierte dies nicht selten ein Bekenntnis zum Nationalsozialismus.

Die Musik, die Anhänger der Naziszene nach 1945 gehört und gespielt haben, stammte vor allem aus dem Dritten Reich: Soldatenlieder, SS- und HJ-Lieder, auch das Horst-Wessel-Lied, dessen öffentliches Singen in der Bundesrepublik immer wieder für Skandale sorgte, wenn es etwa in Bundeswehrkasernen oder von feiernden Staatsanwälten zum Besten gegeben wurde.[4] Sogenannte Nazimusik war in der Nachkriegszeit vor allem rückwärtsgewandte Musik. Richard Wagner wurde vergöttert und bei Sommercamps der Wiking-Jugend, der Nachfolgeorganisation der Hitler-Jugend (HJ), ertönten am Lagerfeuer Soldatenlieder zur Gitarrenbegleitung. In der organisierten extremen Rechten, insbesondere in der 1964 gegründeten Nationaldemokratischen Partei Deutschlands (NPD), gaben alte NSDAP-Parteigenossen den Ton an – und damit auch die Musik. Für diese Generation war es ausgeschlossen, dass sich nationalsozialistische Ideologie und Rockmusik vereinbaren lassen. Moderne Musik wurde in der NS-Szene – und beileibe nicht nur dort – als »Negermusik« diffamiert.

Doch das änderte sich Anfang der achtziger Jahre. Der Anstoß dazu kam, wie so oft, von der Populär-Musik aus England, und zwar ausgerechnet aus dem Punk,[5] der gemeinhin als links gilt, in seiner Frühzeit allerdings in politischer Hinsicht noch recht unspezifisch war. Bezeichnenderweise sangen die Sex Pistols, die bekannteste Punkband, in ihrer Hymne »Anarchy in the U.K.«: »Don't know what I want, but I know how to get it, I wanna destroy«. Ihr Bassist Sid Vicious lief mit Hakenkreuz-T-Shirt durch London, was allerdings eher als Provokation gegenüber der britischen Gesellschaft und Politik zu verstehen war denn als politisches Statement. Der Urvater des Rechtsrock, Ian Stuart Donaldson, besuchte im Alter von 18 Jahren ein Konzert der Sex Pistols und gründete daraufhin die Punkband Skrewdriver. Drei Jahre später, 1979, trat er in die britische Neonazipartei National Front ein, die gezielt unter

Punks agitierte. Schon bald ließ Donaldson Parteipropaganda in seine Texte einfließen und änderte sein Äußeres: kurze Haare, Springerstiefel, Bomberjacke. Dies entsprach dem, was wir heute als klassischen Neonazi- bzw. Skinheadlook kennen. Ursprünglich stammte dieser Stil von schwarzen, karibikstämmigen Jugendlichen aus der englischen Arbeiterklasse und wurde von Rassisten sozusagen ebenfalls feindlich übernommen.

Donaldson brach bald mit der National Front und gründete seine eigene Organisation: Blood & Honour – die englische Übersetzung von »Blut und Ehre«, dem Spruch, der in das Koppelschloss der HJ-Uniform geprägt und in die Klinge der HJ-Fahrtenmesser geätzt war. Blood & Honour war als eine Art Bruderschaft von Neonazis konzipiert, gebildet nach dem Vorbild von Rockerclubs, mit klaren Hierarchien, Aufnahmebeschränkungen und Unterabteilungen, darunter Divisionen und Chapters. Genaue Informationen über die Zahl der Mitglieder liegen nicht vor, Schätzungen gehen von weltweit rund 10.000 Aktivisten aus. Frauen spielen bei Blood & Honour, ähnlich wie in den allermeisten neonazistischen Organisationen, nur eine untergeordnete Rolle.

Neu am Ansatz von Blood & Honour war der professionelle Einsatz von Kultur, um Anhänger gezielt zu politisieren und gleichzeitig die Kassen zu füllen sowie auf diese Weise die politische Arbeit zu finanzieren. Zwar gibt es keine genauen Zahlen, doch es darf davon ausgegangen werden, dass Blood & Honour bis heute Millionen umsetzt. Allerdings gab es schon sehr bald Streit ums Geld zwischen denjenigen, die sich mit den Einnahmen ihren Lebensunterhalt finanzierten, und denjenigen, die forderten, das Geld solle in die Bewegung gesteckt werden – ein Grundkonflikt, der sich bis heute durch die Geschichte des Rechtsrock zieht.

## Rechtsrock – über Grenzen hinweg

Von Anfang an agierte Blood & Honour transnational.[6] Von Großbritannien aus verbreitete sich das Netzwerk schnell über ganz Europa, mit Schwerpunkten in England, Skandinavien und Deutschland; auch in Australien und den USA ist es aktiv. Die Internationalität bot den Vorteil, dass die Aktivitäten, darunter Konzertveranstaltungen, Musik-Produktion und Musik-Vertrieb, im Falle von Strafverfolgung und Verbot im einen Land weitgehend problemlos und schnell in ein anderes Land verlagert werden konnten. So entwickelten sich Untergrundstrukturen, die nicht nur für den Handel mit illegaler Musik von Nutzen waren, sondern auch für den Austausch von Strategien für den bewaffneten Kampf, den Vertrieb von Waffen und Sprengstoff und schließlich auch für das Verstecken von Terroristen. Die Blood & Honour-Aktivitäten dienten darüber hinaus der Inszenierung eines gemeinsamen Lebensgefühls, einer »braunen Erlebniswelt« für Neonazis, wie es die Fachjournalistin Andrea Röpke ausdrückt.[7] Zu dieser Erlebniswelt zählten Partys und Konzerte, das Einkaufen in einschlägigen Läden und Versandshops sowie Freizeitaktivitäten mit Event-Charakter.

Aus Blood & Honour bildete sich bald eine neue Organisation heraus: Combat 18, übersetzt etwa: Kampftruppe Adolf Hitler, denn die Zahl eins steht für A, die acht für H, den ersten und den achten Buchstaben des Alphabets. Combat 18 verwendete als Markenzeichen einen SS-Totenkopf. Der Angeklagte im NSU-Prozess André E. hat sich so einen Totenkopf tätowieren lassen, neben dem Schriftzug »Blut und Ehre«.[8] Combat 18 bezeichnete sich selbst als den »bewaffneten Arm« von Blood & Honour.[9] Nach dem Tod des Gründers Ian Stuart Donaldson bei einem Autounfall 1993 übernahm Combat 18 die Führung von Blood & Honour in Großbritannien. Die Geschäfte wurden daraufhin aufgeteilt. Während die einen sich mehr um Fanzines, also Magazine, die Fans für Fans machen, außerdem um Veranstaltungen, Merchandising und Organisationsfragen kümmerten, wurde das lukrative Musik-Business von Will Browning übernommen, dem Frontmann der bis heute in der Szene legendären Band No Remorse. Deren bekanntestes Album trägt den Titel »Barbecue in Rostock« – eine zynische Anspielung auf die rassistischen Ausschreitungen in Rostock-Lichtenhagen im Sommer 1992. Die Mitglieder von Blood & Honour und Combat 18 empfanden sich als »politische Soldaten«. Sie lasen und verbreiteten insbesondere die sogenannten Turner Diaries,[10] ein Buch des US-amerikanischen Neonazis William Pierce, das dieser unter dem Pseudonym Andrew McDonnald verfasst hatte. Auch Pierce stieg zeitweise ins Rechtsrock-Geschäft ein und beherbergte – nach dessen Haftentlassung – den deutschen Neonazi, Rechtsrockmusiker und Mörder Hendrik Möbius, von der Sensationspresse der »Satansmörder von Sondershausen« genannt, weil er einen 15-jährigen Mitschüler erdrosselt hatte.[11] Möbius firmiert bis heute als Sänger der extrem rechten Death-Metal-Band Absurd. Die »Turner-Tagebücher« sind eine in Romanform gebrachte Anleitung zur Entfachung eines »Rassenkriegs«. Auserwählte »Arier« handeln im Verborgenen, verüben Anschläge, ermorden Afroamerikaner und Juden, zum Schluss stürzt sich der Protagonist in einem Flugzeug samt Atombombe aufs Weiße Haus. Die Auserwählten nennen sich »The Order«, was mit »der Auftrag«, »die Ordnung« oder auch »der Orden« übersetzt werden kann. Sie bilden kleine Zellen und handeln unter der Maßgabe des sogenannten führerlosen Widerstands.

## Brüder schweigen

Die »Turner-Tagebücher« erschienen 1978. Fünf Jahre später wurde »The Order« Realität. Eine Gruppe um den US-amerikanischen Neonazi Robert J. Matthews verübte in den achtziger Jahren zahlreiche Raubüberfälle, bei denen Hunderttausende Dollar erbeutet wurden, sowie Anschläge unter anderem auf eine Synagoge in Boise im US-Staat Idaho[12] und auf ein Theater in Seattle.[13] Und sie ermordete den jüdischen Radiomoderator Alan Berg aus Denver vor dessen Haustür.[14] Die Gruppe nannte sich »The Order« bzw. »Brüder schweigen«, nach einem Schwur der SS. Nach dem Mord an Berg übernahm schließlich die amerikanische Bundespolizei, das Federal Bureau of Investigation (FBI), die Ermittlungen und hob ein US-weites Netzwerk von militanten Neonazigruppen aus. Der Anführer von »The Order«, Robert J. Matthews, wurde schließlich von der Polizei gestellt und in einem Gebäude umzingelt. Das Haus fing Feuer und er verbrannte darin oder erschoss sich, die genauen Todesumstände sind unklar. Ein Muster, das bekannt vorkommt: So ähnlich operierte der NSU und so ähnlich endete er auch. Der mutmaßliche NSU-Unterstützer André E., Angeklagter im Münchner NSU-Prozess, trug an einem Verhandlungstag einen Pullover mit der Aufschrift »Brüder schweigen«, was als unverhohlenes Bekenntnis des NSU zu seinem US-Vorbild »The Order« gelten kann.[15] Zumal André E. dieses Bekenntnis, das auch als Aufruf zum Schweigen gelesen werden kann, ausgerechnet an einem Tag ablegte, an dem ein Zeuge aus dem Umfeld der Hammerskins geladen war, einem Netzwerk, das viele Gemeinsamkeiten und personelle Überschneidungen mit Blood & Honour hat.[16] Aus dem NSU-Prozess ist auch bekannt, dass mindestens zwei Angeklagte – André E. und Ralf Wohlleben – die »Turner Diaries« auf ihren Rechnern gespeichert hatten.[17]

Der Gründer von »The Order«, Robert J. Matthews, und sein Stellvertreter David Lane sind bis heute Helden in der Neonaziszene weltweit. Von Lane stammt ein Satz, der inzwischen ein Mantra der braunen Bewegung geworden ist: »Wir müssen die Existenz unseres Volkes und die Zukunft für die weißen Kinder sichern.«[18] Dies sind die berüchtigten »14 words«, die »14 Wörter«, und der Grund dafür, weshalb der Zahlencode »14« in der Szene bis heute beliebt ist und regelmäßig etwa auf T-Shirts zur Schau getragen wird, so auch im Sommer 2013 bei einem Fest im sogenannten Braunen Haus in München-Obermenzing, einer inzwischen aufgelösten Neonazi-Wohngemeinschaft. Bei der Feier war auch der Angeklagte im NSU-Prozess André E. zugegen.

Die »Turner Diaries« mit den Ideen und Strategien von »The Order« verbreiteten sich in den achtziger und neunziger Jahren auch in Europa, insbesondere durch Blood & Honour und Combat 18. »The Order« bestand aus mehreren unabhängig voneinander operierenden Zellen und einem breiten Unterstützerumfeld. Blood & Honour propagierte die Zellen-Struktur, die »The Order« in die Tat umsetzte, im Kampfhandbuch »Field Manual«, dort heißt es in Kapitel zwei: »Grundsätzlich ist die ›Blood & Honour‹-Bewegung als Netzwerk organisiert, dessen Aktivitäten zum Großteil auf führerlosem Widerstand basieren.«[19]

Wie wichtig die Terrorvorbilder aus den USA waren, berichtete der Combat-18-Aussteiger Darren Wells. In einem Interview mit der britischen Antifa-Zeitschrift *Searchlight* bekannte er:

»Damals waren einige Leute völlig von der Geschichte von Robert Matthews eingenommen und wollten ihm hier nacheifern. Das wurde zu unserem einzigen Lebenszweck und wurde wichtiger als alles andere: Die Leben der Leute, ihre Jobs und Familien bedeuteten nichts mehr. Alles, was zählte, war, so zu werden wie unserer Vorstellung nach The Order war.«[20]

Es dauert nicht lange, bis aus dem Blood & Honour-Netzwerk heraus Anschläge geplant wurden. Im Jahr 1997 verschickten Combat-18-Aktivisten aus England, Dänemark und Schweden Briefbomben an Prominente, eine Antifa-Gruppe und Konkurrenten im Rechtsrock-Business, die allerdings alle fehlschlugen, weil britische und dänische Behörden die Sprengkörper rechtzeitig entdeckt hatten. Das Geld für die versuchten Anschläge stammte aus dem Musikgeschäft von Blood & Honour. Aus dem Umfeld von Combat 18 wurde im April 1999 zudem eine ganze Anschlagsserie verübt: Der Neonazi David Copeland war zuvor schon bei der extrem rechten British National Party aktiv gewesen war und hatte sich auch dem National Socialist Movement angeschlossen, das dem Combat-18-Spektrum zugerechnet wird.[21] Copeland wollte, ähnlich wie in den »Turner Diaries« proklamiert wird, einen »Rassenkrieg« auslösen. Er griff in London mit insgesamt drei Nagelbomben migrantische Gemeinschaften und eine Schwulenbar an – mit verhängnisvollen Folgen: Es gab 137 teils schwer Verletzte, drei Menschen wurden getötet, darunter eine hochschwangere Frau.

Auch der NSU verübte ein Attentat mit einer Nagelbombe in einer migrantischen Community – am 9. Juni 2004 in der Kölner Keupstraße.

Uwe Mundlos und Uwe Böhnhardt verbargen die Bombe in einem Motorradkoffer, den sie auf ein Fahrrad montiert hatten. Das Rad deponierten sie vor einem türkischen Friseurladen und zündeten die Bombe per Fernauslöser. Durch die umherfliegenden Zimmermannnägel wurden 22 Menschen verletzt, manche von ihnen schwer. Einem Opfer mussten allein zehn Nägel entfernt werden. Dass das Attentat in der Keupstraße Parallelen mit der Anschlagsserie in London aufwies, wurde in Großbritannien durchaus registriert – anders als in der Bundesrepublik. Kurz nach dem Anschlag schickte die britische Polizeibehörde New Scotland Yard ein 70 Seiten umfassendes Dossier über die Londoner Attentate an die Kölner Polizei, wo das Schreiben allerdings schon kurze Zeit später als irrelevant zu den Akten gelegt wurde. Der Attentäter von London sitze schließlich im Gefängnis und komme deshalb als Täter nicht in Frage, so die Sichtweise der deutschen Beamten.[22]

## »Noie Werte«

Die Netzwerke von Blood & Honour und Combat 18 begannen sich schon Anfang der neunziger Jahre nach Deutschland auszuweiten – über die Neonaziband Noie Werte aus Baden-Württemberg. Musiker der Band gründeten dafür eigens das Label German British Friendship. Dass der Export des Konzeptes über Baden-Württemberg lief, war kein Zufall: Dort hatte Ian Stuart Donaldson kurz vor seinem tödlichen Autounfall sein letztes deutsches Skrewdriver-Konzert gegeben – vor etwa 400 Neonazis im Steinbruch Lämmle bei Waiblingen. Organisiert hatte den Auftritt die Neonazi-Organisation Kreuzritter für Deutschland. Zwei Songs von Noie Werte verwendete der NSU für eine seiner sogenannten Bekenner-DVDs: »Kraft für Deutschland« und »Am Puls der Zeit«.[23] Mit Nicole Schneiders vertritt eine gute Bekannte des Noie-Werte-Sängers Steffen Hammer heute als Rechtsanwältin einen der Hauptangeklagten im NSU-Prozess, Ralf Wohlleben.[24] Hammer, ebenfalls Rechtsanwalt, bildete zeitweise eine Kanzlei-Gemeinschaft mit Schneiders. Der dritte Sozius war eine Zeit lang Alexander Heinig, ein ehemaliger Kreuzritter für Deutschland – also Mitglied jener Organisation, die das letzte Konzert für den Blood & Honour-Gründer Ian Stuart Donaldson organisiert hatte.

Uwe Böhnhardt, Uwe Mundlos und Beate Zschäpe stiegen spätestens 1993 tief in die Neonaziszene ein. Aus diesem Jahr sind diverse Konzert- bzw. Partybesuche unter anderem im baden-württembergischen Ludwigsburg und im niederbayerischen Straubing bekannt. Die drei beschritten den klassischen Weg in die Szene: Am Anfang steht (bis heute) der Besuch von Konzerten, Partys und Saufgelagen, dann folgt die zunehmende Politisierung. Wie das konkret ausgesehen hat, schilderte im Oktober 2015 ein Zeuge im NSU-Prozess: Tom T., ehemaliger Sänger der Neonaziband Vergeltung. Er war in den neunziger Jahren mit Böhnhardt, Mundlos, Zschäpe und anderen in der Kameradschaft Jena aktiv gewesen, dem Nukleus, aus dem sich später der NSU entwickelt hat. Vor dem Oberlandesgericht München schilderte er, wie er gemeinsam mit Gesinnungsgenossen Videos konsumierte, die aus Skandinavien über Blood & Honour nach Deutschland geschickt worden waren. Das Video-Magazin, das unter dem Label Kriegsberichter vertrieben wurde und Kriegsszenen von bewaffneten Gruppen ebenso zeigte wie Interviews mit Rechtsrock-Bands, bezeichnete der Zeuge im Prozess lakonisch als »MTV für Leute wie uns«.[25]

Ob Böhnhardt, Mundlos und Zschäpe Mitglieder bei Blood & Honour waren, ist schwer nachzuprüfen. Das Landeskriminalamt Thüringen zählte sie laut einem Vermerk aus den neunziger Jahren »zum harten Kern der ›Blood & Honour‹-Bewegung«.[26] Vermutet wird, dass sie zumindest in der Blood & Honour-Jugendorganisation mit dem Namen »White Youth« aktiv waren. Sicher ist: Sie hatten enge Kontakte zu maßgeblichen Protagonisten von Blood & Honour, einige kannten sie noch aus ihren Einstiegstagen in die braune Szene, von gemeinsamen Partybesuchen in Ludwigsburg und Straubing beispielsweise. Die drei hatten engen Kontakt zu Musik-Labeln, zeitweise sollen sie auch selbst mit Tonträgern gehandelt haben. Bei Uwe Böhnhardt wurden im Zuge einer Hausdurchsuchung Mitte der neunziger Jahre mehrere Neonazi-Tonträger sichergestellt, darunter die CDs »Macht und Ehre«, »Landser«, »Kommando Perno« und »Breslau«.[27]

Mit einem der wichtigsten Blood & Honour-Aktivisten war Beate Zschäpe liiert: Thomas Starke aus Chemnitz. Wegen einer Schlägerei, an der auch Uwe Mundlos beteiligt gewesen sein soll, saß Starke zeitweise im Gefängnis. In Haft wurde er von Böhnhardt, Mundlos und Zschäpe betreut und unterstützt. Noch vor deren Untertauchen besorgte Starke ihnen eine erhebliche Menge TNT. Es war vermutlich dieser Sprengstoff, der am 26. Januar 1998 von der Polizei in einer von Zschäpe angemieteten Garage in Jena gefunden wurde, was wiederum Auslöser dafür war, dass das Kerntrio beschloss, in den Untergrund zu gehen. Starke wirkte kurz danach maßgeblich am Vertrieb der Landser-CD »Ran an den Feind« mit, einer der populärsten Veröffentlichungen des braunen Musikspektrums. In der Folge wurde die Band als erste Musikgruppe vom Bundesgerichtshof als »kriminelle Vereinigung« verboten.

*Eine der erfolgreichsten Rechtsrock-Veröffentlichungen:*
*Die Landser-CD »Ran an den Feind«.*

## Flucht ins braune Musik-Mekka Chemnitz

Auf ihrem Weg in den Untergrund diente Mundlos, Böhnhardt und Zschäpe das Blood & Honour-Netzwerk als Stütze. Sie wandten sich an Blood & Honour in Chemnitz, wo eine höchst aktive Rechtsrockszene seit Jahren konspirative Strukturen entwickelt hatte, etwa durch den Handel mit verbotener Musik und durch geheim veranstaltete Konzerte. Die Protagonisten der Szene hatten eine Art Ehrenkodex verinnerlicht, der an die Mafia erinnert: Es galt ein unausgesprochenes Schweigegelübde und das Gebot der »Kameradschaftshilfe«. So schilderten mehrere Zeugen aus dem Chemnitzer Blood & Honour-Milieu im NSU-Prozess, dass es für sie selbstverständlich gewesen sei, den dreien zu helfen und auch nicht näher nach den Gründen für ihr Abtauchen in den Untergrund zu fragen.[28] Ihre erste konspirative Wohnung in Chemnitz wurde Böhnhardt, Mundlos und Zschäpe von dem Blood & Honour-Mitglied Thomas R. zur Verfügung gestellt. Insgesamt kann man davon ausgehen, dass in Chemnitz rund 20 Personen aus dem Kreis von Blood & Honour die Untergetauchten unterstützten. Wie aus der Meldung eines V-Manns des Verfassungsschutzes hervorgeht, erhielten sie mehrere Tausend Mark aus der Kasse von Blood & Honour Sachsen; Wohnungen, Reisepässe und andere Papiere wurden ihnen besorgt. Chef der sächsischen Sektion war Jan Werner, Betreiber des Chemnitzer Rechtsrock-Labels Movement Records. Er versuchte, laut dem Bericht des V-Mannes, im Sommer 1998 Waffen für die drei zu besorgen – mit Geld, das aus Konzerten und dem CD-Verkauf stammte.[29] Werner war gemeinsam mit Thomas R. für die Herausgabe des Blood & Honour-Magazins *White Supremacy* verantwortlich. Darin erschien im Sommer 1998 ein Artikel, der Uwe Mundlos zugeschrieben wird und in dem es heißt: »Konzerte sind und bleiben ein reines Freizeitvergnügen und haben mit dem Kampf nur so viel zu tun, dass sie für uns das stärkende Mittel sind, welches uns die Kraft für den weiten Weg gibt. Leider sieht die Realität anders aus, denn viele Kameraden machen sich nicht den Kampf zum Lebensinhalt, sondern das Vergnügen.«[30]

Mundlos arbeitete, als das Kerntrio schon in den Untergrund gegangen war, auch mit Hendrik Lasch zusammen, dem Gründer der Chemnitzer Szene-Läden »PC-Records« und »Backstreetnoise«. Lasch war schon in den neunziger Jahren einer der wichtigsten Geschäftsleute im Bereich Nazi-Musik und Nazi-Accessoires. Uwe Mundlos entwarf für ihn ein T-Shirt-Motiv: die sogenannten Skinsons. Mit dem Verkaufserlös, so die Idee, sollte das Leben im Untergrund finanziert werden. Lasch behauptete, dass er bald den Kontakt zu den dreien verloren habe – berechtigte Zweifel daran sind freilich angebracht.[31] Dies vor allem wegen einer CD-Veröffentlichung auf PC Records, dem von Lasch gegründeten (inzwischen an einen engen Freund abgetretenen) Label, das heute zu den größten deutschen Neonazi-Musikverlagen gehört und mutmaßlich Millionen-Umsätze erwirtschaftet.

Im Jahr 2010, mehr als ein Jahr vor der Selbstenttarnung des NSU, erschien auf PC Records eine CD mit dem Titel »Adolf Hitler lebt« der Band Gigi und die braunen Stadtmusikanten um den rechtsextremen Sänger Daniel Giese aus Meppen. Darauf ist auch das Lied »Döner Killer« zu hören.[32] Im Text heißt es: »Am Dönerstand herrschen Angst und Schrecken. Kommt er vorbei, müssen sie verrecken. Kein Fingerabdruck, keine DNA. Er kommt aus dem Nichts – doch plötzlich ist er da. […] Bei allen Kebabs herrschen Angst und Schrecken. Der Döner bleibt im Halse stecken, denn er kommt gerne spontan zu Besuch, am Dönerstand, denn neun sind nicht genug.« Der Text und der Zeitpunkt des Erscheinens des »Döner-Killer«-Songs legen nahe, dass der NSU nicht ganz so abgekoppelt von der Szene agierte, wie häufig angenommen wird und wie auch die Bundesanwaltschaft in der Anklageschrift zum NSU-Prozess meint. Vielmehr gibt es zahlreiche Indizien dafür, dass der

NSU weiterhin Kontakte in die Neonaziszene pflegte und es ein Unterstützernetzwerk für das Kerntrio gab. Sicher ist: Der NSU hätte in den meisten Städten, in denen er mordete, auf Helfer insbesondere aus den Kreisen von Blood & Honour zurückgreifen können, auch wenn bis heute nicht bewiesen werden kann, dass dies geschehen ist.

Dass Mundlos, Böhnhardt und Zschäpe enge Kontakte zu rechtsextremen Aktivisten in einigen jener Städte pflegten, in denen sie später ihre Verbrechen verübten, geht insbesondere aus der sogenannten Fluchtliste hervor, die Mundlos zusammengestellt hat und die den Ermittlungsbehörden bereits direkt nach dem Untertauchen der drei Anfang 1998 in die Hände fiel. Die Liste wurde jedoch nie angemessen ausgewertet oder gar für Fahndungszwecke verwendet. Sie wurde stattdessen buchstäblich in der Asservatenkammer abgelegt und tauchte erst nach dem Tod von Uwe Mundlos und Uwe Böhnhardt wieder auf. Auf der Liste sind unter anderem Telefonnummern aus Rostock und Nürnberg verzeichnet.[33]

Insbesondere im Raum Nürnberg, wo der NSU die meisten Morde verübt hat, gab es zeitweise eine sehr aktive Neonaziszene, deren Mitglieder sich unter anderem in den Netzwerken von Blood & Honour und Combat 18 organisierten. Blood & Honour Nürnberg unterhielt enge Verbindungen zu Blood & Honour Chemnitz, wo das Kerntrio des NSU zunächst untertauchte. Im benachbarten Fürth lebte lange Zeit einer der aktivsten bayerischen Neonazis: Matthias Fischer. Er war maßgeblicher Akteur der Neonazi-Organisationen Fränkische Aktionsfront (FAF) und Freies Netz Süd (FNS), die vom Bayerischen Innenministerium verboten wurden. Fischer mischte zeitweise bei der NPD mit und ist inzwischen bei der neonationalsozialistischen Splitterpartei Der Dritte Weg aktiv. Seine Telefonnummer war auf Uwe Mundlos' Fluchtliste verzeichnet. Ob Fischer Blood & Honour-Mitglied ist oder war, kann nicht bewiesen werden, aber an seinen bis heute bestehenden engen Kontakten zu dem Netzwerk gibt es wenig Zweifel. So trat er etwa mehrmals bei Neonazi-Veranstaltungen in Ungarn vor Transparenten der Organisation auf, wie Fotos belegen. Fischer war zudem mit der NSU-Unterstützerin Mandy Struck bekannt, die Böhnhardt, Mundlos und Zschäpe ab 1998 mit Wohnungen und Papieren versorgte; sogar der Impfausweis von Beate Zschäpes Katzen war auf ihren Namen ausgestellt. Mandy Struck stammt aus Sachsen und wohnte einige Jahre in Franken, wo sie mit einem führenden Aktivisten von Blood & Honour und Combat 18 liiert war. Laut einem Szene-Aussteiger soll es in Nürnberg zeitweise eine Combat-18-Gruppe gegeben haben, der 20 bis 30 Personen angehörten.[34]

## Die Taschenlampenbombe

In Nürnberg verübte der NSU nicht nur drei Morde (an Enver Şimşek, Abdurrahim Özüdoğru und İsmail Yaşar), sondern auch seinen mutmaßlich ersten Bombenanschlag: Am 23. Juni 1999 explodierte in einer von Migranten betriebenen Kneipe eine als Taschenlampe getarnte Rohrbombe und verletzte eine Putzkraft. Nur eine Autostunde entfernt davon, auf dem Sportplatz der Gemeinde Großheirath nahe Coburg, gab drei Tage später die britische Neonaziband No Remorse eines ihrer wenigen Deutschland-Konzerte. Sänger der Gruppe war William Browning, der britische Boss der Terrortruppe Combat 18. Dies ist ein besonders auffälliges Zusammentreffen der Ereignisse und wirft die Frage auf, ob der Bombenanschlag so kurz vor dem exklusiven Konzertauftritt nicht eine Art Willkommensgruß an den Combat-18-Chef und zugleich eine Botschaft an die Szene sein sollte, die lautete: Nicht nur in London, das zwei Monate vorher von der Nagelbombenserie aus dem Combat-18-Umfeld erschüttert worden war, sondern auch in Deutschland sind Neonazis bereit für den »Rassenkrieg«.

Auch an einem anderen Ort, an dem der NSU mordete, gab es eine aktive Combat-18-Gruppe: in Dortmund. Dort tötete der NSU am 4. April 2006 den Kioskbesitzer Mehmet Kubaşık mit mehreren Kopfschüssen. Die Dortmunder Dependance von Combat 18 bildete sich im Umfeld der Neonaziband Oidoxie, die unter anderem den Song »Terrormachine Combat 18« veröffentlicht hat. Aus dem Saalschutz der Band entstand 2005 die Oidoxie Streetfighting Crew, unter deren Mitgliedern einige waren, die sich den Schriftzug Combat 18 auf die Haut tätowieren ließen. Die Dortmunder unterhielten enge Kontakte zur Nordhessen Crew, einer Gruppe von Neonazis, die ebenfalls als Saalschutz bei Nazikonzerten auftrat und aus Kassel stammte – einem weiteren Tatort des NSU: Nur zwei Tage nach dem Mord in Dortmund töteten Uwe Mundlos und Uwe Böhnhardt dort den 21-Jährigen Halit Yozgat in dessen Internetcafé mit zwei Kopfschüssen.[35] Ob die Dortmunder und Kasseler Neonazis Kontakt zum NSU hatten, kann nur gemutmaßt werden. Sicher ist: Nach dem Tod von Mundlos und Böhnhardt unterhielt ein Mitglied der Oidoxie Streetfighting Crew, Robin Schmiemann, einige Zeit intimen Briefkontakt mit Beate Zschäpe, als diese bereits in Untersuchungshaft in München-Stadelheim einsaß. Die beiden führten eine Brieffreundschaft von Knast zu Knast, denn Schmiemann verbüßte eine Haftstrafe, nachdem er einen Supermarkt überfallen und dabei einen Tunesier niedergeschossen hatte.

## Fazit

Der NSU hat mit dem Tod von Uwe Mundlos und Uwe Böhnhardt am 4. November 2011 sowie der Verhaftung Beate Zschäpes eine Woche später aufgehört zu existieren. Blood & Honour ist in Deutschland seit 2000 verboten. Ist das Geschehen also nur noch ein Fall für die Geschichtsbücher?

Nein, der NSU ist noch lange nicht Geschichte, denn auch die zahlreichen Untersuchungsausschüsse, Sonderermittler und der Prozess vor dem Münchner Oberlandesgericht haben viele Fragen nicht beantwortet, insbesondere nicht die nach dem Unterstützernetzwerk und der Rolle der Sicherheitsbehörden. Die Fehlleistungen und Vertuschungen durch staatliche Organe sind kaum überschaubar, sie reichen von Ermittlungspannen und -fehlern der Polizei, die zum Gutteil durch institutionellen Rassismus mitverursacht wurden, bis hin zum Verfassungsschutz, der über V-Leute immense Geldsummen in die Neonaziszene gepumpt und so geholfen hat, die Strukturen aufzubauen, aus denen der NSU entstehen konnte und unterstützt worden ist.[36] Dutzende Spitzel bewegten sich im Umfeld des NSU. Auch an maßgeblichen Stellen in der braunen Musikindustrie hatte der Geheimdienst V-Leute installiert, aber trotzdem konnten Zschäpe, Mundlos und Böhnhardt fast 14 Jahre lang unentdeckt im Untergrund leben.

Auch Blood & Honour ist noch nicht Geschichte. Nach dem Verbot in Deutschland mischten viele Protagonisten weiterhin im rechten Musikbusiness mit, organisierten Konzerte, vertrieben Tonträger, Szenekleidung und Fanzines. In Großbritannien und insbesondere in Osteuropa ist Blood & Honour weiterhin äußerst aktiv. Auch im Sommer 2015 gab es wieder Großkonzerte des Netzwerkes vom Elsass bis nach Australien. In Deutschland wurde das Geschäft teils von vergleichbaren Organisationen wie der Hammerskin Nation übernommen. Auch die Hammerskins sind ein international agierendes, militantes Netzwerk mit einem elitären Selbstverständnis. Anhänger handeln mit Waffen, verüben Morde und Anschläge – und verehren »The Order«.

Viele Bedingungen, die dazu führten, dass Zschäpe, Mundlos und Böhnhardt sich radikalisierten, in den Untergrund gingen und dort unentdeckt leben konnten, sind auch heute noch gegeben. Bedingungen, die dafür verantwortlich sind, dass eine Bande von Neonazis zehn Menschen ermordete und mindestens zwei Dutzend weitere durch Anschläge verletzt hat. Rechtsrock bildet nach wie vor eine Subkultur, durch die junge Menschen an rechte Ideologie herangeführt werden können und auch ganz gezielt herangeführt werden. In den Worten des langjährigen

NPD-Chefs und heutigen Europaabgeordneten der Partei, Udo Voigt, lautet die Devise: »Die Musik transportiert Meinung, Musik transportiert Kultur, ein Zugehörigkeitsgefühl, das ist für uns ein wichtiges Bindeglied zur Jugend. Weil über Musik sprechen wir die Jugend an und sind dann in der Lage, wenn wir ihr Herz über die Musik geöffnet haben, ihnen auch unsere Ideen letztendlich schulisch beizubringen.«[37]

Die Möglichkeiten zur Einflussnahme durch Musik sind heute noch viel besser als in den neunziger Jahren, als man sich illegale Musik oder Video-Magazine per Post etwa aus Dänemark schicken lassen musste. Heute ist alles jederzeit frei verfügbar im Netz. Insbesondere auf YouTube ist praktisch jeder Nazisong zu haben, egal wie hasserfüllt, volksverhetzend oder gewaltverherrlichend er sein mag. Auch die Anleitungen für den Untergrundkampf – von den Strategien bis hin zu konkreten Vorgaben zum Bombenbau – sind heute besser und schneller zu erhalten als früher. Es reicht ein Mausklick, um sich Broschüren von Blood & Honour und Combat 18 auf den Bildschirm zu holen; das Gleiche gilt für die »Turner Diaries«. Musikalisch hat sich Rechtsrock längst ausdifferenziert. Zwar gibt es immer noch den klassischen Nazirock (wie beliebt dieser Stil weiterhin ist, zeigt sich regelmäßig bei Großkonzerten mit teils über 1.000 Besuchern, etwa im Sommer 2014 in Nienhagen in Sachsen-Anhalt oder im Oktober 2013 in Scheinfeld in Mittelfranken). Daneben werden aber auch über andere Stile wie H8Core, Dark Wave, Neo Folk, Industrial,[38] Metal, Liedermacher und selbst über Hiphop rassistische und antisemitische Inhalte verbreitet. Das Geschäft mit Rechtsrock floriert, zahlreiche Labelbetreiber verdienen mit der Hassmusik und den dazugehörigen Accessoires ihren Lebensunterhalt – vom Wikingerversand in Geiselhöring bei München über den Versand der Bewegung in Murnau bis hin zu PC Records in Chemnitz. Insgesamt beliefern Dutzende Labels und Versandhäuser die rechte Kundschaft, CDs erscheinen inzwischen in Auflagen von mehreren Tausend Stück. Verlässliche Zahlen gibt es zwar nicht, aber es darf als sicher gelten, dass die Umsätze in die Millionen gehen, wobei das Angebot weit über CDs und T-Shirts hinausreicht. Es wird ein umfassender rechter Lifestyle angeboten – bis hin zum Neonazi-Parfum. Längst verherrlichen Neonazibands auch offen den NSU. So geschehen bei einem Konzert am 12. Oktober 2013 in Scheinfeld. Die Band Überzeugungstäter spielte vor über 1.000 Besuchern ihren Song »Das Lied vom großen Schwachsinn«. Darin heißt es: »Beate Zschäpe ist die Schönste – die Schönste hier im ganzen Land / jeder wollte sie verführen – doch dann kam der Häuserbrand.«[39]

Rechtsrock ist mehr als bloß Propagandamittel und Geschäftsmodell. Rechtsrock dient auch zur Selbstvergewisserung der Szene und ist im Wortsinne der Soundtrack zu Hass und Gewalt, die immanente Bestandteile extrem rechter Ideologie sind – und damit auch der extrem rechten Musik. Neonazis haben seit der deutschen Vereinigung mutmaßlich fast 200 Menschen umgebracht, weil diese nicht in ihr Weltbild passten.[40] So mancher Mörder putschte sich vor der Tat mit Musik auf, z. B. ein polizeibekannter Neonazi aus dem bayerisch-schwäbischen Memmingen: Am 26. April 2008 hörte er in seiner Wohnung bei voller Lautstärke Rechtsrock. Als sich sein 40-jähriger Nachbar Peter Siebert darüber beschwerte, nahm der Neonazi ein Bajonett und stach zu, Siebert überlebte die Attacke nicht. Die Ignoranz staatlicher Behörden gegenüber rechter Gewalt und dem buchstäblich mörderischen Genre Rechtsrock verdeutlicht das Verhalten, das Polizei, Staatsanwaltschaft und das Memminger Landgericht an den Tag legten: Die Tat wurde als Nachbarschaftsstreit gewertet, der Mörder nur wegen Totschlags verurteilt. Er ist inzwischen längst wieder auf freiem Fuß. In der offiziellen Statistik über Opfer rechter Gewalt taucht der Mord von Memmingen nicht auf.

## Anmerkungen

1 Vgl. Matthias Weiss, Der NSU im Netzwerk von Blood & Honour und Combat 18, www.nsu-watch.info/2015/06/der-nsu-im-netz-von-blood-honour-und-combat-18-gesamtversion/.

2 Die Zeile »Geschichte, die noch Kohle bringt« ist eine unverhohlene Anspielung auf jüdische Organisationen, die Wiedergutmachungs- und Entschädigungszahlungen für die Opfer des Holocaust einfordern. Sie werden in der rechten Szene oft als »Holocaust-Industrie« verunglimpft. Die Zeile »Sind selber die größten Kokser« verweist auf den deutsch-jüdischen Fernsehmoderator Michel Friedman, der wegen Kokaingenusses und Kontaktes mit Prostituierten in die Schlagzeilen geraten war. Hier wird explizit der Bezug zu Juden hergestellt und implizit eine jüdische Weltverschwörung konstruiert, worauf bereits der Satz hinweist: »Sie richten über Menschen, ganze Völker sollen sich hassen.«

3 Zit. n. Thies Marsen, »Tanz den Adolf Hitler«. Musik als Propagandamittel der Neonazis, Bayerischer Rundfunk, Radiowissen, 16.9.2011.

4 Vgl. Klaus Godau-Schüttke, Ich habe nur dem Recht gedient. Die »Renazifizierung« der Schleswig-Holsteinischen Justiz nach 1945, Baden-Baden 1993, S. 116 f.

5 Vgl. Christian Dornbusch/Jan Raabe (Hrsg.), RechtsRock – Bestandsaufnahme und Gegenstrategien, Hamburg/Münster 2002.

6   Vgl. Searchlight/Antifaschistisches Infoblatt/Enough is Enough, rat (Hrsg.), White Noise. Rechts-Rock, Skinhead-Musik, Blood & Honour – Einblicke in die internationale Neonazi-Musik-Szene, Hamburg/Münster 2001.

7   Andrea Röpke, Nichts anderes als Terror, in: Jüdische Allgemeine, 20.8. 2015, www.juedische-allgemeine.de/article/view/id/23136.

8   Mitschrift des Autors vom NSU-Prozess im Archiv des Bayerischen Rundfunks, 233. Verhandlungtstag, 30.9.2015, Zeugenaussage von Paul L., Kriminaloberkommissar beim Bundeskriminalamt Meckenheim.

9   Zur Geschichte von Combat 18 vgl. Nick Lowles, White Riot. The Violent Story of Combat 18, Bury 2003.

10  Vgl. Searchlight/AIB/EIE, rat (Hrsg.), White Noise (wie Anm. 6).

11  Vgl. Christoph Lemmer, Heidnische Strategen, in: junge Welt, 24.9.2014, S. 15.

12  Vgl. Homepage des FBI, www.fbi.gov/seattle/about-us/history-1.

13  Vgl. Wayne King, U.S. indicts 23 in white supremacist organization, in: New York Times, 16.4.1985, www.nytimes.com/1985/04/16/us/us-indicts-23-in-white-supremacist-organizatiion.html.

14  Zur Geschichte von »The Order« vgl. Stephen Singular, Talked To Death. The Murder of Alan Berg and the Rise of the Neo-Nazis, New York 1987; Kevin Flynn/Gary Gerhardt, The Silent Brotherhood, New York 1990.

15  Mitschrift des Autors vom NSU-Prozess im Archiv des Bayerischen Rundfunks, 151. Verhandlungstag, 16.10.2014.

16  Vgl. den Beitrag von Hajo Funke in diesem Band.

17  Mitschrift des Autors vom NSU-Prozess im Archiv des Bayerischen Rundfunks, 149. Verhandlungtstag, 14.10.2014; 220. Verhandlungtstag, 21.7.2015, jeweils Aussage der Zeugin Jeanette P., Kriminalkommissarin beim Bundeskriminalamt.

18  Im Original: »We must secure the existence of our people and a future for white children.« Zit. n. en.wikipedia.org/wiki/Fourteen_Words.

19  Im Original: »As a rule, the Blood & Honour movement is organized as a network which activities to a large extent is based on leaderless resistance.« Zit. n. Max Hammer, Field Manual, www.archive.org/stream/BloodAnd HonourFieldMaual_912/BhFieldManual_djvu.txt.

20  Zit. n. »Combat 18« inside! Nazi – Informant Darren Wells über die Terrorgruppe »C-18«, Antifaschistisches Infoblatt Nr. 54, 19.12.2001.

21  Fred Attewill, London nail bomber must serve at least 50 years, in: The Guardian, 2.3.2007, www.theguardian.com/uk/2007/mar/02/ukcrime.the farright.

22  Mitschrift des Autors vom NSU-Prozess im Archiv des Bayerischen Rundfunks, 104. Verhandlungtstag, 9.4.2014.

23  Mitschrift des Autors vom NSU-Prozess im Archiv des Bayerischen Rundfunks, 50. Verhandlungtstag, 24.10.2013, Zeugenaussage von Roland S., Bundeskriminalamt Berlin.

24  Vgl. Lena Kampf, Die Akte Nicole Schneiders, in: Stern, 1.6.2013, www.

THIES MARSEN

stern.de/politik/deutschland/nsu-prozess-die-akte-nicole-schneiders-2019044.html.
25 Mitschrift des Autors vom NSU-Prozess im Archiv des Bayerischen Rundfunks, 234. Verhandlungstag, 7.10.2015. Music Television (MTV) ist ein Fernsehsender, der überwiegend Musikvideos und ein insgesamt auf Jugendliche ausgerichtetes Programm ausstrahlt.
26 Zit. n. Weiss, Der NSU im Netz von Blood & Honour und Combat 18 (wie Anm. 1).
27 Mitschrift des Autors vom NSU-Prozess im Archiv des Bayerischen Rundfunks, 150. Verhandlungstag, 15.10.2014.
28 Beispielhaft die Aussage des Neonazis Thomas R. im NSU-Prozess, vgl. Mitschrift des Autors vom NSU-Prozesses im Archiv des Bayerischen Rundfunks, 100. Verhandlungstag, 1.4.2014.
29 Deckblattbericht des Landesamtes für Verfassungsschutz Brandenburg, 17.7.1998, Kopie im Besitz des Autors.
30 Zit. n. Weiss, Der NSU im Netz von Blood & Honour und Combat 18 (wie Anm. 1).
31 Vgl. Mitschrift des Autors vom NSU-Prozess im Archiv des Bayerischen Rundfunks, 190. Verhandlungstag, 5.3.2015, Zeugenaussage von Hendrik Lasch.
32 Vgl. Maik Baumgärtner/Marcus Böttcher, Das Zwickauer Terror Trio. Ereignisse, Szene, Hintergründe, Berlin 2012, S. 188 f.
33 Liste in Kopie im Besitz des Autors.
34 Vgl. Weiss, Der NSU im Netz von Blood & Honour und Combat 18 (wie Anm. 1).
35 Vgl. ebd.
36 Vgl. dazu den Beitrag von Dirk Laabs in diesem Band.
37 Zit. n. Klaus Walter, Zwischen Störkraft und den Onkelz steht 'ne Kuschelrock-LP, in: Jungle World, 7.6.2012.
38 Vgl. Andreas Speit (Hrsg.), Ästhetische Mobilmachung. Darkwave, Neofolk und Industrial im Spannungsfeld rechter Ideologien, Hamburg/Münster 2002.
39 Zit. n. Birgit Mair/Robin Hofmann, Großes Neonazikonzert in Scheinfeld 2013 – Anmerkungen zu einigen Songtexten, www.isfbb.de/download/Neonazi-Konzert-Scheinfeld2013-TextanalyseISFBB.pdf.
40 So die Zahlen der Amadeu Antonio Stiftung. Die offiziellen Zahlen der Bundesregierung liegen deutlich darunter; andere Zählungen gehen von bis zu 300 Opfern aus.

DIRK LAABS

# Blackbox NSU.
## Rechter Terror und der Kampf um die Grenzen des Staatsschutzes

### Der Kampf um die Grenzen des Staatsschutzes

Die Aufklärung des NSU-Komplexes hat zu einer historisch einmaligen Situation in Deutschland geführt: Zehn parlamentarische Untersuchungsausschüsse haben bislang versucht aufzuklären, inwiefern staatliche Behörden im Hinblick auf die Mordserie des Nationalsozialistischen Untergrunds (NSU) versagt haben und gegebenenfalls sogar Hinweise auf die Mörder hatten.[1] Hinzu kommen diverse Kommissionen und Sonderermittler, instruiert von der Exekutive oder im Auftrag der Legislative, die Teilaspekte des NSU-Komplexes erhellen sollen. Niemals zuvor in der Geschichte der Bundesrepublik hat eine vergleichbar hohe Anzahl von Ausschüssen, Kommissionen und Sonderermittlern versucht, den Verlauf eines Kriminalfalls zu analysieren. Die Morde des NSU haben offenbar einen Nerv getroffen.

Doch viereinhalb Jahre nach der sogenannten Selbstenttarnung des NSU am 4. November 2011 steht fest, dass die Aufklärungsbemühungen nicht die erhoffte Klarheit geschaffen haben. Im Gegenteil. Allzu oft ist der Aufklärungswille von den Akteuren bloß behauptet, nicht jedoch nachhaltig demonstriert worden. Für diesen paradoxen Zustand – Anzahl der Ausschüsse versus diffusem Aufklärungsergebnis – gibt es viele Gründe, die im Folgenden erklärt werden sollen.

Um das Grundproblem zu verstehen, muss man einen Schritt zurücktreten, denn im Kern geht es bei dem NSU-Komplex nicht nur um die Bekämpfung des rechten Terrors. Vielmehr macht dieser Fall deutlich, dass in der Bundesrepublik umstritten ist, wie der Staatsschutz so organisiert werden kann, dass die Prinzipien des Rechtsstaates nicht verletzt werden. Die Kernfragen lauten dabei: Wie und wer soll den Staat und seine Bürger vor terroristischen Anschlägen schützen, wie weit dürfen die zuständigen Behörden dabei gehen und wo verlaufen die Grenzen? Zuständig für die Bekämpfung von organisiertem Terrorismus ist neben dem Bundeskriminalamt (BKA) das Bundesamt für Verfassungsschutz (BfV) – der bundesdeutsche Inlandsgeheimdienst. Deren Mitglieder bestehen darauf, als »Nachrichtendienst« bezeichnet zu werden – allerdings ist das Bundesamt auch operativ tätig, sammelt also nicht nur Informationen, sondern steuert Informanten in bestimmte Milieus und lässt sie im Verborgenem Aktionen ausführen. Insofern ist der Begriff »Geheimdienst« treffender. Das Bundesamt für Verfassungsschutz wurde auf Druck der Alliierten 1950 gegründet, die personelle Besetzung an der Spitze bestimmten ebenfalls die Alliierten.[2] Hehre Ziele – ein wirklicher Neuanfang und die Verhinderung der Gründung sozusagen einer bundesdeutschen Gestapo – traten in dieser Phase bereits hinter die Interessen der Alliierten im Kalten Krieg zurück. Weder Briten noch US-Amerikaner scheuten sich, sowohl das Bundesamt für Verfassungsschutz als auch den Auslandsgeheimdienst (den Bundesnachrichtendienst, ehemals Organisation Gehlen) mit der Hilfe von führenden NS-Geheimdienstlern aufzubauen. Das Bundesamt für Verfassungsschutz geriet dabei unter die Kontrolle des Bundesnachrichtendienstes (BND) und dessen Chef Reinhard Gehlen, der sich zunächst selbst als Präsident des Bundesamtes installieren wollte. Als diese Idee von den Alliierten abgelehnt wurde, installierte Gehlen dort Gewährsmänner.

Dieser Geburtsfehler des Bundesamtes für Verfassungsschutz beeinträchtige die Arbeit des Geheimdienstes bis in die siebziger Jahre. Zentrale Mitglieder des Bundesamtes waren als ehemalige NS-Funktionäre erpressbar, gaben unter anderem deshalb geheime Informationen an ausländische Geheimdienste wie den KGB (den sowjetischen Auslands- und Inlandsgeheimdienst) und die CIA (den Auslandsgeheimdienst der Vereinigten Staaten) weiter. Insbesondere die CIA vermerkte in Geheimdossiers, dass das Bundesamt für Verfassungsschutz leicht zu infiltrieren sei. Dieser Zustand habe jedoch den Vorteil, so schrieb ein Analyst, dass auch die CIA mehr oder weniger jederzeit freien Zugang zu Mitarbeitern und dem Wissen des Bundesamtes für Verfassungsschutz hätte. Das Bundesamt sei allerdings auch deshalb ein höchst mittelmäßiger Geheimdienst, konstatierten CIA-Agenten. Eines sei dem deutschen Dienst jedoch gut gelungen: Seine Leute hätten erfolgreich die linke und rechte Szene mit der Hilfe von Informanten unterwandert. Dieser Vermerk stammt aus den späten sechziger Jahren. Die Beobachtung, dass das Bundesamt für Verfassungsschutz vor allem Spitzel einsetzt, um eine bestimmte Szene und insbesondere das rechtsradikale Milieu aufzuklären, gilt auch für die Situation im Jahr 2016. Von Anfang an baute das Bundesamt auf Informanten und Spitzel, die gegen Geld Geheimnisse ihrer eigenen Szene verraten. Diese Quellen werden im Geheimdienstjargon vornehm »Vertrauensmänner« bzw. »Vertrauenspersonen« genannt, kurz »V-Männer« oder »V-Personen«.

Das Vertrauen in diese Nachrichtenquellen blieb beim Bundesamt für Verfassungsschutz über die Jahrzehnte unerschütterlich. So führte das Amt in den siebziger Jahren diverse Spitzel in der rechten Szene, deren Mitglieder in dieser Zeit für zahlreiche Bombenanschläge verantwortlich waren. Den schlimmsten Anschlag – das Attentat auf das Oktoberfest im September 1980 mit 13 Toten – verhinderten auch V-Männer nicht.[3] Etliche Spitzel hatten aus dem Inneren der Wehrsportgruppe Hoffmann berichtet. Auch der Attentäter, der die Bombe in München gezündet haben soll, wurde in dieser Wehrsportgruppe radikalisiert. Doch kein Spitzel berichtete, angeblich, über ein bevorstehendes Attentat. Auch der Umstand, dass ein anderer Sprengstoffanschlag u. a. von einem V-Mann – Hans-Dieter Lepzien – geplant worden war, führte nicht zu einem Umdenken.[4] Im Gegenteil. Mit Ende des Kalten Krieges und der unverminderten Aktivität der Roten Armee Fraktion (RAF) forderte Anfang der neunziger Jahre der damalige Präsident des Bundesamtes für Verfassungsschutz Eckart Werthebach, dass noch mehr sogenannte Quellen in verschiedenen Szenen geworben werden müssten. Werthebach hatte die Erfolglosigkeit des Bundesamtes für Verfassungsschutz im Kampf gegen die RAF frustriert, er führte sie auch auf die mangelnde Anzahl von V-Personen in der linken Szene zurück.

Werthebach konnte bei seiner Arbeit darauf bauen, dass der Großteil der konkreten Handlungen des Bundesamtes für Verfassungsschutz niemals bekannt werden würde. Grundlage der Arbeit der Behörde ist es nämlich bis heute, dass ein Großteil der Operationen geheim bleiben darf. Nur ein Spezialgremium des Bundestages – die Parlamentarische Kontrollkommission, auch Parlamentarisches Kontrollgremium genannt (PKGr) – wird über bestimmte Vorgänge im Groben informiert. Die Mitglieder dürfen allerdings über Geheimnisse, die ihnen offenbart werden, nicht öffentlich sprechen. Geheimes solle geheim bleiben, heißt es. In erster Linie, so lautet die Erklärung des Geheimdienstes, sollen damit Interessen, Operationen und vor allem Menschenleben, nicht zuletzt das Leben der V-Personen, geschützt werden. So verweigert das Kontrollorgan des Bundesamtes für Verfassungsschutz, das Bundesinnenministerium, bis heute die Herausgabe von zentralen V-Mann-Akten aus dem Umfeld des Oktoberfestattentates. Begründet wird das zum einen mit der Formel, dass eine Offenlegung dieser Informationen das Staatswohl gefährde, zum anderen wird gesagt, »Leib und Wohl« etwaiger V-Männer stünden ebenfalls auf dem Spiel. Tatsächlich geht es allerdings auch darum, aktiven Informanten und ausländischen Partnerdiensten zu beweisen, dass man ein Geheimnis für sich behalten kann – und dies auch über den Tod einer Quelle hinaus.

Dass eine solche Blockade von Informationen rechtsstaatlich ist, bestätigt etwa das Bundesverwaltungsgericht der Exekutive immer wieder. So hatte das Gericht die Klagen einer Zeitung abgewiesen, die die vollständigen BND-Akten über Adolf Eichmann einsehen wollte. Die Akten blieben zum Teil unter Verschluss. Der Staat hat – verkürzt gesagt – ein Recht auf Geheimnisse, das nicht verjährt oder zeitlich befristet ist, so jedenfalls sehen es die höheren Gerichte und die Akteure selbst. Der amtierende Geheimdienstkoordinator im Bundeskanzleramt, Klaus-Dieter Fritsche, brachte diese Sicht in seiner Aussage vor dem ersten NSU-Untersuchungsausschuss des Bundestages auf den Punkt: »Es dürfen keine Staatsgeheimnisse bekannt werden, die ein Regierungshandeln unterminieren. Es darf auch nicht so weit kommen, dass jeder Verfassungsfeind und Straftäter am Ende genau weiß, wie Sicherheitsbehörden operativ arbeiten und welche V-Leute und verdeckten Ermittler im Auftrag des Staates eingesetzt sind.«[5]

Der NSU-Komplex hat abermals gezeigt, dass das Privileg der Exekutive, absolute Geheimnisse zu haben – egal, was vorgefallen sein mag, und sei es zehnfacher Mord –, ein Problem aufwirft: Was, wenn die Geheimnisträger etwas vertuschen? Was, wenn sie Fehler gemacht haben, über die sie nicht sprechen wollen? Können dann auch Erkenntnisse, die etwa für die Aufklärung des NSU-Komplexes von zentraler Bedeutung wären, aus Eigeninteresse unter Verschluss gehalten werden? Was also, wenn sich die Geheimhaltung verselbständigt? Bevor man den Sachstand des NSU-Komplexes nun vor diesem Hintergrund beleuchten kann, muss eine weitere historische Linie gezeigt werden: Die Welt der Geheimdienste und der Kampf um die Organisation des Staatsschutzes haben sich mit den Anschlägen des 11. September 2001 radikal verändert. Maßstäbe und Bedrohungsszenarien verschoben sich. Für einen der wichtigsten Partner des Bundesamtes für Verfassungsschutz, die CIA, schien für einige Jahre nach »9/11« alles erlaubt: Entführungen, Verschleppungen, Folter und nicht zuletzt die »Eliminierung« des Gegners durch bewaffnete Drohnen. Das Ende des Kalten Krieges hatte also nicht zu einer Entschärfung von Konflikten geführt, die sich unterhalb der Schwelle eines ausgewachsenen Krieges im Verborgenen abspielen. Im Gegenteil.

Mit der neuen Realität wurde ausgerechnet die erste rot-grüne Regierung in der Geschichte der Bundesrepublik konfrontiert. Sie machte sich die Hände schmutzig in diesem globalen »Krieg gegen den Terror«. So erkannte ein junger Jurist aus dem SPD-geführten Bundesinnenministerium kein Problem darin, einem deutschen Staatsbürger die Einreise nach Deutschland zu verwehren, obwohl dieser zuvor unrechtmä-ßig in das Gefangenenlager Guantánamo verschleppt worden war. Der Jurist war Hans-Georg Maaßen, heute Präsident des Bundesamtes für Verfassungsschutz, sein Minister war Otto Schily, ehemals Mitglied der Grünen und Anwalt von RAF-Mitgliedern in Stammheim. Prioritäten und Grenzen der Mittel, die einem Geheimdienst zugestanden werden, um Terrorismus zu bekämpfen, haben sich verschoben.

Dass Politiker der SPD und der Grünen seit 1998 so intensiv in die Organisation des Staatsschutzes eingebunden waren und die Regierung die Bundeswehr im Ausland einsetzte, etwa im Kosovo und Afghanistan, führte dazu, dass auch die Grünen und die SPD immer intensiver in die Organisation des Staatsschutzes eingebunden wurden, da Deutschland als Kriegspartei weiter in den Fokus von Islamisten rückte. Zudem koaliert heutzutage fast jede Partei mit dem ehemaligen politischen Gegner in irgendeinem Bundesland – mitunter ein weiterer Grund für die schleppende Aufklärung des NSU-Komplexes. Denn man hat nun gemeinsam Geheimnisse, die es zu bewahren gilt. Die aktuelle Bedro-hungslage durch den sogenannten Islamischen Staat, namentlich die Anschläge von Paris im November 2015 und Brüssel im März 2016, tun ein Übriges, um die komplizierte Gesamtsituation zu verschärfen. Es geht folglich nicht immer um den NSU an sich, sondern auch um die Organisation des Staatsschutzes. Dabei führt die Exekutive einen ve-hementen Kampf um das Recht, Geheimnisse nicht offenlegen zu müs-sen. Das ist, auch wenn es nicht explizit im Grundgesetz vermerkt ist, eine Art Grundrecht, das sie in Anspruch nimmt, um – so erklären es die Akteure – die Bürger schützen zu können.

Das also ist die Ausgangslage, um zu verstehen, warum es so schwer für Parlamentarier, Anwälte und Journalisten ist, aufzuklären, was in den Jahren 1993 bis 2011 passiert ist. In dieser Zeit radikalisierten sich die Mitglieder des NSU, gingen in den Untergrund und mordeten un-erkannt. In den Grundzügen ist die Geschichte inzwischen bekannt – sie ist durch die Arbeit von Ausschüssen und von Journalisten freigelegt worden; ein völliger Fehlschlag war die parlamentarische Aufklärung also nicht, nur an ihrem Ende ist sie noch lange nicht angelangt.[6]

## Kollateralschaden im Kampf gegen den rechten Terror

Die Bundesrepublik Deutschland sah sich spätestens 1992 einer beson-deren Situation und Bedrohung ausgesetzt. Die Gewalt gegen Migran-ten und Asylbewerber hatte sich seit dem Fall der Mauer stetig verschlimmert. Fast jedes Wochenende wurden Flüchtlingsunterkünfte angegriffen. Die rechte Szene in Ostdeutschland entstand dabei keinesfalls durch den politischen Bruch, vielmehr stieß eine in der DDR gewachsene Bewegung in das Vakuum der Nachwendezeit und radikalisierte sich zunehmend – von alten und neuen Autoritäten ungebremst. Bei diesem Prozess wurden die ostdeutschen Neonazis von erfahrenen westdeutschen Aktivisten unterstützt.[7] Diese neue Gefahrensituation wurde vom Bundesamt für Verfassungsschutz durchaus wahrgenommen, zumal Neonazis aus Ost und West im jugoslawischen Bürgerkrieg als Freiwillige kämpften und sich dort weiter enthemmten, zudem Waffen und Sprengstoff nach Deutschland brachten. Auch die Aushöhlung des Asylrechts besänftigte die rechtsradikale Szene nicht.

Als Ende 1992 in Mölln und nur wenige Monate später in Solingen insgesamt acht Menschen, darunter fünf Kinder, in Wohnhäusern nach Anschlägen verbrannten, handelte das Bundesamt für Verfassungsschutz schließlich. Die Abteilung II – zuständig für die rechte Szene – wurde ausgebaut, sehr junge Agenten wurden angeworben, geführt von ebenfalls jungen Mitarbeitern des Bundesamtes für Verfassungsschutz. Zudem begann man in dieser Phase, die rechte Szene systematisch nach rechten Spitzeln zu durchsuchen. Fast jeder Neonazi, so sagte Präsident Maaßen Anfang 2016 in einem Interview, wurde geprüft, ob er als V-Mann in Frage komme, ob man ihn oder sie also »führen« und abschöpfen könne. Das war eine »konstatierte Aktion«; man wollte die blinden Flecken in der rechten Szene aufhellen.

In dieser Phase wurden diverse militante Neonazis als Informanten geworben, die im Ergebnis eine zentrale Rolle im NSU-Komplex spielen, darunter: Ralf »Manole« Marschner, Deckname »Primus«, aus Zwickau. Er hatte einen rechten Mob angeführt, der ein Flüchtlingsheim in seiner Heimatstadt angriff und in Brand setzte; Thomas »HJ Thommy« Richter, Deckname »Corelli«, aus Halle an der Saale, der schon als Minderjähriger mit der extrem radikalen Nationalistischen Front in Kontakt stand und dabei mit mehreren Behörden kooperierte. Er blieb fast zwanzig Jahre lang V-Mann; Michael See, Deckname »Tarif«, aus Nordthüringen, ein besonders brutaler Neonazi. Er hatte mit Freunden einen Vater und dessen Sohn angegriffen. Der Sohn wurde durch Fußtritte stark verletzt und fiel ins Koma. Als sein Vater ihm zur Hilfe kommen wollte, attackierte See ihn und trat ihm mit seinen stahlkappenverstärkten Springerstiefeln gegen den Kopf. Beide Opfer trugen bleibende Schäden davon.

Die drei V-Männer tauchten in auffällig vielen militanten rechten Gruppierungen auf, unter anderem bei den Hammerskins sowie bei

Blood & Honour. Offenbar gerade wegen ihrer erwiesenen Brutalität wurden die jungen Neonazis vom Bundesamt für Verfassungsschutz angeworben. Ihre Gewaltbereitschaft – belegt durch Gerichtsprozesse – war sozusagen eine Währung, die es den V-Männern ermöglichte, in der militanten rechten Szene schnell aufzusteigen. Ein Ablauf, der kein Einzelfall blieb, sondern sich auch bei anderen V-Männern nachvollziehen lässt. Das Bundesamt für Verfassungsschutz ließ sich damit auf eine gewagte Strategie ein. Offenbar akzeptierte man dort dieses Risiko, da die rechte Szene als besonders gefährlich galt. Unverhohlen hatten Neonazis ab Ende 1989 kundgetan, dass es nun – endlich – möglich sei, »das System« anzugreifen, abzuschaffen und durch ein »Viertes Reich« zu ersetzen. Die V-Männer, so ihr Auftrag, sollten dem Bundesamt für Verfassungsschutz berichten, wie weit die rechte Szene mit ihren Umsturzplänen tatsächlich gekommen war.

Die Unterwanderung der rechten Szene blieb der Polizei, vor allem dem Bundeskriminalamt, nicht verborgen. Die Kripo-Beamten registrierten, dass offenbar rechte Akteure vor Hausdurchsuchungen gewarnt worden waren. Immer deutlicher wurde, dass das Bundesamt für Verfassungsschutz seine V-Männer vor polizeilichen Maßnahmen schützte, um sie im Spiel zu halten. Das Bundeskriminalamt kritisierte diesen Umstand, das Bundesamt für Verfassungsschutz versprach Besserung – langfristig änderte sich jedoch nichts.[8]

Das Bundesamt für Verfassungsschutz registrierte ein ähnliches Phänomen: Denn auch die Landesämter für Verfassungsschutz (LfV) rekrutierten ihrerseits eine große Anzahl von V-Personen in der rechten Szene. Das führte auch für das Bundesamt für Verfassungsschutz sichtbar zu Problemen: So wurde die rechte Szene in Thüringen von einem V-Mann des Landesamtes Thüringen angeführt. Seine Name: Tino Brandt, Deckname »Otto«. Er gründete, finanzierte und führte den Thüringer Heimatschutz (THS) – mit Hilfe des Amtes. Unter dem Dach des Thüringer Heimatschutzes wiederum radikalisierten sich Uwe Mundlos, Uwe Böhnhardt, Beate Zschäpe und ihre späteren Helfer. Dem Bundesamt für Verfassungsschutz war aufgefallen, dass Tino Brandt nicht alle Aktivitäten des Heimatschutzes gemeldet hatte. Denn Aktivisten hatten schon 1995 angefangen, Bombenattrappen in Thüringen zu platzieren, Brandt hatte vor diesen Aktionen aber offenbar nicht gewarnt.[9]

Das Bundesamt reagierte wie gehabt – zum Teil abgestimmt mit dem Landesamt für Verfassungsschutz Thüringen: Man rekrutierte noch mehr Spitzel in Thüringen im Rahmen der Operation »Rennsteig«, um nicht von den Informationen einiger weniger V-Männer abhängig zu sein. Das Bundesamt für Verfassungsschutz war schon in einer sehr frühen Phase über die Radikalisierung von Mundlos, Böhnhardt und den anderen Neonazis aus Jena informiert gewesen. So berichtete die Spitzenquelle »Corelli« bereits 1995, dass er einen gewissen Uwe Mundlos bei der Bundeswehr getroffen habe, der mit anderen eine Kameradschaft in Jena aufbaue.

In den folgenden Jahren beobachteten verschiedene Geheimdienste genau, wie die Thüringer Szene zu einer der gefährlichsten in Deutschland wurde.[10]

Die Polizei, insbesondere das Landeskriminalamt (LKA) Thüringen, hatte ihrerseits Quellen in der rechten Szene und so einen guten Überblick über das Milieu. Doch die Arbeit der Ermittler wurde immer wieder vom Verfassungsschutz sabotiert, der ein Auffliegen der Informanten in der Szene befürchtete. Dieses paradoxe Spiel setzte sich bis 1998 fort, als Beate Zschäpe, Uwe Mundlos und Uwe Böhnhardt in den Untergrund gingen. Auch in den beiden Jahren danach war das Kerntrio des NSU von V-Männern umstellt. Die verschiedenen Geheimdienste, darunter das Bundesamt für Verfassungsschutz, aber auch einige Landesämter für Verfassungsschutz hatten Kenntnis davon, wer den dreien half (vor allem die sächsische Sektion von Blood & Honour), in welcher Stadt sie waren (Chemnitz), was sie planten (Überfälle) und was sie suchten (Waffen). Schließlich berichtete ein Gefolgsmann dem Militärischen Abschirmdienst (MAD), dass die drei für Rechtsterroristen gehalten werden müssen. Angeblich, so behaupten die Akteure bis heute, habe man all diese Informationen aber nicht zusammengefügt und deshalb keine Aktionen« gegen den sich bildenden NSU durchgeführt. Und das, obwohl es Analysten des Bundesamtes für Verfassungsschutz waren, die 2000 zu bedenken gaben, dass man im Hinblick auf die rechte Szene die Definition von Terror erweitern müsse und nicht mehr von Strukturen wie der RAF (viele Kader, viele Mitwisser) ausgehen dürfe, sondern vielmehr von kleineren Zellen, organisiert nach dem Prinzip des sogenannten führerlosen Widerstands. Bundesanwaltschaft und Bundeskriminalamt waren dagegen, die Terrordefinition zu ändern. Denn befürchtet wurde, die neue Definition verunsichere die Bevölkerung, da der Begriff »Terror« inflationär gebraucht werden könnte. Das Bundesamt für Verfassungsschutz besaß also 2000 – als die Mordserie des NSU begann – Informationen über die Täter im Untergrund und ihre Unterstützer, es hatte zudem Belege für deren Gefährlichkeit und hatte intensiv sowie mit großem Aufwand nach ihnen gesucht. Auch lag die Behörde mit ihrer Analyse richtig. Der letzte Schritt allerdings, nämlich all diese Teile zusammenzufügen – und sei es als Hypothese –, will dem Bundesamt für Verfassungsschutz angeblich nicht gelungen sein.

Ob dem wirklich so war oder ob es nicht doch ein Geheimdossier im Archiv der Behörde gibt, in dem die Details zu einem großen Ganzen zusammengesetzt worden sind, ist eine der offenen Fragen im NSU-Komplex. Solange aber die Aufklärer, vor allem die Parlamentarier im NSU-Untersuchungsausschuss des Bundestages, nicht alle Akten ungeschwärzt sehen dürfen, kann man die Behauptung der Führung des Bundesamtes für Verfassungsschutz, wonach man dort keine Ahnung davon gehabt habe, was sich im Untergrund abspielte, nicht objektiv und abschließend überprüfen. Voraussetzung dafür ist zudem, dass alle relevanten Akten überhaupt noch vorliegen, was jedoch zu bezweifeln ist, da schon vor der Selbstenttarnung des NSU (und vor Ablauf bestimmter Fristen) Akten von V-Männern in verschiedenen Verfassungsschutzbehörden vernichtet worden sind.

Neben dieser offenen Frage – warum komplettierte man die Analyse 2000 nicht? – geben zwei weitere Themenfelder Rätsel auf: Was wussten die V-Männer des Bundesamtes für Verfassungsschutz über die militanten Strukturen im Untergrund? Was wussten V-Männer, Informanten, verdeckte Ermittler von anderen Behörden über diese Strukturen und wussten sie wirklich nicht – auch nicht durch unbestätigte Gerüchte – von einem NSU? Und warum war ein V-Mann-Führer des LfV Hessen am Tatort des neunten NSU-Mordes in Kassel anwesend?

Zu beiden Fragekomplexen enthält die Exekutive der Legislative – und damit der Öffentlichkeit – systematisch Dokumente und Informationen vor. Zudem schweigen die Akteure aus den betroffenen Verfassungsschutzämtern und verweigern sich der Aufklärung. Eine der bittersten Erkenntnisse aus dem NSU-Komplex liegt denn auch in dem Umstand, dass beim Prozess vor dem Oberlandesgericht München nicht nur die militanten Neonazis mauern, sondern auch die vielen Verfassungsschützer, die im Laufe ihrer Karriere häufig mit dem Umfeld des NSU in Berührung gekommen sind. Dass die staatlichen Akteure nicht auskunftsbereit sind, ist insbesondere für die Hinterbliebenen der NSU-Mordopfer schmerzhaft.

Trotz der vielen Ausschüsse und Sonderermittler sind die Aufklärer noch weit davon entfernt, den NSU-Komplex tatsächlich systematisch aufgeklärt zu haben, obwohl sie mit Informationen überflutet werden. Noch lange sind nicht alle V-Männer im Umfeld des NSU bekannt. Insbesondere das Bundesland Sachsen hält Informationen zurück – mit dem Hinweis, Geheimnisse müssen geheim bleiben. Welcher V-Mann, verdeckte Ermittler oder Zeuge wann was gesagt hat und wann dem

NSU wie nahe kam, ist noch immer vollkommen unklar. Dies nicht zuletzt, da Akten fehlen, vernichtet worden sind, zurückgehalten oder nur geschwärzt herausgegeben werden. Die Aufklärer sollen auf diese Weise zermürbt und die Öffentlichkeit soll verwirrt werden.

Auffällig ist, dass die Sensoren der verschiedenen Verfassungsschutzbehörden durchaus funktionierten. Denn bis in das Jahr 2006 hinein berührten sich der Verfassungsschutz auf der einen Seite und der NSU auf der anderen immer wieder. Das Bundesamt für Verfassungsschutz bekam mit, dass sich eine Gruppe namens NSU in einem Brief an die rechte Öffentlichkeit gewandt hatte. Die Behörde analysierte vollkommen richtig, dass rechte Täter hinter dem Nagelbombenattentat in der Kölner Keupstraße 2004 steckten. Auch die V-Männer kamen mit dem NSU in Kontakt – wie dies jedoch genau aussah, ist ungeklärt. Das trifft vor allem auf die V-Männer »Corelli«, »Tarif« und »Primus« zu. »Primus« alias Ralf Marschner steht unter dem Verdacht, Uwe Mundlos in seiner Zwickauer Abrissfirma beschäftigt zu haben.[11] Zudem hat er an zwei Mordtagen Autos gemietet und konnte bislang nicht nachvollziehbar erklären, wofür sie gebraucht worden waren. Marschner wurde vom Bundesamt für Verfassungsschutz, wie es in der Behördensprache heißt, »abgeschaltet«, weil er unzuverlässig war und den Geheimdienst angelogen hatte. Dabei ging es um seine Mitarbeit an einer Nazi-CD. Wenn ein V-Mann schon deswegen lügt, dann drängt sich die Frage auf, was er noch an Informationen zurückgehalten hat.

»Tarif« alias Michael See behauptete, er sei gebeten worden, dem NSU bei der Flucht zu helfen. Das habe er auch an das Bundesamt für Verfassungsschutz berichtet, was bislang jedoch nicht belegt ist. Allerdings waren es vor allem auch »Tarifs« Akten, die das Bundesamt im November 2011 vernichten ließ. Doch auch hier verwirrte der Geheimdienst seine Kontrolleure. Als »Tarif« nämlich ankündigte, ein Enthüllungsbuch zu schreiben, tauchten Teile seiner Akte plötzlich wieder auf.

»Corelli« alias Thomas Richter wurde wie »Primus« ebenfalls zwischenzeitlich wegen Unzuverlässigkeit »abgeschaltet«. Dann wurde er – ausgerechnet am Tag, als der NSU im Juni 2005 einen zweiten Mord begangen hatte (den zweiten innerhalb von wenigen Tagen) – doch wieder »angeschaltet«. Kurz darauf soll er, so behauptet das Bundesamt für Verfassungsschutz, dem V-Mann-Führer eine CD übergeben haben, auf der ein Coverentwurf gespeichert war, der Folgendes zeigte: Den Slogan »NSU/NSDAP«, daneben die Hände von Adolf Hitler, außerdem eine Wolfsangel und eine Pistole. Laut dem Bericht eines Sonderermittlers soll Richter die CD selbst hergestellt haben. Warum er sie dem Bundesamt für Verfassungsschutz freiwillig übergeben und dabei behauptet hat, sie sei ihm zugeschickt worden, ist unklar.

Als die Daten der CD[12] Ende 2013 in einem rechten Forum veröffentlicht wurde, war »Corelli« bereits seit einem Jahr in einem Schutzprogramm des Bundesamtes für Verfassungsschutz, da er enttarnt worden war. Zunächst wurde er mit Hilfe eines befreundeten Geheimdienstes ins Ausland gebracht, schließlich aber unter neuer Identität in Paderborn angesiedelt. Dort lag er im April 2014 tot in seiner Wohnung. Eine nicht entdeckte Zuckererkrankung gilt als Todesursache. Daraufhin kam es abermals – wie schon in den neunziger Jahren – zum Streit zwischen dem Bundeskriminalamt und dem Bundesamt für Verfassungsschutz. Das Bundeskriminalamt wollte wissen, was das Bundesamt für Verfassungsschutz von der CD wusste. Mitte September begann das Bundeskriminalamt schließlich damit, die Räume des Bundesamtes für Verfassungsschutz zu durchsuchen, und wurde fündig: Ein Exemplar der NSDAP/NSU-CD tauchte auf. Dieser Vorgang wird jedoch in dem Bericht des Sonderermittlers nur am Rande erwähnt, und die Umstände der Durchsuchung bleiben unerläutert.

Konsequenterweise enthält das Bundesamt für Verfassungsschutz und damit auch das Bundesinnenministerium im Zusammenhang mit diesen zentralen Fragen der Öffentlichkeit Akten vor oder aber, wie im Fall »Corelli«, behauptet schlichtweg, dass bestimmte Dokumente nie existiert hätten. Hier gibt das Bundesamt an, der verantwortliche Beamte sei in einer entscheidenden Phase seiner Pflicht nicht nachgekommen und habe keine vollständigen Notizen über Treffen mit seinem V-Mann »Corelli« angelegt. Das ist eine Behauptung, die sich nicht widerlegen, aber auch nicht beweisen lässt. Darin liegt die Crux des NSU-Komplexes.

## Ein Vabanquespiel

Ein Untersuchungsausschuss ist das schärfste Schwert der Parlamente in der Demokratie. Die Exekutive soll durch die Ermittlungen zu transparentem Handeln gebracht werden. Wenn nun dieses Instrument zum einen inflationär gebraucht werden würde und zum anderen auf Dauer stumpf bliebe, dann hätte die verzögerte Aufklärung des NSU-Komplexes Konsequenzen weit über den Kernbereich der Ausschüsse hinaus – die Bekämpfung der militanten rechtsradikalen Szene. Viele Bürger sind bereits dabei, den Glauben an die Selbstreinigungskräfte des Staates zu verlieren. Verschwörungstheorien, populäre Krimis, die so tun, als würden sie Fakten aufarbeiten, beginnen das Vakuum zu füllen, das durch die Blockadehaltung der Exekutive entstanden ist. »Wahrheiten« werden erfunden, wie beispielsweise diejenige, die besagt, dass eine Art allmächtiger Staat den NSU gesteuert oder erfunden habe. Eine Lesart, die besonders in der rechten Szene verbreitet ist, um von den tatsächlichen Bestrebungen der Rechtsextremisten abzulenken.

Die Legislative, die betroffenen Parlamente auf Bundes- und Landesebene, sind in einen Machtkampf mit der Exekutive verstrickt. Sie müssen, nicht zum ersten Mal, beweisen, dass sie sich gegenüber den gewieften Verwaltungsjuristen aus den verschiedenen Innenministerien und Verfassungsschutzbehörden durchsetzen können. Das Gegenüber, die Exekutive, hat bereits bewiesen, dass sie bereit ist, mit harten Bandagen zu kämpfen. Auf Dauer darf jedoch in einer Demokratie ein Parlament es sich nicht gefallen lassen, dass Geheimdienste ein unkontrolliertes Eigenleben entwickeln, mögen die Akteure auch denken, dass sie nur zum Wohle des Staates – im Ergebnis also zu ihrem eigenen – und dem seiner Bürger schweigen, vertuschen und mauern. Die Definition des Staatswohls darf am Ende nicht der Exekutive überlassen werden, zumal die aktuelle Sicherheitslage gerade nicht den Schluss zulässt, dass Angriffe auf den Staat – durch Terroristen oder andere – demnächst einfach aufhören werden.

## Anmerkungen

1 Vgl. Drucksache des Bundestages 17/14600. Abschlussbericht. 2. Untersuchungsausschuss, 17. Wahlperiode: »Nationalsozialistischer Untergrund«, 22.8.2013; Drucksache des Bundestages 18/6545. Bericht gemäß § 7 Absatz 2 des Gesetzes über die parlamentarische Kontrolle nachrichtendienstlicher Tätigkeit des Bundes zu den Untersuchungen des Sachverständigen Rechtsanwalt Jerzy Montag zum V-Mann Corelli, 4.11.2015; Der Berliner Senator für Inneres und Sport, Bericht über die Sonderermittlungen im Geschäftsbereich des Senators für Inneres und Sport in Berlin im Zusammenhang mit der Aufklärung der Taten der Terrorgruppierung »NSU« (»Feuerberg-Bericht«), 14.1.2013; Sächsisches Innenministerium, Untersuchung und Evaluierung der Arbeitsabläufe und -strukturen des Landesamtes für Verfassungsschutz Sachsen (»Harms-Kommission«), 20.2.2013; Thüringer Innenministerium, Gutachten zum Verhalten der Thüringer Behörden und Staatsanwaltschaften bei der Verfolgung des Zwickauer Trios (»Schäfer-Kommission«), 15.5.2012. Eventuell entstehen noch weitere Untersuchungsausschüsse.

2 Eine ausführlichere Schilderung der Gründungsphase des Bundesamtes für Verfassungsschutz in: Stefan Aust/Dirk Laabs, Heimatschutz – Der Staat und die Morde des NSU, München 2014, S. 75 ff., hier auch zum Folgen-

den; ferner Constantin Goschler/Michael Wala, »Keine neue Gestapo«. Das Bundesamt für Verfassungsschutz und die NS-Vergangenheit, Reinbek bei Hamburg 2015.

3  Vgl. den Beitrag von Ulrich Chaussy in diesem Band.

4  Lepzien arbeitete als V-Mann für das Landesamt für Verfassungsschutz (LfV) Niedersachsen. Außerdem war er Informeller Mitarbeiter (IM) des Ministeriums für Staatssicherheit (MfS) in der DDR.

5  Vgl. Aust/Laabs, Heimatschutz (wie Anm. 2), S. 809.

6  Vgl. die Beiträge von Hajo Funke und Katharina König in diesem Band.

7  Vgl. Andrea Röpke/Andreas Speit, Blut und Ehre, Berlin 2013; vgl. auch den Beitrag von Hajo Funke in diesem Band.

8  Der Bericht liegt dem Autor vor. Ausführlich dazu vgl. Aust/Laabs, Heimatschutz (wie Anm. 2), S. 179 ff.

9  Vgl. dazu die Beiträge von Hajo Funke und Katharina König in diesem Band.

10  Vgl. Rainer Fromm, Rechtsextremismus in Thüringen, Berlin 1993.

11  Vgl. Stefan Aust/Helmar Büchel/Dirk Laabs: »Primus und das Phantom vom Bau«, in: Die Welt, 7. April 2016, http://www.welt.de/print/welt_kompakt/article154083570/Primus-und-das-Phantom-vom-Bau.html.

12  Vgl. Maik Baumgärtner/Sven Röbel, »Nationalsozialistischer Untergrund der NSDAP«. Ominöse Nazi-CD in Sachsen aufgetaucht, in: Spiegel Online, 6.11.2014, www.spiegel.de/panorama/justiz/nsu-weitere-nazi-cd-in-sachsen-aufgetaucht-a-1001494.html: »Ein Ordner mit dem Namen ›nscd‹ gibt Fahndern Rätsel auf. Er enthält Tausende Dateien mit rechtsextremem Bildmaterial, und er ist auf einer CD, die offenbar von einer Gruppe namens Nationalsozialistischer Untergrund der NSDAP (NSU/NSDAP) zusammengestellt wurde. Das Konvolut, so heißt es in einem Begleittext, sei ›die erste umfangreiche Bilddaten-CD‹ dieser Gruppierung. Datenträger mit dem Titel ›NSU/NSDAP‹ wurden wohl seit 2005 in der rechten Szene verbreitet, lange bevor die gleichnamige Terrorzelle NSU aufflog, die für zehn Morde und mehrere Sprengstoffanschläge verantwortlich gemacht wird.«

# II. Gesellschaft und Rechtsextremismus in Deutschland

Ulrich Chaussy

# Das Oktoberfestattentat 1980.
# Der Vorhang wieder auf und alle Fragen offen.
# Erfahrungen eines Journalisten

## Vorspiel 1978: Der unerkannte
## neonazistische Traum vom Bürgerkrieg

Ich will den Anfang meiner Auseinandersetzung mit dem Rechtsextremismus, insbesondere dem militanten Neonazismus, etwas umfassender schildern: Es begann im Jahr 1978. Ich habe mich als junger Reporter in München für die Entwicklung von Jugendlichen zu Neonazis interessiert. Es gelang mir, im Gefolge des Rechtsextremisten Friedhelm Busse dessen Jugendgruppe Junge Front eine Weile lang zu begleiten. Die Junge Front fiel mir am Rande des Sudetendeutschen Tages auf, dem Pfingsttreffen der Sudetendeutschen Landsmannschaft, wo Busse agitierte. In uniformähnlicher Kleidung auftretende Jugendliche begleiteten ihn. Ich sprach Busse an, ich sprach die Jugendlichen an. Busse hatte durchaus Interesse an publizistischer Aufmerksamkeit. Er versprach mir, ich könne »seine« Jugendlichen begleiten und mit ihnen unbedroht sprechen. Das habe ich getan. Und sie vertrauten mir unter anderem an, dass sie in München eine Wehrsportgruppe (WSG) gebildet hätten nach dem Vorbild von Karl-Heinz Hoffmann und dessen in Ermreuth in Oberfranken residierender Organisation, die dieser 1974 in Heroldsberg bei Nürnberg gegründet hatte. Damals wollte man sich ideologisch verorten und hat dies deutlich und offen bekundet. Ich habe im Interview mit den Jugendlichen der Jungen Front gefragt, was sie auf ihrer Agenda haben.[1] Das war eine klar erkennbare Kopie des NSDAP-Programmes von Gottfried Feder, aber besonders erstaunlich war für mich, was sie zu ihren Wehrsportaktivitäten verlautbarten. Als ich sie befragte, warum sie Wehrsport betrieben, antworteten sie mir: Auseinandersetzungen würden kommen, Auseinandersetzungen mit dem politischen Gegner, Auseinandersetzungen mit dem Staat. Und dann, so die Jugendlichen, müssten sie gerüstet sein und gegen jeden mit militärischen Mitteln vorgehen können, der sich ihrer Meinung widersetzt.

Das war die Zeit, in der im Bayerischen Landtag in mehreren An-
läufen die Oppositionsparteien angefragt haben, was es mit den Wehrsportübungen des Herrn Hoffmann auf sich habe. Ob unserer Demokratie von dieser Seite nicht Gefahr drohe? Hoffmann hielt sich ja, was
seine Ziele anging, immer sehr bedeckt und sprach lediglich von »Kör-
perertüchtigung«, »Sport« und »Disziplin«, also guten deutschen Sekun-
därtugenden und Werten. Und auf die Anfragen der Landtagsopposition,
ob von Wehrsportvereinigungen Gefahr ausgehen könne, weil man dort
bewaffnet Bürgerkriegstaktiken übe, wurde seitens der bayerischen Innenminister sinngemäß geantwortet: Wehrsport an sich sei nicht straf-
bar, und wenn er mit verlöteten Waffen geübt werde, sei dagegen nichts
einzuwenden. Eine Koppelung von Wehrsport, also militärischen, miliz-
ähnlichen Aktivitäten, mit einer politischen Gesinnung, die auf die Abschaffung unserer demokratischen Grundordnung gerichtet war, war
zwar für jeden, der genau hinschaute, klar erkennbar. Aber man hat diese
Verbindung nicht wahrnehmen wollen, weder von Seiten der für die
innere Sicherheit zuständigen Bayerischen Staatsregierung noch seitens
relevanter bürgerschaftlicher Gruppierungen, einmal abgesehen von der
Landtagsopposition.[2]

## Oktoberfestattentat 1980:
Der Terror von rechts als unpolitische Einzeltat

Dann kam der Anschlag in München am 26. September 1980. Und
bevor ich jetzt einsteige in Einzelheiten, will ich erzählen, was sich in
groben Schritten damals ereignet hat. Es gab von Anfang an, genauer:
schon am Tag nach dem Anschlag, die Nachricht, dass der mutmaßliche
Bombenleger, der dann sehr bald zum mutmaßlichen Alleintäter wurde,
Mitglied der Wehrsportgruppe Hoffmann war, präziser: aktiver Sym-
pathisant, konkret: an deren Wehrsportübungen teilgenommen hatte.
Daraufhin wurde dieses Verfahren vom für Terrorismus allein zuständigen Generalbundesanwalt Kurt Rebmann als Ermittlungsführer übernommen. Das war am 27. September 1980 mittags. Es folgten zwei Jahre Ermittlungen. Sie wurden im November 1982 schließlich eingestellt.
Das Ergebnis war bereits vorgegeben im Mai 1981 durch die Sonderkommission Theresienwiese des Bayerischen Landeskriminalamtes in
München, die im Auftrag des Generalbundesanwaltes vor Ort ermittelt
hatte. Es lautete dezidiert: Gundolf Köhler sei zwar in seiner früheren
Entwicklung ein Rechtsextremist gewesen, er habe aber beim Oktoberfestattentat ausschließlich aus in seiner Person liegenden privaten Moti-

ven gehandelt. Köhler habe sich aus persönlicher Verzweiflung den Anschlag alleine ausgedacht, habe ihn geplant und vorbereitet, habe alleine die Bombe gebaut, nach München transportiert und am Eingang der Theresienwiese zur Explosion gebracht. Das Motiv: Selbstmord, also ein großer Abgang. Man muss der Vollständigkeit halber ergänzen, dass in der Abschlussverfügung des Generalbundesanwaltes erwähnt wurde, das Motiv sei nicht vollständig zu klären.

## Nachspiel 1982 bis 2014:
## Recherchen gegen Vertuschung und Verdrängung

Im Jahr 1983 hat der Anwalt einiger Opfer und Hinterbliebener, Werner Dietrich, nach einer ersten Akteneinsicht verkündet, dass auch schon im Laufe der offiziellen Ermittlung abweichende Zeugenaussagen – abweichend von der Einzeltätertheorie – durchaus vorhanden gewesen seien, ihnen aber nicht weiter nachgegangen worden sei. Das war der Zeitpunkt, zu dem ich als Reporter des Bayerischen Rundfunks ins Spiel gekommen bin. Ich besuchte die öffentliche Versammlung, die Rechtsanwalt Dietrich im Münchner Künstlerhaus organisiert hatte, und habe dort einige der Opfer kennengelernt, Mandanten von Werner Dietrich: Ignatz Platzer, der am Abend des 26. September zwei Kinder verloren hat und dessen Familie durch den Anschlag zerstört wurde, außerdem Renate Martinez, eine gewerkschaftlich organisierte, politisch engagierte junge Frau. Ich habe die Ohnmacht gespürt, die sie und die anderen Betroffenen befiel. Denn es muss erwähnt werden: Hätte Werner Dietrich nach der Einstellung des Verfahrens die Öffentlichkeit nicht informiert, dann würden wir uns heute nicht dieses Anschlages erinnern. Ich hätte mich nicht damit befasst, und es darf auch angenommen werden: Das Ermittlungsverfahren der Bundesanwaltschaft wäre noch immer eingestellt. Denn nach der Einstellung der Ermittlungen 1982 kam von keiner anderen Seite ein Aufschrei. Die vom Oktoberfestattentat schwer betroffene Stadt München hat von der Einstellung weder Kenntnis genommen noch gar etwas dagegen unternommen. Man kann über die Gründe für die Apathie ausführlich spekulieren. Ich bin der Auffassung, dass Ort und Ziel des Terrorakts, das Oktoberfest, diese große Menschenansammlung biertrinkender und ausgelassener Menschen, oder anders gesagt: dieses Hochamt des Eskapismus, natürlich zur Verdrängung auch für die Öffentlichkeit reichlich Anlass gegeben hat. Ich habe bei den alljährlichen Mahn- und Gedenkwachen des Arbeiterbundes für den Wiederaufbau der Kommunistischen Partei

Deutschlands (KPD) und der Jugendorganisation des Deutschen Gewerkschaftsbundes (DGB) beobachtet, wie sich etwas in den Gesichtern der vorbeiflanierenden Wiesn-Besucher spiegelte, denen man nicht unterstellen sollte, dass sie der Anschlag nicht berührte. Viele schauten, als seien sie bei einer nicht statthaften Unternehmung erwischt worden. Manche verwandelten dieses Gefühl umgehend in aggressive Blicke gegenüber den Aktivisten und Flugblattverteilern. Wer auf das Oktoberfest geht, möchte loslassen, seinen Alltag hinter sich lassen, mit Problemen und Politik nichts zu tun haben. Entsprechend aggressiv aufgeladen waren diese Begegnungen am Gedenkort für die Opfer.

Im Jahr 1980 wurde München von Erich Kiesl regiert, dem bisher einzigen CSU-Oberbürgermeister in der Geschichte der bayerischen Landeshauptstadt. Kiesl war zuvor Staatssekretär im Bayerischen Innenministerium gewesen und in dieser Funktion der Ansprechpartner des Staatsschutzchefs Hans Langemann. Langemann war im Innenministerium für die politische Aufsicht des Bayerischen Landesamtes für Verfassungsschutz zuständig. Und er war der Erfinder und Verfechter des »positiven Verfassungsschutzes«, von dem noch die Rede sein wird.

Am Morgen nach dem Anschlag war der Tatort bereits »aufgehoben«, wie man in der polizeilichen Terminologie sagt. Die städtischen Kehrmaschinen waren über den Tatort gefahren und hatten das Blut sowie unzählige Mikrospuren der Explosion vom Pflaster gewaschen – die Wiesn öffnete wieder für ihre Besucher. Der Betrieb ruhte nur einen einzigen Tag, dem Tag der Trauerfeier für die Opfer. Als ich 1983 meine Recherchen begann, tat ich nichts anderes, als den Angaben von Rechtsanwalt Werner Dietrich nachzugehen. Er hatte von Zeugenaussagen berichtet, wonach der mutmaßliche Attentäter Gundolf Köhler womöglich Begleiter gehabt hatte. Dabei fiel mir zunächst auf, dass fast alle Zeugen Angst hatten, mit mir zu reden. Und das leuchtete mir auch ein: Es war behördlich festgestellt worden, dass wir es beim Oktoberfestattentat mit einer Tat zu tun hatten, die angeblich nur ein zutiefst frustrierter einzelner junger Mann begangen hatte, der seinem Leben inmitten des Oktoberfestbetriebs ein Ende setzen wollte. Jetzt ruft einer an, sagt, er sei Journalist und möchte diejenigen ausfragen, die dort anderes gesehen hatten, nämlich den angeblichen Einzeltäter Gundolf Köhler unmittelbar vor dem Anschlag in Begleitung anderer Personen. Der Journalist will von den Zeugen wissen, ob sie diese Begleiter genau beschreiben würden, so dass man nach ihnen suchen könne. Klar ist, dass diese Zeugen schon aufgrund der Traumatisierung, von der alle Zeugen des Anschlags mehr oder weniger betroffen gewesen sind, nicht gerne darauf angesprochen wurden. Soweit ich mit ihnen ins Gespräch kommen konnte, gab mir dies die Möglichkeit, meine Recherche zu vertiefen. Denn nach den ersten Beiträgen im Bayerischen Rundfunk wurden mir Akten aus dem Bereich der Ermittlungsbehörden zugespielt. Das heißt, ich sah, wie damals seitens der Ermittler mit den Zeugen umgegangen worden war, und machte die verblüffende Feststellung, dass mit sämtlichen Zeugen, die abweichende Aussagen zur Einzeltätertheorie kundgetan hatten, genau bis Mitte November 1980 gearbeitet wurde. Vom 26. September, dem Tag des Anschlages an wurde also gerade sechs Wochen lang ergebnisoffen ermittelt. Es fanden danach keine Vernehmungen dieser Zeugen mehr statt, keine weiteren Lichtbildvorlagen, die Sonderkommission befasste sich überhaupt nicht mehr mit diesem Strang der Ermittlung. Es wäre aber durchaus geboten gewesen, dem Anfangsverdacht weiter nachzugehen, der den Generalbundesanwalt überhaupt erst ins Spiel gebracht hatte, dem Verdacht nämlich, es habe sich um eine aus einem organisatorischen Hintergrund heraus begangene Tat gehandelt. Aber dem wurde nicht Rechnung getragen. Warum nicht?

## Eine deutsche Wahrnehmungsstörung: Der Neonazi-Einzeltäter

Ich begann mich für die Persönlichkeit von Gundolf Köhler zu interessieren. 21 Jahre alt, Student der Geologie aus Donaueschingen, aus gutem Hause, wie man sagt. Fünf Söhne, einer kam bei einem Verkehrsunfall ums Leben. Die Eltern beschlossen, noch einmal ein Kind zu bekommen, dies war Gundolf, weit jünger als seine Brüder. Gundolf Köhler ist von Seiten der Ermittler intensiv auf seinen privaten und familiären Hintergrund und die daraus ableitbaren Probleme hin untersucht worden. In den Ermittlungsakten und in den Schlussberichten der Sonderkommission Theresienwiese, aber auch des Generalbundesanwalts findet sich daher eine ausführliche Darstellung seiner persönlichen Entwicklung. Darin ist auch von seinem Interesse an Waffen und Sprengstoff die Rede und es wird erwähnt, dass er Kontakt mit dem Wehrsportgruppenchef Hoffmann hatte. Aber diese politische Seite seiner Persönlichkeitsentwicklung wurde bald nicht weiter untersucht. Die Recherche versiegte, als ein Zeuge aus dem Donaueschinger Bekanntenkreis Mitte November 1980 vernommen wurde, dessen Aussage für die Ermittler zum Wendepunkt ihrer gesamten Tätigkeit wurde. Dieser Zeuge, ich nenne ihn in meinen Publikationen Peter Wiegand, hat die Behörden zunächst wochenlang angelogen. Er war als enger Bekannter von Gundolf Köhler benannt worden, stritt seine Nähe zu ihm aber zunächst rundweg ab und behauptete, Köhler nur flüchtig gekannt zu haben. Aber die Ermittler konnten ihm nachweisen, dass dies nicht stimmte, weil er sich mit Köhler häufig getroffen und viel Zeit mit ihm verbracht hatte, und zwar gemeinsam mit einem weiteren Zeugen – ich habe ihn Max Gärtner genannt –, also in einer Dreiergruppe. Von Gärtner hatten die Ermittler erfahren, dass Köhler bei gemeinsamen Ausflügen zu Wahlkampfveranstaltungen im Sommer 1980 darüber nachgedacht habe, inwiefern man wohl durch einen Bombenanschlag den Ausgang der anstehenden Bundestagswahl beeinflussen könne. An diesen Gesprächen habe sich auch der Zeuge Peter Wiegand beteiligt. Aufgrund dieser Aussage war erstens klar, dass Wiegand sehr wohl Köhler näher kannte, in diesem Punkt also gelogen hatte. Und es war zweitens geboten, seinen weiteren Angaben mit Skepsis zu begegnen und sie kritisch zu prüfen. Dies vor allem aus einem dritten Grund: Waren die Angaben Max Gärtners zu Gesprächen über einen Bombenanschlag im Wahlkampf zutreffend, dann hatte Peter Wiegand Sachverhalte verschwiegen, die besonders wichtig waren. Wie sehr kritische Distanz zu seinen Aussagen geboten war, brachte eine Hausdurchsuchung bei dem Jurastudenten Wiegand tatsächlich zutage. Dabei fanden die Ermittler eine Ausgabe des Bürgerlichen Gesetzbuches, in der der Artikel über die Nichtanzeige geplanter Straftaten von ihm eigens unterstrichen worden war. Jedoch akzeptierten die Ermittler ohne jeden Vorbehalt Wiegands Aussage. Auf ihr gründet im Ergebnis das Psychogramm des angeblich verzweifelten, gescheiterten und hasserfüllten Einzelgängers Gundolf Köhler. Dieser Zeuge hat die Selbstmordtheorie in die Welt gesetzt, die sich die Ermittler zu eigen machten. Die Ermittler, die ohne Psychologen und Profiler arbeiteten, übernahmen weite Teile der Aussage Wiegands, z. B. die Begrifflichkeit vom »Universalhass«, von dem Gundolf Köhler durchdrungen gewesen sein soll. Sie übertrugen Worte wie dieses direkt aus der Aussage in ihre Schlussvermerke. Und zu genau jenem Zeitpunkt nach dem Verhör wurden die Ermittlungsaktivitäten beendet, etwa auch die Untersuchung der Zeugenaussagen, wonach Gundolf Köhler am Tatabend nicht alleine in München gewesen sei. Das war schon verwunderlich, zumal damit strenggenommen der Generalbundesanwalt seiner Zuständigkeit entkleidet war, da es sich beim Münchner Attentat nach dieser Lesart nicht mehr um einen politischen Terrorakt, sondern um eine individualpsychologische Verzweiflungstat handelte, die mit Politik und Terror nichts zu tun hatte.

## Hans Langemann: Verfassungsschutz als politisches Manipulationsinstrument, nicht als Frühwarnsystem der Demokratie

Als ich in Donaueschingen Erkundigungen über Gundolf Köhler anstellte, erzählte mir ein Redakteur der dortigen Regionalzeitung, dass Donaueschingen sich bereits unmittelbar nach dem Attentat »im Belagerungszustand« befunden habe. Auf die Frage, wann der begonnen habe, antwortete der Kollege: »Am Samstagmittag, den 27. September« – also nur 14 Stunden nach dem Attentat. Am 26. September um 22.19 Uhr explodierte in München die Bombe, am nächsten Vormittag durchsuchte die Polizei schon das Elternhaus von Köhler. Seine Personalpapiere waren bei der Leiche gefunden worden, die am schlimmsten verstümmelt war – Verletzungen, die den Schluss nahelegten, dass dieser Tote im Augenblick der Explosion Kontakt zur Bombe gehabt haben musste.

Mit dem Fund von Köhlers Personalpapieren trat angesichts dieses Verdachts Hans Langemann in seiner Rolle als Chef des Staatsschutzes im Bayerischen Innenministerium in Aktion. Er war befugt und in der Lage, das Computer-System NADIS abzufragen, in dem alle Aktenerkenntnisse der Staatsschutzbehörden der Länder und des Bundes verzeichnet waren. Das NADIS-System spuckte am Samstagmorgen einige Treffer aus. Sie stammten vom Landesamt für Verfassungsschutz in Baden-Württemberg und besagten, dass es sich bei Köhler um einen aktiven Sympathisanten der Wehrsportgruppe Hoffmann handle.

Wie aber konnten die Journalisten vornehmlich der Zeitschrift *Quick* und der *Bild*-Zeitung derart früh in Donaueschingen zur Stelle sein, nur wenige Stunden nachdem die Polizei erste Erkenntnisse über den mutmaßlich Tatbeteiligten gewonnen hatte? Dies waren Erkenntnisse, über die die in Donaueschingen ausschwärmenden Journalisten offenbar vollumfänglich informiert waren. Wieso kamen sie gezielt nach Donaueschingen, noch dazu zu einem Zeitpunkt, da weder vom Generalbundesanwalt noch von der Sonderkommission Theresienwiese die Namen der getöteten Opfer, geschweige denn der Name jenes durch seine Verletzungen tatverdächtigen Opfers bekanntgegeben worden waren? Wie konnte dies möglich sein, zumal Generalbundesanwalt Kurt Rebmann sofort mit Bekanntwerden von Gundolf Köhlers Kontakten zur rechtsextremistischen Wehrsportgruppe Hoffmann aus ermittlungstaktischen Gründen eine absolute Nachrichtensperre verhängt hatte? Ziel seiner Maßnahme war es, das Überraschungsmoment im Umkreis des Tatverdächtigen wahren zu können, sollte es zu einer Fahndung kommen.

Die mir zunächst unerklärlichen Vorgänge in Donaueschingen begann ich zu verstehen, als ich von der Affäre Langemann erfuhr. Hans Langemann wurde im März 1982 zunächst aus seinem Amt als bayerischer Staatsschutzchef entlassen, in Untersuchungshaft genommen und schließlich wegen des Verrats von Dienstgeheimnissen beim Bayerischen Obersten Landesgericht angeklagt. In erster Linie bezog sich die Anklage auf seine Dienstzeit in jener Behörde, in der er tätig gewesen war, ehe er in das Bayerische Innenministerium gewechselt war: auf den Bundesnachrichtendienst (BND). Langemann hat sein Vorleben als Agent des BND in einer verschlüsselt formulierten Autobiographie aufgeschrieben. Das Manuskript bot er dem Chef der Nachrichtenagentur Ferency, Josef von Ferency, zur Veröffentlichung an. Ferency stellte Langemann den ehemaligen Kommissar des Bundeskriminalamts, Frank Peter Heigl, an die Seite, um es für die Veröffentlichung umzuarbeiten, wozu sich die beiden vertraglich verabredeten. Heigl sah seine Aufgabe darin, das Manuskript lesbarer zu machen und die erwähnten Ereignisse und handelnden Personen zu entschlüsseln. Langemann lieferte hierzu bereitwillig eine Vielzahl von BND-Akten – und überdies die Klarnamen der in die beschriebenen Aktionen verwickelten BND-Agenten, Politiker und sonstigen Personen des öffentlichen Lebens. Bedenkt man, dass Langemann von seinem ehemaligen Arbeitgeber vor der Zusammenarbeit mit Ferency und Heigl schon die Veröffentlichung des noch vollständig verklausulierten Manuskriptes nicht genehmigt worden war, erstaunt es nicht, dass er binnen weniger Wochen tief gefallen ist, als seine konkretisierten und mit Dokumenten unterfütterten Memoiren im Rahmen einer Miniserie kapitelweise in der linken Hamburger Monatszeitschrift *konkret* veröffentlicht wurden, an die Heigl sie vermittelt hatte. CSU-Mitglied Langemann wurde umgehend aus seinem Amt als bayerischer Staatsschutzchef entlassen und vor dem Bayerischen Obersten Landesgericht wegen der Weitergabe von Dienstgeheimnissen angeklagt. Im Bayerischen Landtag wurde ein Untersuchungsausschuss zur Affäre Langemann eingerichtet.

Als Affäre galt und gilt noch heute vor allem Langemanns Weitergabe von Interna über seine Tätigkeit beim Bundesnachrichtendienst. Doch durch die Berichterstattung über die Verhandlungen des parlamentarischen Untersuchungsausschusses kam auch und eher nebenbei an die Öffentlichkeit, dass Langemann zudem Unterlagen im Zusammenhang mit seiner Tätigkeit als Staatsschutzchef des Bayerischen Innenministeriums weitergegeben hatte – auch, aber nicht nur an Frank Peter Heigl. Hellhörig wurde ich, als in diesem Zusammenhang von einem Aktenkonvolut über das Oktoberfestattentat berichtet wurde. Es gelang mir, mit Hilfe von Informanten Einsicht in diese Unterlagen zu erhalten. Sie und die Verhandlungen im Langemann-Untersuchungsausschuss belegen eindeutig: Der bayerische Staatsschutzchef Langemann hatte die Nachrichtensperre des Generalbundesanwaltes durchbrochen und Journalisten von *Quick* und *Bild* über den gegen Gundolf Köhler erhobenen Verdacht informiert, worauf sich diese umgehend nach Donaueschingen aufmachten.

Ohne Zweifel wäre die von Generalbundesanwalt Kurt Rebmann verhängte Nachrichtensperre sinnvoll gewesen, um das Überraschungsmoment zu wahren im zunächst noch nicht aufgeschreckten Umfeld des Tatverdächtigen Köhler. Niemand wusste dies besser als Staatsschutzchef Langemann, der seinen Doktortitel im Fach Jura 1955 mit einer Dissertation zum Thema »Das Attentat« erworben hatte, der Untertitel seiner Arbeit lautet: »Eine kriminalwissenschaftliche Studie zum politischen Kapitalverbrechen«.[3] In seiner Untersuchung, in der es um zahlreiche politische Attentate von der Antike bis zum Sprengstoffanschlag auf Bundeskanzler Konrad Adenauer geht, steht das aufschlussreiche Kapitel über »das Täterelement«, darin heißt es:

»Es gibt
a) den (recht seltenen) echten Einzeltäter, der seine Tat aus überwiegend eigenem Entschluss zur Durchführung bringt; das heißt, er bildet sich die ihn zur Tat anspornende Meinung im Wesentlichen selbst und nimmt nur tatfördernde Impulse Außenstehender (indirekter ideeller Hintermänner) in die selbst geschaffene und fortentwickelte Tatsphäre auf;
b) den vorgeschobenen Einzeltäter (unechter Einzeltäter), der zwar auch die Tat alleine ausführt, dessen Ausrichtung und Entschlussbildung aber völlig oder doch überwiegend aus der ihn bestimmenden Macht der Gruppe herrührt. Er ist demnach entweder echter Befehlsausführer oder vorgeschobener, entschlussbegünstigter Spannungsauslöser. Die Grenzen zwischen diesen beiden Arten sind recht unscharf und im konkreten Fall nicht immer mit Sicherheit festzustellen.
c) Neben diesen Einzeltätern stehen die echten Mehrtäter, die nur aus der engen Gruppe heraus, niemals jedoch allein, ihre Tat zur Durchführung bringen.«[4]

Langemann zeigt in einer statistischen Auswertung, dass in der ersten Hälfte des 20. Jahrhunderts die Form des sogenannten echten Einzeltäters »fast vollkommen zurückgetreten ist« und Attentate seither überwiegend von »vorgeschobenen Einzeltätern« begangen werden.

Nach der Entdeckung der Dissertation war mir vollständig klar, dass der Attentatsexperte Langemann mit seinem Ermittlungsverrat und dem heimlichen Bruch der Nachrichtensperre des Generalbundesanwaltes bewusst gehandelt hatte, um die laufenden Ermittlungen nicht voranzutreiben, wie es seine Pflicht gewesen wäre, sondern sie zu stören und ihren Misserfolg zu befördern. Bei beliebigen anderen Ermittlern oder auch wichtigtuerischen Politikern hätte man vielleicht post festum annehmen können, sie wussten nicht, was sie taten und konnten die negativen Folgen ihrer Informationsweitergabe nicht absehen. Der promovierte Experte Hans Georg Langemann wusste jedoch genau, was er tat. Seit der Aufdeckung seiner Aktivitäten unmittelbar nach dem Oktoberfestattentat gehört es zu den offenen Fragen, die es zu klären gilt, um die nach wie vor rätselhaften Hintergründe des Attentats zu entschlüsseln: Warum hat Langemann so gehandelt? Inwieweit tat er dies aus eigener Initiative? Oder handelte der für den Verfassungsschutz zuständige Staatsschutzchef im Innenministerium womöglich im Auftrag? In wessen Auftrag? Hatte sein Handeln etwas mit seinem Zuständigkeitsbereich zu tun, also der Überwachung der Aktivitäten gewaltbereiter Links- und Rechtsextremisten?

In den im November 1982 eingestellten juristischen Nachforschungen zum Oktoberfestattentat wurde Langemanns Handeln nicht thematisiert. Dabei hätten die Ermittler spätestens im Frühjahr oder Sommer 1982 darauf aufmerksam werden müssen. Zu diesem Zeitpunkt erreichte die Affäre Langemann gerade ihren Höhepunkt. Außerdem formulierte die für Geheimnisverrat zuständige Bundesanwaltschaft die Anklageschrift gegen Langemann und erhielt bei dieser Gelegenheit auch von dessen Aktivitäten in Sachen Oktoberfestattentat umfänglich Kenntnis.

## Der Vorhang wieder auf und alle Fragen offen: Die Wiederaufnahme der Ermittlungen

Nun, 34 Jahre später, kann und muss dies bei der endlich erreichten Wiederaufnahme des Verfahrens anders gehandhabt werden.[5] Generalbundesanwalt Harald Range hat bei der Wiederaufnahme des Ermittlungsverfahrens am 11. Dezember 2014 ausdrücklich zwei Aufträge erteilt: Er sagte zu, den neu aufgetauchten Spuren und Zeugenaussagen zum Oktoberfestattentat nachzugehen, und er ordnete an, die gesamte bisherige Ermittlung kritisch überprüfen zu wollen. Hierzu hat er von sämtlichen Verfassungsschutzämtern der Länder und des Bundes, vom Bundesnachrichtendienst und dem Militärischen Abschirmdienst alle vorhandenen Akten zum Oktoberfestattentat angefordert und somit – potentiell – den Fokus auch auf das Handeln der Geheimdienste ausgeweitet.

Dass die Ermittlungen nun auch die Tätigkeit der Geheimdienste einschließen, hat mit den Erfahrungen zu tun, die aus den Verbrechen des Nationalsozialistischen Untergrunds (NSU) resultieren. Beim Versagen der staatlichen Behörden im Zusammenhang mit der Aufklärung der Morde, Bombenanschläge und Banküberfälle des NSU kam auch die Rolle der für die Nachrichtendienste tätigen V-Leute in den Blick. Sie waren seit Jahrzehnten das angeblich probate Mittel der Nachrichtendienste und Verfassungsschutzämter, um die Entwicklung der rechtsextremen Szene genau in den Blick zu nehmen und rechtzeitig zu vermelden, sollten deren Angehörige in verfassungsfeindliche Programmatik, Gewaltaktionen und Terrorpläne abdriften. Dabei ist es sozusagen Tradition, Rechtsextremisten als V-Leute zu rekrutieren, ihnen für ihre Dienste Geld zu geben oder im Falle drohender Gerichtsverfahren Strafnachlass zu gewähren. Die Juristin und ehemalige Mitarbeiterin des Bundesamts für Verfassungsschutz, Bernadette Droste (später Leiterin der Hessischen Landesvertretung in Berlin), beschreibt V-Personen als »Frühwarnsystem des Rechtsstaates« und bringt mit diesem grotesken Euphemismus die jahrzehntelang gültige völlig kritikfreie Einschätzung der Nachrichtendienste auf den Begriff.[6] Spätestens seit der Selbstaufdeckung des NSU ist jedoch klar, dass V-Personen, die in der Mehrheit weder Aussteiger noch ausstiegswillige Rechtsextremisten sind, keinerlei Gewähr dafür bieten, zuverlässig vor extremistischen Gewalttaten zu warnen, im Gegenteil: In ihrer doppelten Loyalität entscheiden sie sich oft, nur Belangloses an ihre Führungsbeamten weiterzugeben, Wichtiges aber zu verschweigen, um entweder – so ihr Verständnis – keine Kameraden zu verraten oder Verdächtiges nicht zur Sprache zu bringen, weil sie selbst in Szeneaktionen mitwirken.

Blenden wir zurück in das Jahr 1980 und richten unseren Blick erneut auf das Handeln von Staatsschutzchef Langemann im Bayerischen Innenministerium. Am Abend des 26. September waren es noch genau neun Tage, ehe im hitzigen Bundestagswahlkampf eine Entscheidung fiel, in dem der Herausforderer Franz Josef Strauß, bayerischer Ministerpräsident und CSU-Vorsitzender, gegen den amtierenden Bundeskanzler der sozialliberalen Koalition Helmut Schmidt antrat. Noch in der Tatnacht eilte Strauß auf die Theresienwiese und beschuldigte Bundesinnenminister Gerhart Baum von der FDP, er trage moralische Schuld am Münchner Anschlag, weil er mit seiner liberalen Sicherheitspolitik Polizei, Justiz und Geheimdienste so verunsichert habe, dass sie sich nicht mehr getraut haben, gewaltbereite Extremisten effektiv zu überwachen und Vorbereitungen für solch einen Terrorakt zu erkennen. Am nächsten Morgen zog Langemann die erwähnten Erkenntnisse über den mutmaßlichen Bombenleger Gundolf Köhler aus dem NADIS-Computer, die dessen Kontakte zur Wehrsportgruppe Hoffmann belegten. Dies waren ausschließlich Erkenntnisse des Baden-Württembergischen Landesamtes für Verfassungsschutz und des Militärischen Abschirmdienstes, jedoch keine Erkenntnisse des von Langemann beaufsichtigten Bayerischen Landesamtes für Verfassungsschutz. Ein Weiteres kam hinzu: Schon im Januar 1980 ließ der von Strauß wahlweise als »Skandalminister« oder »Unsicherheitsminister« gescholtene Gerhart Baum die Wehrsportgruppe Hoffmann, die in Bayern seit ihrer Gründung geduldet wurde, durch eine Verbotsverfügung auflösen. Dazu hatte er erstmals die rechtliche Möglichkeit (und als Bundesinnenminister auch die Zuständigkeit), als sich die Gruppe in einem zweiten Bundesland, in Hessen, ebenfalls niederließ. Baums Verbotsaktion kommentierte Franz Josef Strauß acht Wochen später, im März 1980, mit den Worten:

> »Dann, um 6 Uhr morgens, schickt man fünfhundert Polizisten los, um zwanzig Verrückte auszufragen. Diesen Hoffmann, der wie ein Kasper aussieht! Diese Type bekommt Fabelsummen für ein Interview. Er spielt eine Rolle, die ihm gefällt, eine Art Mischung aus Ernst Röhm, Adolf Hitler und, warum nicht, Göring. Wenn niemand von diesem Schwachkopf reden würde, wer würde seine Existenz bemerken? Gut. Warum hat man niemanden verhaftet? Weil es keinen Beweis gibt, dass sie ein Delikt begangen hätten. Ihr Panzerwagen hat keinen Motor und keine Räder, und man kann diese Art von Maschine bei irgendeiner Werkstatt oder einem Schrotthändler kaufen. Mein Gott, wenn sich ein Mann vergnügen will, indem er am Sonntag auf dem Land mit einem Rucksack und einem mit Koppel geschlossenen ›battledress‹ spazieren geht, dann soll man ihn in Ruhe lassen.«[7]

Diese Worte spiegelten nicht allein die Einschätzung von Strauß wider, sie waren vielmehr Konsens in der CSU und bei den in Bayern zuständigen Personen. Dies galt insbesondere für Staatsschutzchef Langemann, der nun konstatierte: Aus seinen Strukturen, also über die von seiner Behörde im Bereich der Wehrsportgruppe eingesetzten V-Leute, hatte er keinerlei Informationen über eine geplante Aktion erhalten. Langemann wusste nichts – und geriet in Panik, als er die Optionen durchging: Wussten seine V-Leute nichts? Hatten sie Kenntnisse und haben diese nicht weitergegeben? Waren sie womöglich in die Tatvorbereitungen involviert? Unangenehme Tatsachen konnten herauskommen, die über den mutmaßlichen Bombenleger, den toten Gundolf Köhler, zu dessen Kameraden von der Wehrsportgruppe Hoffmann führten. Der politische Schaden für seinen Dienstherren Franz Josef Strauß konnte sich bis zum Wahltag am 5. Oktober 1980 in einen Totalschaden ausweiten. Deshalb, so unterstelle ich, hat Langemann mit seinem Ermittlungsverrat an die Journalisten die möglichen Hintermänner Köhlers gewarnt. Dies gelang ihm nicht nur dadurch, dass Reporter nach Donaueschingen reisten, sondern vor allem auch dadurch, dass sie bereits am Nachmittag des 27. September, dem Tag nach dem Attentat, Köhlers Namen an die Nachrichtenagenturen gaben. Generalbundesanwalt Rebmann, der zu diesem Zeitpunkt nicht wusste, dass Langemann die Quelle der Indiskretion war, bekam einen Wutausbruch, als er davon erfuhr.

Auf Langemanns Handeln und die von ihm über Jahre sorgsam aufgebauten Pressekontakte ist es zurückzuführen, dass Journalisten lange vor den behördlichen Ermittlern in Köhlers Umfeld recherchierten. Hinzu kam, dass Langemann auch Informationen lancierte: In Hintergrundgesprächen ließ er Journalisten wissen, dass Strauß und der bayerische Innenminister Gerold Tandler schon seit Jahren die Wehrsportgruppe Hoffmann verbieten wollten. Er zeigte ihnen Dokumente und Abhörprotokolle von Telefonaten Hoffmanns, um dessen engmaschige und effektive Überwachung durch den bayerischen Staatsschutz zu belegen. Die Journalisten nahmen ihm das ab und schrieben ihre Artikel ganz in diesem Sinne.

## Fazit

All diese Erkenntnisse habe ich in meinem Buch »Oktoberfest. Ein Attentat« bereits 1985 veröffentlicht.[8] Die Münchner Stadtgesellschaft interessierte sich dafür jedoch ungefähr so wenig wie für die seit 1983 durch Rechtsanwalt Werner Dietrich öffentlich gemachte Kritik an den einseitigen Ermittlungen. Die eigentlich angesprochene Bundesanwaltschaft verhielt sich nach Karl Valentins berühmten Diktum: »Des tun mir gar nicht erst ignorirn«. Ich habe etwa alle fünf Jahre über das ungeklärte Attentat im Bayerischen Rundfunk und in der ARD informiert und bekam ebenso regelmäßig – rund um die Jahrestage des Anschlages – neue Zeugenmeldungen zugetragen. Allein dadurch spürte ich: Die Geschichte ist nicht abgeschlossen, sie ist nicht geklärt. Im Grunde war ich ziemlich resigniert und hatte keine Hoffnung mehr, dass sich noch die Chance eröffnen würde, sie doch wieder aufzugreifen.

Gewissermaßen reaktiviert wurde ich 2006 von einer Dokumentarfilmproduktion. Die Kollegen Wolfgang Schön und Frank Gutermuth baten mich als Buch-Autor vor die Kamera. Ich reiste mit ihnen an die Schauplätze, die in Sachen Oktoberfestattentat eine Rolle spielten, und ich hatte die Idee, bei der Bundesanwaltschaft die Untersuchung diverser Tatortasservate des Oktoberfestattentats anzuregen, die man jetzt mit der 1980 noch nicht bekannten DNA-Methode untersuchen solle, um beispielsweise aus den über 40 Zigarettenkippen mit verschiedenen Speichelanhaftungen Personenspuren von Köhlers möglichen Begleitern zu gewinnen und auch zu klären, woher die am Tatort gefundene Hand stammte, die nach Aktenlage serologisch zu keinem der Toten, auch nicht zu Köhler passte. Die Bundesanwaltschaft musste eingestehen, dass mittlerweile sämtliche Tatortasservate zerstört waren – die Asservate des schwersten Terroranschlages in der Geschichte der Bundesrepublik. Als dies 2009 im Dokumentarfilm »Anschlag auf die Republik« veröffentlicht wurde, rief das Danuta Harrich-Zandberg, Walter Harrich und ihren Sohn Daniel Harrich auf den Plan, die die Filmproduktion DIWA-Film leiten. Mit DIWA-Film betrieb ich meine nun wieder aufgenommenen Recherchen mit dokumentarfilmischer Unterstützung weiter. Aber eine Möglichkeit, sie einem großen Publikum zu unterbreiten, ergab sich erst durch den Entschluss, das Genre zu wechseln und die Geschichte meiner Recherche als fiktionalen Film zu erzählen. Daraus wurde der Film »Der blinde Fleck«, uraufgeführt im Sommer 2013, der von seiner ersten Preview im Rahmen der Reihe »Das Münchner Filmfest im Landtag« an unerwartet breite Aufmerksamkeit in Öffentlichkeit und Politik erfahren hat. Das begann bei der Diskussion mit dem bayerischen Innenminister Joachim Herrmann, den ich dazu bewegen konnte, Rechtsanwalt Dietrich – nach über 30 Jahren – endlich Einblick in die umfangreichen Spurenakten des Anschlages zu gewähren. Dies setzte sich fort durch die Zeugen- und Informantenmeldungen, die in beispiellosem Umfang bei Dietrich und mir eingingen – und mündete in die förmliche Wiederaufnahme des Verfahrens durch Generalbundesanwalt Harald Range im Dezember 2014. Was diese Ermittlungen zutage fördern werden, ist noch ungewiss. Hier gilt das abgewandelte Motto des Literaturkritikers Marcel Reich-Ranicki: Der Vorhang auf, und alle Fragen wieder offen.

## Anmerkungen

1   Vgl. Ulrich Chaussy, »Speerspitze der neuen Bewegung«. Wie Jugendliche zu Neonazis werden, ein Bericht über die »Junge Front«, in: Wolfgang Benz (Hrsg.), Rechtsextremismus in der Bundesrepublik. Voraussetzungen, Zusammenhänge, Wirkungen, Frankfurt a. M. 1985, S. 115 ff.

2   Vgl. Hermann Vinke, Mit zweierlei Maß. Die deutsche Reaktion auf den Terror von rechts: eine Dokumentation, Reinbek bei Hamburg 1981, S. 69 ff.

3   Hans Langemann, Das Attentat. Eine kriminalwissenschaftliche Studie zum politischen Kapitalverbrechen, Hamburg 1956.

4   Ebd., S. 58 f.

5   Presseerklärung des Generalbundesanwalts am 11.12.2014: Oktoberfestattentat 1980: Generalbundesanwalt nimmt Ermittlungen wieder auf, www.generalbundesanwalt.de/de/showpress.php?themenid=16&newsid=528.

6   Bernadette Droste, Handbuch des Verfassungsschutzes, Boorberg 2007.

7   Franz Josef Strauß im Interview mit Bernard Volker für das französische Fernsehen TF 1, nach: Vinke, Mit zweierlei Maß (wie Anm. 2), S. 21 f.

8   Ulrich Chaussy, Oktoberfest. Ein Attentat, Darmstadt und Neuwied 1985. Liegt überarbeitet und ergänzt seit Januar 2014 unter dem Titel vor: Oktoberfest. Das Attentat. Wie die Verdrängung des Rechtsterrors begann, Berlin ²2015.

JULIANE LANG

# Mehr als die »emotionale Kompetenz«.
# Mädchen und Frauen in der extremen Rechten

Die Selbstenttarnung des Nationalsozialistischen Untergrunds (NSU)
hinterließ eine tiefe Erschütterung über die Gewissheit, dass drei
Rechtsterrorist/innen[1] über Jahre hinweg Morde und Anschläge an
Menschen mehrheitlich nichtdeutscher Herkunft begehen konnten,
ohne dabei gestoppt zu werden. Die mediale Berichterstattung zeugte
noch von einer anderen Irritation: Mit Beate Zschäpe stellte sich eine
überzeugte Rechtsterroristin der Polizei und gab dem bundesdeutschen
Rechtsextremismus damit ein prominentes weibliches Gesicht. Dies
steht im Widerspruch zum sich hartnäckig haltenden Bild der extremen
Rechten als Männerdomäne, in der Frauen lediglich in der Rolle der
blondbezopften Mutter an der Seite eines politisch aktiven Mannes
stehen.

Im vorliegenden Beitrag wird gezeigt, wie Mädchen und Frauen nicht
erst seit dem Terror des NSU in vielfältigen Rollen und Funktionen in
die extreme Rechte eingebunden sind, denn: Extrem rechte Szenen
funktionieren weder lebensweltlich noch ideologisch ohne das aktive
Zutun von Mädchen und Frauen. Die gängige Vorstellung der extremen
Rechten als Männerdomäne zeugt vielmehr von einer vergeschlechtlich-
ten Wahrnehmung, die ein Unsichtbarmachen aktiver Mädchen und
Frauen zur Folge hat. Neben den Aktivitäten stehen hier auch die Effekte der Unsichtbarkeit extrem rechter Mädchen und Frauen im Mittelpunkt der Argumentation. Diskutiert wird zunächst die jüngere
Geschichte ihrer Einbindung und Organisierung – in eigenen Frauengruppen wie auch in gemischtgeschlechtlichen Zusammenhängen. Daran anschließend geht es um die Bedeutung der Geschlechterideologie
für Aktivitäten und Themensetzungen von Männern und Frauen in
extrem rechten Szenen. Zu betrachten ist hier vor allem die Bedeutung
der Konstruktion der sogenannten Volksgemeinschaft, die den ideologischen Rahmen für die Verhandlung von Geschlechterrollen und
Geschlechtlichkeiten vorgibt.[2] An zwei Komplexen werden schließlich
neuere Entwicklungen gezeigt, die sowohl von Änderungen im Selbst-

verständnis extrem rechter Frauen als auch von ihrer veränderten öffentlichen Wahrnehmung zeugen. Es sind politisch aktive Frauen, die heute gleichsam selbstverständlich in der ersten Reihe rechtspopulistischer Parteien und Bewegungen stehen. Und zugleich ist es extrem rechten Frauen nicht mehr ohne Weiteres möglich, unerkannt im Alltag zu agieren und sich als unpolitisch-naive »Unschuld vom Land« öffentlich zu inszenieren.

Im Mittelpunkt steht hier nicht allein der NSU, jedoch werden erste Erkenntnisse zur Bedeutung von Geschlechtervorstellungen im NSU-Komplex in die Argumentation einbezogen. Der Beitrag bewegt sich in der Tradition einer geschlechterreflektierenden Rechtsextremismusforschung, die auf erste Arbeiten zu Beginn der neunziger Jahre zurückzuführen ist.[3] Seither erschien eine Vielzahl von Studien, aus denen deutlich hervorgeht, wie notwendig eine geschlechterreflektierende Perspektive auf die extreme Rechte ist.[4] Allerdings verhallen in der heterogenen Forschungslandschaft oftmals Forderungen nach deren konsequenter Einbeziehung, wie sie u. a. das interdisziplinäre Forschungsnetzwerk Frauen und Rechtsextremismus formuliert.

## Aktivitäten und Wahrnehmung extrem rechter Frauen

Im Rechtsextremismus nach 1945 waren Frauen und Mädchen von Beginn an tätig, wenn auch mit weniger prominenter Außenwahrnehmung, als dies heute der Fall ist. Sie verfügten über eigene Wirkungsräume innerhalb gemischtgeschlechtlicher Organisationen, beispielsweise im Mädelbund der Wiking-Jugend.[5] Die Wiking-Jugend wurde 1952 in der Tradition der Hitlerjugend und des Bundes Deutscher Mädel gegründet. Wenn der Mädelbund auch nicht autonom von der Gesamtorganisation war, wurden Führungsaufgaben von Frauen übernommen. Frauen waren in erster Reihe an der Gründung der Nationaldemokratischen Partei Deutschlands (NPD) im November 1964 in Hannover beteiligt.[6] Auch der in den achtziger Jahren bedeutsamen extrem rechten Organisation Aktionsfront Nationaler Aktivisten/Nationale Aktivisten (ANS/NA) war laut Angaben führender Mitglieder ein Mädelbund angegliedert.[7]

Und doch dominierte in der Öffentlichkeit das Bild des neonazistischen glatzköpfigen, männlichen Schlägers noch bis weit in die 2000er Jahre. Es wird in aktuellen Debatten um den NSU oftmals wieder wachgerufen. Dass die Aktivitäten extrem rechter Frauen kaum wahrgenommen werden, lässt sich auf mindestens zwei Beobachtungen zurückführen, die unter dem Begriff der »doppelten Unsichtbarkeit« zusammengefasst werden können:[8] Rechtsextremismus wird häufig nur unter dem Fokus extrem rechter Gewalttaten diskutiert – Frauen gelten jedoch gemeinhin als das friedfertigere Geschlecht. Hinzu kommt das Klischee der politisch desinteressierten Frau. »Ein Klischee, das für die Auseinandersetzung mit Frauen im Rechtsextremismus auf doppelte Weise greift und rechtsextreme Frauen damit auf doppelte Weise ›unsichtbar‹ macht: Frauen haben nach dieser Logik zum einen keine politische Überzeugung und wenn, dann keinesfalls eine so gewalttätige wie die rechtsextreme«,[9] so das Forschungsnetzwerk Frauen und Rechtsextremismus in einem offenen Brief anlässlich des Bekanntwerdens des NSU. In der Konsequenz fallen extrem rechte Frauen häufiger durch das vergeschlechtlichte Wahrnehmungsraster – bei Behörden, in der Strafverfolgung und im Alltag. Extrem rechte Frauen haben weniger Probleme, ihr politisches Engagement mit ihrem Beruf oder dem täglichen Miteinander in der Nachbarschaft zu vereinbaren. Darüber hinaus wissen Frauen und Mädchen gezielt die eigene Unauffälligkeit zu nutzen. So etwa im Fall Beate Zschäpes, die von Nachbar_innen als freundlich, zuvorkommend, kinder- und tierlieb beschrieben wird. Dass Zschäpe am sozialen Alltag in Zwickau wie selbstverständlich teilnahm und das Kerntrio, das sie gemeinsam mit Mundlos und Böhnhardt bildete, unbehelligt dort lebte, steht in direktem Zusammenhang mit den Geschlechterrollen der Gruppe. Den Nachbar_innen gegenüber präsentierte Zschäpe einen der beiden Männer als ihren Freund, den anderen als dessen Freund oder Bruder. Das heteronormative Arrangement im Kerntrio lieferte die Fassade für das Leben im Untergrund und sorgte für Unauffälligkeit: »Der NSU hätte wahrscheinlich nicht 13 Jahre unentdeckt im Untergrund morden können, wenn seine bürgerliche Fassade gegenüber Nachbar_innen und Bekannten nicht so erfolgreich gewesen wäre. Dies ist vor allem der Frau im Trio zu verdanken, denn die gelebten und vorgespielten Geschlechterrollen des Trios ergänzten sich funktional. [...] Sie wurde diejenige, die mit ihrer freundlichen Interaktion mit den Nachbar_innen, den Katzen, den Urlaubsbekanntschaften die fundamental notwendige bürgerliche Fassade des Trios erschaffen hat«, so die Sozialwissenschaftlerin Eike Sanders in einem der frühen geschlechterreflektierenden Beiträge zum NSU aus dem Jahr 2012.[10]

Andere extrem rechte Aktivistinnen nutzen ihre relative Unsichtbarkeit, um gezielt im vorpolitischen Raum Diskussionen und Prozesse zu beeinflussen – sei es im Kitabeirat, wo sie sich gegen die Aufnahme migrantischer Kinder aussprechen, oder auf dem Dorffest, das sie mit Unterstützung der lokalen Kameradschaft vorbereiten.[11] »Ich glaube, niemand würde mich mehr in den Elternbeirat unserer Schule wählen, wenn ich in der NPD wäre. Dann täte man mich als ›bösen Nazi‹ abstempeln und niemand würde mir mehr zuhören. So gesehen ist mein Einfluss auf die Menschen wesentlich größer, wenn ich nirgends offiziell organisiert bin«, so eine extrem rechte Aktivistin aus Mainz in einer Diskussion zu ihren eigenen politischen Aktivitäten.[12] Die siebenfache Mutter war als Sprecherin in mehreren Elternbeiräten tätig – und moderierte über Jahre hinweg im deutschsprachigen Ableger eines international bedeutsamen neonazistischen Forums. Dort tauschte sie sich mit anderen Frauen zu Fragen sogenannter völkischer, also de facto rassistischer Kindererziehung aus, berichtete von Backrezepten für Kindergeburtstagstorten, die ein Hakenkreuz ziert, oder davon, wie sie gemeinsam mit ihren Kindern eine nationalsozialistische Fahne nähte. Wieder andere Frauen posteten im Internet germanische Märchen und geschichtsrelativierende Kindererzählungen.

## Folgen der »doppelten Unsichtbarkeit«

Bis heute ist die Beteiligung von Frauen an extrem rechten Gewaltdelikten wenig untersucht. Laut der Antwort auf eine Kleine Anfrage im Bundestag wurden dem Bundeskriminalamt zwischen 2005 und 2011 insgesamt rund 85.000 Tatverdächtige einer politisch rechts motivierten Straftat gemeldet.[13] Der Anteil an weiblichen Tatverdächtigen daran lag demnach bei sieben Prozent, eine Zahl, die das Bild von der »friedfertigen Frau« zu bestätigen scheint. Doch lässt sich diese Angabe nicht abseits gesamtgesellschaftlicher Geschlechterkonstruktionen betrachten. Denn das Bild vom »friedfertigen Geschlecht« wirkt sich bereits auf die Erfassung und juristische Verfolgung von Straf- und Gewalttaten aus. Erste Untersuchungen lassen den Schluss zu, dass Gewalttaten von Mädchen und Frauen deutlich seltener polizeilich und juristisch geahndet werden als diejenigen, die Männer begehen.[14]

Auch im Falle der Ermittlungen zu den Morden des NSU fielen Mädchen und Frauen systematisch durch das vergeschlechtlichte Wahrnehmungsraster: Im Jahr 2006 ermittelte die Besondere Aufbauorganisation (BAO) Bosporus zur sogenannten Česka-Mordserie, also den Verbrechen, die der NSU zwischen 2000 und 2006 mit der immer gleichen Waffen, einer Česka, begangen hatte. Sie forderte beim zuständigen Bayerischen Landesamt für Verfassungsschutz (LfV) eine Liste polizeilich bekannter Neonazis mit Bezügen nach Nürnberg an, dem Schauplatz des ersten Mords. Im ersten Schritt reduzierten die Ermittler_innen die ihnen vorliegenden Datensätze von 682 Neonazis auf 161, unter anderem, indem sie das Raster auf »männlich, zwischen 18 und 35 Jahren« eingrenzten. So geriet u. a. Mandy Struck aus dem Fokus der Ermittlungen. Struck wird heute in einem Ermittlungsverfahren der Generalbundesanwaltschaft als mutmaßliche Unterstützerin des NSU geführt. Vor dem Oberlandesgericht München gab sie zu, an der Unterbringung des Kerntrios direkt nach dessen Untertauchen beteiligt gewesen zu sein.[15]

Die »doppelte Unsichtbarkeit« von Mädchen und Frauen erschwert jedoch nicht nur die juristische Verfolgung der von ihnen begangenen Taten, sondern sie setzt auch der pädagogischen Arbeit ihre Grenzen. Denn dort, wo Mädchen und junge Frauen nicht in ihren politischen Einstellungen und Betätigungen ernst genommen werden, kommt ihnen deutlich seltener die Aufmerksamkeit pädagogischer Angebote zu. Ein Sozialarbeiter, der in den neunziger Jahren mit Zschäpe und einigen ihrer männlichen Kameraden gearbeitet hatte, berichtete einer Tageszeitung von seinen Erfahrungen. Das Blatt schreibt über eine Szene, die er schilderte: »Es ist dieser Satz, an den er sich heute noch erinnert: ›Zuerst einmal müssen die Ausländer weg.‹ Beate Zschäpe, damals 17 Jahre alt, sagte ihn, als sie sich an einem Sommerabend in Jena im Jugendtreff Winzerclub mit ein paar Mädchen unterhielt. Es ging um Zukunftspläne, Berufswünsche, eine wollte Friseurin werden, eine andere Lehrerin.«[16] Der Sozialarbeiter reagierte damals nicht darauf, mehr noch: In einem späteren Interview äußerte er: »Beate Zschäpe war damals ein ganz nettes, freundliches Mädchen, von der ich überhaupt keine politische Meinung erwartet hätte. Die habe ich von ihr aber auch so nie gehört.«[17] Seine Erinnerungen sind nur eines von vielen Beispielen dafür, wie die »doppelte Unsichtbarkeit« von Mädchen und jungen Frauen sich auch in der sozialen Arbeit niederschlägt: Sie werden nicht als politische Subjekte wahr- und ernst genommen und geraten in der Folge seltener in den Fokus von Präventionsangeboten. Jungen und junge Männer fallen hingegen durch gewalttätiges Auftreten auf. Davon abweichende Formen der Artikulation extrem rechter Einstellungen geraten noch immer allzu leicht aus dem Blick.

Entwicklungen innerhalb und außerhalb der extremen Rechten trugen mittlerweile dazu bei, dass den vielfältigen Aktivitäten von Mädchen und Frauen in extrem rechten Szenen heute gesteigerte Aufmerksamkeit zukommt. Die Gründung eigener Mädchen- und Frauengruppen und die damit verbundene mediale Selbstinszenierung extrem rechter Frauen schlug sich mittelfristig auch in der Wahrnehmung der gesamten extremen Rechten nieder. Anderenorts war es das Bekanntwerden weiblicher

Tatbeteiligungen, die zur öffentlichen Sensibilisierung beitrugen. Die gestiegene Wahrnehmung der Rolle extrem rechter Mädchen und Frauen bedeutet jedoch nicht, sie als politische Subjekte immer ernst zu nehmen. So dominieren noch immer altbekannte Klischees von der »unpolitischen Frau« die mediale Diskussion um extrem rechte Aktivistinnen. Vor allem in den Anfangsmonaten nach der Selbstenttarnung des NSU prägten verharmlosende bis sexualisierende Darstellungen Beate Zschäpes die mediale Berichterstattung über die Mordserie des NSU.[18] Die Leser_innen erfuhren, mit wem Beate Zschäpe zu welchem Zeitpunkt das Bett teilte, und wurden angeregt zur Spekulation darüber, ob sie die Wohnung putzte und wie sie mit ihren Katzen umging. Die Geschlechterwissenschaftlerin Charlie Kaufhold spricht von »bagatellisierenden Feminisierungen« in Bezug auf Zschäpe.[19] In den Spekulationen über weibliches Verhalten allgemein und Zschäpes Tatbeteiligung im Konkreten spiegeln sich nicht nur sexistische Stereotype wider, sondern derlei Spekulationen verharmlosen auch die rechtsterroristisch motivierten Taten. Kaufhold grenzt die medial verharmlosenden Darstellungsweisen Zschäpes von solchen ab, die sie als das personifizierte Böse inszenieren; Letzteres nennt sie »dämonisierende Feminisierungen«.[20] Beide Darstellungsweisen, so Kaufhold, erlauben Rückschlüsse auf die in hohem Maße vergeschlechtlichte öffentliche Auseinandersetzung mit extrem rechter Gewalt allgemein und den Taten des NSU im Besonderen.

## Geschichte der Organisierung extrem rechter Frauen

Mädchen und Frauen prägen heute stärker denn je das Bild der extremen Rechten auch nach außen. Die Formen weiblichen Szene-Engagements gestalten sich dabei vielfältig und sind sowohl »frauentypisch« als auch »-atypisch«. Frauen bekleiden Ämter in Parteien – derzeit sind mit Ricarda Riefling und Ariane Meisel zwei Frauen im Vorstand der NPD vertreten – und übernehmen Führungsfunktionen in den parteifreien Kameradschaften und sogenannten Freien Kräften. Sie kandidieren für Kommunal- und Landesparlamente, laden aber ebenso zum gemeinsamen Julbrot-Backen ein, betreuen die Kinderhüpfburg auf dem Parteifest oder tauschen sich in eigenen Frauengruppen über Kindererziehung und sogenannte Brauchtumspflege aus. Gerade die Parteien profitierten in den letzten Jahren von einem deutlich sichtbareren Frauenanteil. NPD-Generalsekretär Peter Marx verwies bereits 2006 darauf, dass jeder zweite NPD-Neuzugang weiblich sei. Die Partei schmückte sich zuletzt mit einem Frauenanteil von 30 Prozent.[21] Frauen erfahren eine neue

Sichtbarkeit. Sie konterkarieren damit das klassische Bild des gewaltbereiten männlichen Neonazis und verleihen der extremen Rechten eine weibliche, vermeintlich sanftere Seite.

Die neue Sichtbarkeit extrem rechter Mädchen und Frauen geht unter anderem auf deren Selbstorganisierung in eigenen Frauengruppen seit Beginn der neunziger Jahre zurück. Zwar waren sie auch zuvor bereits an vielen Stellen in der Szene aktiv, nun aber setzte eine »neue Ära rechter Frauenorganisierung« ein.[22] Junge Frauen gründeten den Skingirl-Freundeskreis Deutschland (SFD) und fanden damit erstmals abseits einer gemischtgeschlechtlichen Organisation zusammen. Verbunden damit waren Selfempowerment, also Selbstermächtigung, und ein selbstbewusster Schritt an die (szeneinterne) Öffentlichkeit. Im Skingirl-Freundeskreis Deutschland fanden sich erstmals nicht nur Ehefrauen aktiver männlicher Funktionäre, sondern auch Mädchen und Frauen aus dem subkulturellen Milieu zusammen und formulierten Kritik an frauenfeindlicher Gewalt innerhalb der Szene. Auch erhoben sie Anspruch darauf, dort eigene Räume zu besetzen. Nach außen wurden sie hingegen kaum aktiv. Anstelle von öffentlichkeitswirksamen Aktionen organisierten sie Zusammentreffen und erarbeiteten szeneinterne Publikationen, die sich explizit an Frauen und Mädchen richteten und den Zusammenhalt der extremen Rechten nach innen stärken sollten. Für einen großen Teil der Frauen war der Skingirl-Freundeskreis der Beginn einer regelrechten »Szenekarriere« oder zumindest der Antrieb dafür. Der Kreis existierte fast zehn Jahre, viele der damaligen Aktivistinnen gehören bis heute in verschiedener Weise zum aktiven Kern extrem rechter Szenen. Im Zuge drohender Verbotsverfahren, unter anderem gegen das international agierende Blood & Honour-Netzwerk, mit dem einige Frauen des Skingirl-Freundeskreises Deutschland eng verstrickt waren, entschlossen sich die Aktivistinnen 2000 für die Selbstauflösung, auch um einem etwaigen Verbot ihrer Organisation zuvorzukommen. Aus ihren Reihen ging unmittelbar darauf die Gründung der bis heute existierenden Gemeinschaft Deutscher Frauen (GDF) hervor. Sie feierte mittlerweile ihr zehnjähriges Bestehen und ist heute in Deutschland die älteste extrem rechte Frauengruppe. Ihre Aufmerksamkeit richtet sie wie schon der Skingirl-Freundeskreis Deutschland auf den szeneinternen Zusammenhalt von Frauen und Männern. Die Organisation arbeitet in Regionalgruppen unterschiedlicher Größe und wirkt wenig in der Öffentlichkeit. Aktivitäten sind von traditionalistischen Weiblichkeitsvorstellungen geprägt, beispielsweise gehören gemeinsame Mütter-Frühstücke dazu. Auch werden sogenannte germanische Feiertage begangen und germanisches Brauchtum wird gepflegt.

Der Skingirl-Freundeskreis Deutschland war darüber hinaus Vorbild für eine Reihe weiterer Gründungen von Frauengruppen im gesamten Bundesgebiet. Das Forschungsnetzwerk Frauen und Rechtsextremismus zählt ca. 40 extrem rechte Frauengruppen, die sich in den vergangenen 25 Jahren gebildet haben.[23] Was Gruppen und Aktivistinnen miteinander verbindet, ist das Anliegen, Mädchen und junge Frauen an die Szene heranzuführen und unabhängig von einem männlichen Lebenspartner politisch einzubinden. Seit der Jahrtausendwende geht es einem Teil der Frauen zunehmend darum, das Bild der extremen Rechten auch öffentlich zu prägen. So formulierte der Ring Nationaler Frauen (RNF) aus Anlass seiner Gründung im September 2006: »Politik ist auch Frauensache! Als nationale Frauen sehen wir es als selbstverständlich an, unser Anliegen in die Öffentlichkeit zu tragen. [...] Neben einer intensiven Medienarbeit soll vor allem eine Vorbereitung der Frauen zur Übernahme von Verantwortung in den Kommunen, auf Landes- und Bundesebene angestrebt werden.«[24] »Politik ist auch Frauensache!« wurde zum geflügelten Wort in der extremen Rechten und der von ihr verantworteten Propaganda. Der Slogan zeugt zum einen von einem neuen Selbstbewusstsein extrem rechter Mädchen und Frauen, illustriert zum anderen jedoch auch die Verschiebung eines szeneübergreifenden Diskurses über die sichtbare Einbindung von Frauen in Ämter und Führungspositionen. In den letzten Jahren geht die Anzahl extrem rechter Frauengruppen zurück und es gibt nur noch vereinzelt Neugründungen. Das heißt jedoch nicht, dass die Aktivitäten extrem rechter Frauen weniger werden. Insgesamt geht der Trend lediglich weg von der Organisierung in geschlechterhomogenen Frauengruppen hin zur Reorganisierung aktiver Frauen in gemischtgeschlechtlichen Parteien, Vereinen und anderen Organisationen. Mit Ausnahme von rechtsterroristischen Netzwerken, wie den Hammerskins Deutschland, verfügen fast alle extrem rechten Organisationen über aktive Frauen in den eigenen Reihen – und dies häufig in prominenter Funktion.

## Der Ring Nationaler Frauen

Entgegen dem Trend zur Abkehr von klassischen Frauengruppen ist die NPD-Frauenorganisation, der Ring Nationaler Frauen, nach wie vor aktiv – und ähnlich wie einst der Skingirl-Freundeskreis Deutschland Sprungbrett für Frauen in die extreme Rechte. Frauen aus der NPD sowie der Gemeinschaft Deutscher Frauen gründeten den Ring Nationaler Frauen im September 2006 und formulierten das Ziel, »die Vernetzung

nationaler Frauen jeden Alters innerhalb und außerhalb der Partei aus-
zubauen.«[25] Anders als die Gemeinschaft Deutscher Frauen strebt der
Ring Nationaler Frauen an, sich aktiv in der Öffentlichkeit zu präsentieren und zu inszenieren. Während insbesondere die Frauen aus der Gemeinschaft Deutscher Frauen somit weiterhin die szeneinterne Vernetzung pflegten, gingen sie mit der Gründung des Rings Nationaler
Frauen den Schritt an die Öffentlichkeit. Der Plan ging auf und der
Ring Nationaler Frauen entwickelte sich binnen zwei Jahren von der Ar-
beitsgemeinschaft zur offiziellen Parteiunterorganisation. Thematisch
übernimmt der Ring Nationaler Frauen traditionell weibliche Bereiche
der Familien- und Sozialpolitik.

Mit der Eingliederung in die Gesamtpartei ging die Mitsprache vor allem männlicher Parteikader in die Politik der Frauenorganisation einher.
Führungspersonal im Ring Nationaler Frauen wird zunehmend in Abstimmung mit der jeweils hegemonialen Parteilinie gewählt und abge-
wählt. Zwei Beispiele: Im Sommer 2009 äußerte sich Gitta Schüßler,
die Bundesvorsitzende des Rings Nationaler Frauen, kritisch zur offen
frauenfeindlichen Politik der NPD in Mecklenburg-Vorpommern. In
einer öffentlichen Pressemitteilung prangerte sie an, dass im Nachgang
der Kommunalwahlen zwei Kandidatinnen auf ihre mit deutlich höheren
Prozentsätzen gewonnenen Mandate zugunsten weniger erfolgreicher
Männer verzichtet hatten. Dies, so Schüßler, sei nicht nur »Betrug am
Wähler«, sondern mache auch die jahrelange Aufbauarbeit »irrelevant,
wenn es sich bei den Kameraden im Norden noch nicht herumgespro-
chen hat, daß ein Volk nicht nur aus Männern besteht«.[26] In der darauf-
folgenden hitzigen Debatte wurden ihr wegen ihrer Kritik von Männern
wie Frauen Vorhaltungen gemacht. Es fielen Begriffe wie »Kampfeman-
ze« und »Kampflesbe«, auch wurden ihr feministische Allüren unter-
stellt.[27] Die Kritikerinnen aus der eigenen Frauenorganisation machten
deutlich, dass sich Gitta Schüßler mit ihren Vorwürfen, wonach die NPD
in Mecklenburg-Vorpommern eine »Art Männersekte« sei, zu weit aus
dem Fenster gelehnt hatte.[28] Die Vorstandsfrauen des Rings Nationaler
Frauen formulierten einen Misstrauensantrag gegen sie. Schüßler legte
daraufhin für mehrere Jahre alle Ämter in der Frauenorganisation nieder.

Ähnlich verlief der Fall der späteren Vorsitzenden des Rings Nationaler Frauen, Sigrid Schüßler aus Nordbayern (sie ist mit Gitta Schüßler
aus Sachsen nicht verwandt). Sigrid Schüßler wurde nach parteiinternen
Debatten im Frühjahr 2014 ihres Amtes enthoben und aus dem Ring
Nationaler Frauen ausgeschlossen – eine Entscheidung, die wohl weniger dort als vielmehr in der Gesamtpartei getroffen und in Schüßlers
Abwesenheit durchgesetzt wurde. Die Vorwürfe gegen sie bezogen sich

auf ihr selbstbewusstes Auftreten, das manchen zu selbstbewusst war. Zudem nahm sie in der Debatte um den einstigen Parteivorsitzenden Holger Apfel Positionen ein, die dem männerdominierten Mainstream der Partei widersprachen. »Wir sind antifeministisch, traditionsbewußt und volkstreu. Wir sind die Frauen der NPD. Wir sind FRAUEN FÜR DEUTSCHLAND!«, formulierte Schüßlers Nachfolgerin Ricarda Riefling anlässlich ihrer Wahl im April 2014 die Linie der Partei.[29] Sie brachte damit auf den Punkt, was für extrem rechte Frauenorganisationen seit jeher gilt: sich klar entlang traditioneller Geschlechterarrangements zu verhalten. Das bedeutet für Frauen in der extremen Rechten nach wie vor, sich an der Seite der Männer, nicht jedoch abseits davon oder gar gegen sie zu positionieren. Antifeminismus und die Wahrung eines von Ungleichheiten durchzogenen Geschlechterverhältnisses wird zur Tugend stilisiert. Hingegen wird ein für zu hoch erachtetes selbstbewusstes Verhalten einer Vorsitzenden ebenso mit Missachtung gestraft wie die Kinderlosigkeit einer Beate Zschäpe.[30] Zschäpe wird von anderen extrem rechten Frauen der Schritt in den Untergrund ebenso vorgeworfen wie der Griff zur Gewalt, denn beides gilt als Bruch mit extrem rechten Konstruktionen von Weiblichkeit, besser: sogenannter völkischer Weiblichkeit. Eine ähnliche Entsolidarisierung erfolgt jedoch nicht in Bezug auf männliche Neonazis, die aufgrund schwerer Gewalttaten verurteilt worden sind. Der Maßstab, mit dem gemessen wird, richtet sich ganz nach tradierten Geschlechtervorstellungen; sanktioniert werden Abweichungen von der zweigeschlechtlich-traditionalistischen Norm.

## Frauen in der extrem rechten Geschlechterordnung

Die Normierung von Geschlecht und die Sanktionierung von abweichendem Verhalten durchziehen extrem rechte Politiken und sind angelegt in der ideologischen Konstruktion der Volksgemeinschaft. Die Volksgemeinschaft ist zentraler Bestandteil extrem rechter Ideologie, auch wenn sie weder im NS-Staat Abbild gesellschaftlicher Realität war, noch sich als gelebte Wirklichkeit in extrem rechten Szenen heute findet.[31] Als »wirkungsmächtige Verheißung«[32] und Ordnungsvorstellung stellt das Konstrukt der Volksgemeinschaft vielmehr Versprechen und Normierung gleichermaßen dar: das Versprechen auf eine harmonische Zukunft, welche sich von der gegenwärtigen Misere abhebt, und außerdem auf Teilhabe an der imaginierten Gemeinschaft.

Geschlecht fungiert in diesem Zusammenhang als sozialer Platzanweiser in der streng antiindividualistischen und autoritär-hierarchischen Konstruktion der Volksgemeinschaft. Vorstellungen normativer Männlichkeit und Weiblichkeit sind eng an traditionelle Bilder von »aktiven Männern« und »passiven Frauen« geknüpft. Sie stehen den Aktivitäten politisch tätiger Frauen in der extremen Rechten nicht entgegen, definieren weibliche Zurückhaltung jedoch normativ als Tugend. »Frauen sind prinzipiell in der Lage jede Aufgabe zu übernehmen, allerdings wissen sie sich zurückzuhalten, solange es fähige Männer zur Erfüllung dieser gibt«, formulierte die Gemeinschaft Deutscher Frauen.[33] Geschlecht bestimmt damit den Ort, an dem Frauen und Männer jeweils in der extremen Rechten wirken. Insbesondere in traditionell weiblichen Bereichen der Familien- und Sozialpolitik finden sich mehrheitlich weibliche Funktionsträgerinnen. Frauen gestalten in der Kameradschafts- und Parteienpolitik denn auch mehrheitlich die sozialen Themenbereiche.

Die vergeschlechtlichte Ordnung wird weder von Frauen noch von Männern in Frage gestellt, im Gegenteil: Extrem rechte Frauen beteiligen sich ebenso vehement an der Verteidigung einer streng zweigeschlechtlichen Geschlechterordnung wie ihre männlichen Kameraden. Sie feminisieren nicht die extreme Rechte, sondern stabilisieren sie als System der Ungleichheit sowohl lebensweltlich als auch ideologisch. Die Konstruktion der Volksgemeinschaft weist Frauen (und Männern) nicht nur spezifische Rollen zu, sie bietet Frauen auch soziale Aufwertung, nämlich in der Rolle als (potentielle) Mutter möglichst zahlreicher weißer deutscher Kinder und als politische Kämpferin an der Seite tatkräftiger Männer. Dies ist der geschlechtsspezifische Effekt jener Dominanzideologie, in der die eigene Aufwertung an die Abwertung anderer geknüpft ist. Der Effekt ist für Mädchen und junge Frauen ein Motiv zur Hinwendung in extrem rechte Szenen.[34] Die Psychologin und Pädagogin Birgit Rommelspacher kommt zu dem Schluss, »dass Frauen und Männer aufgrund ihrer teils unterschiedlichen sozialen Lage unterschiedliche Motive haben können, um andere abzuwerten und auszugrenzen, dass sie aber dieselben Wertvorstellungen und Ideologien nutzen«.[35] Mädchen und Frauen wenden sich damit zum einen der ungleichen Geschlechterverhältnisse zum Trotz der Szene zu, schlichtweg weil sie rassistische Politik aktiv mitgestalten wollen. Zum anderen gibt es spezifisch vergeschlechtlichte Sinnstiftungsangebote für Mädchen und junge Frauen, die an deren Suchbewegungen anknüpfen und ihrer Hinwendung in extrem rechte Szenen zuträglich sein können.

Frauen stärken extrem rechte Lebenswelten durch ihr aktives Zutun und die Übernahme von Aufgaben, die ihnen qua biologischem Geschlecht überantwortet werden. »Wir sind die emotionale Kompetenz dieser Partei und bringen als solches Erkenntnisse ein, wie wir sie aus

unserem tagtäglichen eigenen Erleben als Mütter und Großmütter gewinnen«, formulierte Sigrid Schüßler, die vormalige Vorsitzende des
Rings Nationaler Frauen, ihr Verständnis von Frauen in der Partei.[36]
Udo Pastörs, Fraktionsvorsitzender der NPD in Mecklenburg-Vorpommern, bedankte sich nach der gewonnenen Landtagswahl im September
2006 bei seiner politisch aktiven Ehefrau dafür, dass sie ihn »[…] so
hervorragend bekocht hat, dass sie meine Wäsche gewaschen hat, dass
sie mir geholfen hat, die Kraft aufzubringen, dass ich diesen Wahlkampf
überstanden habe«.[37] Eine darüber hinausgehende aktive Mitgestaltung
des Wahlkampfes wird nicht benannt – und dies ist paradigmatisch für
extrem rechte (Geschlechter-)Politiken. Ist es Pflicht des Mannes, sich
der Verteidigung des Vaterlandes und der Gestaltung der Politik an-
zunehmen, obliegt der Frau in erster Linie die Verantwortung für den
reproduktiven Bereich des Gebärens und der Erziehung möglichst zahlreicher weißer deutscher Kinder. Das eigene politische Engagement gilt
Frauen als Kür, Männern hingegen als Pflicht. Anerkennung in der Szene wird an die Erfüllung der jeweiligen Pflichten geknüpft.

Der Mädelring Thüringen, ein Zusammenschluss junger Frauen aus
der Kameradschaftsszene, erntete Spott für seine Forderung nach Anerkennung für die eigene politische Arbeit. »Genauso sind wir Frauen
eigenständige Individuen, die sich durch selbstständiges Handeln aus-
zeichnen und nicht wie fälschlicherweise noch heute zu oft im nationalen Widerstand behauptet über die Mutterrolle. Wir können heute
von keiner jungen Frau verlangen, dass ihre einzige Aufgabe darin besteht, die Mutterrolle zu übernehmen und sich aus allen gesellschaftlichen Belangen herauszuhalten, sprich nur Privatmensch darzustellen«,
so eine Verlautbarung des Mädelrings.[38] Die Aktivistinnen distanzierten
sich dabei nicht von der »naturgegebenen Aufgabe – dem Mutter-
dasein«, forderten jedoch Anerkennung für die von ihnen geleistete
politische Arbeit.[39] Dies reichte aus, um den Rahmen dessen, was szeneintern verhandelbar ist, zu sprengen. Die Organisation verschwand
schnell in der Bedeutungslosigkeit und dient heute Wissenschaftler_in-
nen und Beobachter_innen der Szene als Illustration für die heterogenen Positionen innerhalb der extremen Rechten.

Einige der Aktivistinnen des Mädelrings Thüringen, die die Grenzen
extrem rechter Geschlechterarrangements in Frage gestellt hatten, fanden sich später in der Initiative »Free Gender – Gender-Terror stoppen«
wieder. Sie beteiligten sich aktiv an der Verteidigung der traditionellen,
streng zweigeschlechtlichen Geschlechterordnung. Diese zunächst paradoxe Beobachtung bestätigt einmal mehr, dass eine langfristige Einbindung in die extreme Rechte für Männer wie Frauen Bekenntnisse und

Verpflichtungen bedeutet. Hierzu zählt es, die von Ungleichheit geprägte, autoritäre, völkisch-rassistische Ordnung nicht in Frage zu stellen. Der Verhandlung von Geschlechterrollen in der extremen Rechten sind somit klare Grenzen gesetzt.

Die Initiative »Free Gender« betrieb über Jahre hinweg ein eigenes Internetportal, auf dem Teilnehmende Beiträge veröffentlichten und Presseartikel kommentierten. Unter Schlagworten wie »gesellschaftliche Entmannung« wirkte das Portal an einem spektrenübergreifend geführten Diskurs um das extrem rechte Feindbild »Gender« mit. Hier wird beispielsweise Klage über die angebliche Vorherrschaft eines männer- und familienfeindlichen Feminismus geführt. Der kampagnenförmig geleitete Diskurs um »Gender« in der extremen Rechten vereint unterschiedliche Sparten der extremen Rechten, die sich mit Blick auf andere Themen, wie etwa ihr Verhältnis zum Nationalsozialismus, vehement voneinander distanzieren. Was sie jedoch ideologisch vereint, ist die Unantastbarkeit einer traditionellen, biologistisch determinierten Ordnung der Geschlechter. Der extrem rechte Diskurs zu »Gender« wurde und wird maßgeblich von aktiven Frauen forciert. Er verstand sich von Beginn an als Gegendiskurs zu einem angeblich hegemonialen, gleichstellungsorientierten Diskurs um die Ordnung der Geschlechter und ist auf die (Re-)Stabilisierung einer traditionellen Gesellschafts- respektive Geschlechterordnung ausgerichtet. Einer Ordnung, welche die soziale Gewordenheit von Geschlecht in Abrede stellt und allein auf dem biologisch definierten Geschlecht basiert. Die extreme Rechte verteidigt damit die Vorstellung zweier sich dichotom gegenüberstehender und aufeinander bezogener Geschlechter als Kern der (Geschlechter-)Ordnung.

## Aktuelle Entwicklungen I: Frauen in rechtspopulistischen Bewegungen

Heteronormative Geschlechterpolitiken bestimmen nicht nur szeneinterne Debatten, sondern eine hochgradig antifeministische Wort- und Bildsprache zieht sich wie ein roter Faden auch durch die Verlautbarungen extrem rechter und rechtspopulistischer Akteure. Insbesondere Themen von geschlechter- und familienpolitischer Relevanz finden sich prominent in aktuellen Wahlkämpfen. Gleichstellungspolitiken und die Anerkennung der Vielfalt geschlechtlicher und sexueller Lebensweisen werden abgelehnt und zu Feindbildern des »Genderismus« und der »Frühsexualisierung« von Kindern und Jugendlichen stilisiert.

Tatjana Festerling, Kandidatin der rechtspopulistischen Bewegung »Patriotische Europäer gegen die Islamisierung des Abendlandes«, im Wahlkampf um das Dresdner Bürgermeisteramt, redet von »verkrachten Gender-Tanten, die mit ihrem überzogenen Sexualscheiß unsere Kinder traumatisieren und frühsexualisieren [wollen]«.[40] Sie bezieht sich auf Debatten um Geschlechterrollen und Homosexualität, die von populistischen Akteuren diesseits und jenseits der extremen Rechten gespeist werden.[41] Die vielerorts auffällige Einbindung hochgradig aktiver Frauen, die allwöchentliche Demonstrationen gegen eine angebliche »Islamisierung des Abendlandes« anmelden, für Ämter kandidieren oder auf eben jenen Veranstaltungen als Rednerinnen auftreten, zeugt auch davon, wie Frauen qua Geschlecht Kompetenz in familienpolitischen Fragestellungen zugesprochen wird.

Zugleich zeigt die Gleichzeitigkeit von hochgradig antifeministischen Agenden und der Präsenz aktiver Frauen in führenden Positionen von einer neuen Selbstverständlichkeit weiblichen Engagements in extrem rechten Gruppierungen und Bewegungen. »Viele Frauen sind in den derzeit recht erfolgreichen rechtspopulistischen Parteien und Bewegungen in Europa prominent vertreten. [...] Sie bekämpfen staatliche Maßnahmen zur Gleichstellung, Liberalisierung von Abtreibung, geschlechtersensible Pädagogik und Sexualerziehung.«[42] Frauen sind hierbei nicht weniger rassistisch und nicht weniger frauenfeindlich als ihre männlichen Mitstreiter. Sie nutzen die ihnen qua Geschlecht zugesprochene Kompetenz im Bereich der Sozial- und Familienpolitik für einen populistischen Wahlkampf. Ihr Geschlecht steht ihnen hierbei nicht im Weg, sondern wirkt vielmehr als Katalysator für die eigene Karriere. Die familienpolitische Schwerpunktsetzung sorgt darüber hinaus für Wähler_innenstimmen, z. B. im Fall der Alternative für Deutschland (AfD). Die AfD macht geschlechterrelevante Themen u. a. im Bereich der Familienpolitik zu Kernbestandteilen ihrer Landtagswahlprogramme in vielen Bundesländern. Die Entwicklung der einstigen Anti-Euro-Partei zur selbsternannten »Familienpartei« geht einher mit erfolgreichen Wahlen in weiteren Bundesländern. Hier sind deutlich mehr Frauen in Führungspositionen tätig als in traditionell extrem rechten Organisationen und Parteien. Mit Frauke Petry stand von Beginn an eine Frau an der Spitze der AfD, einst als eine unter drei führenden Funktionärinnen, heute als Bundessprecherin der Partei. Auch nach dem öffentlichen Streit um die Ausrichtung der Partei im Sommer 2015 und ihrer damit einhergehenden deutlichen Radikalisierung gehören dem dreizehnköpfigen Parteivorstand nach wie vor drei Frauen an, unter ihnen die Familienfundamentalistin Beatrix von Storch.

Storch gilt als umtriebige Netzwerkerin und sitzt für die AfD seit den
Europawahlen im Mai 2014 im Europäischen Parlament.

## Aktuelle Entwicklungen II:
## neue Sichtbarkeit extrem rechter Frauen

Lange Zeit konnten sich extrem rechte Frauen darauf verlassen, nicht in
gleichem Maße als Trägerinnen extrem rechter Einstellungen und Szene-
aktivistinnen wahrgenommen zu werden. Sie machten sich die eingangs
beschriebene »doppelte Unsichtbarkeit« für ihr politisches Wirken in
rechten Szenen wie auch im vorpolitischen Raum zu eigen – auch, um
im Zweifelsfall der Strafverfolgung durch Polizei und Justiz zu entgehen. Bis heute ist zu beobachten, wie extrem rechte Mädchen und
Frauen offensiv auf traditionell weibliche Inszenierungen als naive und
unpolitische Freundin extrem rechter Männer zurückgreifen, um ihr
Wissen von und ihre Beteiligung an Straf- und Gewalttaten zu leugnen.
Im Verfahren gegen Beate Zschäpe und andere Angeklagte vor dem
Oberlandesgericht München findet sich dies im Aussageverhalten vor-
mals – zum Teil nach wie vor aktiver – extrem rechter Frauen wieder.
Ähnlich wie männliche Neonazis versuchen sie, ihre Rolle im Netzwerk
des NSU und ihr Wissen darüber kleinzureden und demonstrieren ihre
Aussageunwilligkeit.[43] Insbesondere Frauen greifen im Zeugenstand auf
vergeschlechtlichte Strategien zurück und präsentieren sich als unpoli-
tisch und in emotionaler Abhängigkeit von männlichen Aktivisten –
ohne diese wiederum zu belasten. Ein Beispiel: Antje Probst, lang-
jähriges Mitglied des heute in Deutschland verbotenen Blood &
Honour-Netzwerks, leugnete in ihrer Aussage im NSU-Prozess in München ihre eigene Mitgliedschaft in der rechtsterroristischen Organisation
nicht. Sie rechtfertigte sich jedoch damit, geglaubt zu haben, dass es
sich dabei um eine Gruppe handle, wo »man befreundet sei und auch
viele Familie hätten«, politische Ziele habe es für sie dort nie gegeben.[44]
Und auch von politischen Debatten und der Unterstützung des untergetauchten Kerntrios Böhnhardt, Mundlos und Zschäpe habe sie nichts
mitbekommen: »»Also, ich war ja das einzige Mädchen bei uns, und die
Jungs haben mich auch aus vielem raus gelassen. Im Grunde ist es ja so,
dass Frauen da nicht viel zu sagen haben und eigentlich an den Koch-
topf gehören.‹ [...] ›Ich kann das nicht einschätzen, was die Jungs dort
besprochen haben.‹ Aber falls über Aktivitäten geredet worden sei, dann
sei sie dort außen vor gewesen, weil sie als ›Mädel‹ dort nicht willkommen gewesen sei.«[45] Dabei lassen Deckblattmeldungen eines V-Mannes

den Schluss zu, dass Probst bereits zu einem frühen Zeitpunkt im Kontakt mit dem Kerntrio stand und Unterstützungsleistungen bereitwillig anbot.[46] Die Rolle der »unpolitischen Freundin-von« wird von Probst vorgeschoben, um von eigenem Wissen und ihrer Beteiligung am Unterstützer/innennetzwerk des NSU abzulenken.

Ähnlich greift Juliane W., ehemalige Lebensgefährtin des im NSU-Prozess Angeklagten Ralf Wohlleben, auf die Rolle der »naiven Freundin-von« zurück, um die eigenen Unterstützungsleistungen beim Untertauchen des Kerntrios im Nachhinein zu minimieren. Sie machte sich am Tag des Untertauchens von Böhnhardt, Mundlos und Zschäpe auf den Weg zu Wohlleben und informierte ihn über die Hausdurchsuchung in einer von Zschäpe angemieteten Garage. Am Tag darauf erschien sie mit einem Schlüssel in der Wohnung von Uwe Mundlos. Vor Gericht begründet sie dies damit, »jung gewesen [zu sein] und Angst um ihren Freund gehabt [zu haben]«.[47] Sie habe »definitiv nicht gewusst, um was es geht«.[48] Auf die Frage, warum sie am Tag des Untertauchens zu Wohlleben nach Erfurt gefahren sei, antwortete sie: »Aus emotionaler Sicht«, und inszenierte sich vor Gericht als junge Frau, die in emotionaler Abhängigkeit zu ihrem Lebensgefährten gehandelt hatte, nicht jedoch aus politischer Motivation.[49]

Die naiv-unpolitische Selbstinszenierung extrem rechter Frauen ist indessen nur eingeschränkt erfolgreich und wird von den Verfahrensbeteiligten wie auch in der medialen Berichterstattung zunehmend hinterfragt. Die Wahrnehmung der extremen Rechten als reine Männerdomäne gerät heute merklich ins Wanken. Das eröffnet einen differenzierten Blick für die unterschiedlichen Formen der Beteiligung von Mädchen und Frauen in extrem rechten Szenen und Netzwerken.

Im Dezember 2015 war es Zschäpe, die in ihrer Einlassung vor Gericht auf Formen der von Kaufhold beschriebenen »bagatellisierenden Feminisierung«[50] als Verteidigungsstrategie zurückgriff. Sie präsentierte sich als unwissend und betonte ihre emotionale Abhängigkeit von Mundlos und Böhnhardt. Deutliche Parallelen zu vorherigen Selbstinszenierungen extrem rechter Frauen im Zeugenstand waren ebenso erkennbar wie zur anfänglich undifferenzierten Berichterstattung über Zschäpe und ihre Rolle im NSU. Anders jedoch als zuvor bestimmte nun eine differenziert kritische Berichterstattung die mediale Haltung und die Debattenbeiträge. »Dieses Mal geht genau dies nicht auf, kauft ihr niemand die ›Unschuld vom Lande‹ ab. Die stereotypen Annahmen über Frauen in der extremen Rechten haben einen nachhaltigen Riss bekommen [...]«, so das Forschungsnetzwerk Frauen und Rechtsextremismus zur Auseinandersetzung mit Zschäpes Einlassung.[51]

## Fazit

Aktuelle Debatten um Zschäpes Rolle und die anderer Frauen zeugen davon, dass mit Blick auf die weibliche Beteiligung an der extremen Rechten nachhaltige Entwicklungen im Gange sind. Wie gezeigt, sind Frauen selbstverständlicher Teil extrem rechter Szenen und übernehmen heute häufiger denn je Führungsaufgaben. Die gestiegene Aufmerksamkeit für dieses Phänomen hat zur Folge, dass es Frauen nicht mehr ohne Weiteres möglich ist, den Konsequenzen für ihr eigenes politisches Handeln aus dem Weg zu gehen. Die neue Sichtbarkeit extrem rechter Mädchen und Frauen hat auch Folgen für den Umgang mit ihnen im Alltag und überdies mit der extremen Rechten insgesamt.

Eine Herausforderung liegt darin, dieses Wissen zu verstetigen und u. a. in die pädagogische Auseinandersetzung im Bereich der Prävention wie auch der Intervention einfließen zu lassen. Denn dort, wo ein Bewusstsein dafür vorhanden ist, dass sich Mädchen und Jungen gleichermaßen extrem rechten Szenen zuwenden, müssen Präventionsprogramme stärker als bisher spezifische Angebote unterbreiten und Mädchen und junge Frauen als Zielgruppe der Prävention ernst nehmen. Ein anderer Bereich, in welchen das gewonnene Wissen Eingang finden muss, ist die mediale Berichterstattung zur extremen Rechten, die sich, wie gezeigt, noch häufig an der Reproduktion klischeebelasteter Bilder über Männer und Frauen in der extremen Rechten beteiligt. Ein Beispiel dafür ist eine Dokumentation für das Zweite Deutsche Fernsehen (ZDF) mit dem Titel »Letzte Ausfahrt Gera – Acht Stunden mit Beate Zschäpe«. In einer fiktiven Szene betreten Uwe Mundlos und Uwe Böhnhardt die gemeinsam bewohnte Wohnung. Es entsteht der Eindruck, sie kehren von einem Mord heim. Beate Zschäpe fordert sie lediglich auf, sich die Schuhe auszuziehen – bevor die beiden dann ihre Füße hochlegen und in ihrer Couch versinken.[52] Beate Zschäpe wird hier in der Rolle einer treusorgenden Hausfrau inszeniert, was den bis heute bekannten Tatsachen deutlich widerspricht.

Nicht zuletzt bedeutet eine Verstetigung des Wissens um die Bedeutung von Frauen und Geschlechterverhältnissen in extrem rechten Szenen einen konsequenten Einbezug einer geschlechterreflektierenden Perspektive in wissenschaftliche Arbeiten zum Themenkomplex. Neben Analysen zur Relevanz von Geschlecht in extrem rechtem Denken kann insbesondere der bislang vernachlässigte Blick auf die Tatbeteiligung von Mädchen und Frauen an extrem rechten Straf- und Gewalttaten weitergehende wissenschaftliche Forschungsarbeiten bestimmen. Angesichts der aktuell steigenden Zahl rassistisch motivierter Angriffe auf Unterkünfte von Geflüchteten im gesamten Land und der vielerorts fehlenden Aufklärung der einzelnen Taten sind solche Arbeiten nicht nur wissenschaftlich, sondern auch politisch von besonderer Dringlichkeit.

### *Anmerkungen*

1   Im Sinne einer geschlechtergerechten Sprache und zum sprachlichen Kenntlichmachen der Vielfalt geschlechtlicher Identitäten auch jenseits normativer Zweigeschlechtlichkeit wird hier der Unterstrich verwendet. Lediglich bei extrem rechten und anderen Akteur/innen, die in Handeln und Denken ein Frau-Mann-Geschlechtermodell verteidigen und darin keine anderen geschlechtlichen Identitäten zulassen, wird im Sinne einer Zwei-Genderung der Schrägstrich gebraucht. Vgl. Robert Claus/Esther Lehnert/Yves Müller, Was ein rechter Mann ist. Männlichkeiten im Rechtsextremismus, Berlin 2010, S. 7.

2   Dem Konstrukt der Volksgemeinschaft kommt eine doppelte Ordnungsfunktion zu: Abgrenzung nach außen, getragen von rassistischen und antisemitischen Vorstellungen, sowie Disziplinierung nach innen, entsprechend traditionellen, streng heteronormativen Überzeugungen. Der Begriff des Völkischen, zunächst nur für die Beschreibung von Gruppen verwandt, die ein rassistisch-antisemitisch exkludierender Volksgedanke einte, bezieht hier auch explizit die vergeschlechtlichte Disziplinierung der gedachten Gemeinschaft nach innen ein.

3   Vgl. Christine Holzkamp/Birgit Rommelspacher, Frauen und Rechtsextremismus, in: Päd. Extra & Demokratische Erziehung 1 (1991); Gudrun-Axeli Knapp, Frauen und Rechtsextremismus. »Kampfgefährtin« oder »Heimchen am Herd«?, in: Harald Welzer (Hrsg.), Nationalsozialismus und Moderne, Tübingen 1993, S. 208-239; Ursula Birsl, Rechtsextremismus: weiblich – männlich? Eine Fallstudie zu geschlechtsspezifischen Lebensverläufen, Handlungsspielräumen und Orientierungsweisen, Opladen 1993; Gertrud Siller, Wie entwickeln Frauen rechtsextremistische Orientierungen? Ein theoretischer Ansatz und empirische Befunde, in: Monika Engel/Barbara Menke (Hrsg.), Weibliche Lebenswelten – gewaltlos? Analysen und Praxisbeiträge für die Mädchen- und Frauenarbeit im Bereich Rechtsextremismus, Rassismus, Gewalt, Münster 1995, S. 44-63.

4   Vgl. Antifaschistisches Frauennetzwerk/Forschungsnetzwerk Frauen und Rechtsextremismus (Hrsg.), Braune Schwestern? Feministische Analysen zu Frauen in der extremen Rechten, Münster 2005; Claus/Lehnert/Müller, Was ein rechter Mann ist (wie Anm. 1); Ursula Birsl (Hrsg.), Gender und Rechtsextremismus, Opladen 2013; Amadeu Antonio Stiftung/Heike Radvan (Hrsg.), Gender und Rechtsextremismusprävention, Berlin 2013.

5   Vgl. Kirsten Döhring/Renate Feldmann, Akteurinnen und Organisationen, in: Antifaschistisches Frauennetzwerk/Forschungsnetzwerk Frauen und Rechtsextremismus (Hrsg.), Braune Schwestern? (wie Anm. 4), S. 19.

6 Vgl. Juliane Lang, Frauenbilder in der NPD zwischen Modernisierung und traditionellen Vorstellungen, in: Amadeu Antonio Stiftung/Heike Radvan (Hrsg.), Gender und Rechtsextremismusprävention (wie Anm. 4), S. 90 f.

7 Vgl. Thomas Brehl, Der Nationale Widerstand. Rückschau, Analyse, Aussichten, o. O., S. 9.

8 Vgl. Frauke Büttner/Juliane Lang/Esther Lehnert, Weder harmlos noch friedfertig. Mädchen und Frauen im Rechtsextremismus, in: vorgänge. Zeitschrift für Bürgerrechte und Gesellschaftspolitik 51 (2012) 1, S. 77-85.

9 Vgl. Forschungsnetzwerk Frauen und Rechtsextremismus, Und warum ist das Interessanteste an einer militanten Rechtsextremistin ihr Liebesleben? Offener Brief des Forschungsnetzwerks Frauen und Rechtsextremismus zur Berichterstattung über die Rechtsextremistin Beate Zschäpe, 15.11.2011, www.frauen-und-rechtsextremismus.de/cms/images/medienarbeit/offener-brief-2011-11-15.pdf.

10 Eike Sanders, Frauen und Männer im Untergrund. Geschlechterverhältnisse im NSU und seinem Umfeld, in: monitor. Rundbrief des apabiz e. V. (Antifaschistisches Pressearchiv und Bildungszentrum Berlin e. V.) 55 (2012), S. 1.

11 Bei »Kaderinnen« handelt es sich um Funktionsträgerinnen in unterschiedlichen Spektren extrem rechter Szenen. Der Grad ihrer Eingebundenheit steht hier im deutlichen Widerspruch zur Nicht-Wahrnehmung als politisch verantwortlich handelnde Personen.

12 Zitiert nach: Autonome Antifa Freiburg, Nazimutter Sabine und Übermutter Enibas, 3.6.2010, linksunten.indymedia.org/de/node/20954.

13 Vgl. Drucksache 17/10239, Antwort der Bundesregierung auf die Kleine Anfrage zum Thema »Frauen als rechtsextremistische Täterinnen« vom 4.7.2012.

14 Renate Bitzan/Michaela Köttig/Berit Schröder, Vom Zusehen zum Mitmorden. Mediale Berichterstattung zur Beteiligung von Mädchen und Frauen an rechtsextrem motivierten Straftaten, in: Zeitschrift für Frauenforschung und Geschlechterstudien 21 (2003) 2/3, S. 150-170.

15 Vgl. NSU-Watch, Protokoll 89.Verhandlungstag, 26. Februar 2014, www.nsu-watch.info/2014/03/protokoll-89-verhandlungstag-26-februar-2014/.

16 Zitiert nach: Veronica Frenzel, Ein Sozialarbeiter macht sich Vorwürfe, in: Tagesspiegel, 29.11.2011, www.tagesspiegel.de/politik/jenaer-neonazi-trio-ein-sozialarbeiter-macht-sich-vorwuerfe-/5889350.html.

17 TV-Magazin Frontal21, Dokumentation »Brauner Terror, blinder Staat. Die Spur des Nazi-Trios.« Erstausstrahlung am 26.6.2012.

18 Vgl. Offener Brief des Forschungsnetzwerks Frauen und Rechtsextremismus vom 15.11.2011.

19 Charlie Kaufhold, In guter Gesellschaft? Geschlecht, Schuld & Abwehr in der Berichterstattung über Beate Zschäpe, Münster 2015, S. 29.

20 Ebd., S. 7 ff.

21 Vgl. Lang, Frauenbilder (wie Anm. 6), S. 92.

22 Döhring/Feldmann, Akteurinnen (wie Anm. 5), S. 19.

23 Vgl. Forschungsnetzwerk Frauen und Rechtsextremismus, Mädchen und Frauen in der extremen Rechten. Eine Handreichung, Berlin 2014.

24 Vgl. Grundsätze des RNF, beschlossen auf der Gründungsversammlung am 16.9.2006 in Sotterhausen, zitiert nach: Renate Bitzan, »Reinrassige Mutterschaft« versus »Nationaler Feminismus«. Weiblichkeitskonstruktionen in Publikationen extrem rechter Frauen, in: Birsl (Hrsg.), Gender und Rechtsextremismus (wie Anm. 4), S. 119.

25 Ebd.

26 Gitta Schüßler, Erklärung zum Rücktritt von allen Ämtern im Ring Deutscher Frauen, 12.7.2009, zitiert nach: Der Ärger des Tages. NPD im Nordosten eine Männersekte, Beitrag auf dem extrem rechten Internetportal »Gesamtrechts« am 3.7.2009.

27 Vgl. Bundessprecherin und Geschäftsführerin des Rings Nationaler Frauen legen Ämter nieder, Beitrag auf dem extrem rechten Internetportal Altermedia am 12.7.2009.

28 Gitta Schüßler, Erklärung (wie Anm. 26).

29 Ring Nationaler Frauen, Pressemitteilung der RNF-Vorsitzenden Ricarda Riefling, 5.4.2014, Hervorhebung im Original.

30 Vgl. Armin Lehmann, »Die Waffe bin ich selbst«. Frauen in der Neonazi-Szene, Tagesspiegel, 1.12.2011, www.tagesspiegel.de/politik/die-waffe-bin-ich-selbst/5906134.html.

31 Zur Debatte in der Geschichtswissenschaft vgl. Detlef Schmiechen-Ackermann, »Volksgemeinschaft«. Mythos, wirkungsmächtige soziale Verheißung oder soziale Realität im »Dritten Reich«, Paderborn 2012; Michael Wildt, »Volksgemeinschaft«. Eine Antwort auf Ian Kershaw, in: Zeithistorische Forschungen/Studies in Contemporary History 8 (2011) 1, S. 102-109; Ian Kershaw, Volksgemeinschaft. Potenzial und Grenzen eines neuen Forschungskonzepts, in: Vierteljahrshefte für Zeitgeschichte 59 (2011) 1, S. 1-17.

32 Schmiechen-Ackermann, »Volksgemeinschaft« (wie Anm. 31).

33 Vgl. Homepage der Gemeinschaft Deutscher Frauen, Screenshot vom 12.7.2009, im Besitz der Autorin.

34 Vgl. Birgit Rommelspacher, Frauen und Männer im Rechtsextremismus. Motive, Konzepte und Rollenverständnisse, in: Birsl (Hrsg.), Gender und Rechtsextremismus (wie Anm. 4), S. 48 ff.

35 Ebd., S. 50.

36 Grußwort von Sigrid Schüßler auf dem Bayerischen Landesparteitag der NPD, zitiert nach: Ring Nationaler Frauen (RNF), Emotionale Kompetenz contra Penisneid, Homepage des RNF, 27.11.2012.

37 Udo Pastörs am 17.9.2006, z.n.: Lang, Frauenbilder (wie Anm. 6), S. 92.

38 Mädelring Thüringen, Nationaler Feminismus – Ein Paradoxon?, Homepage des Mädelrings Thüringen, 2005, Screenshot, 8.1.2007, im Besitz der Autorin.

39 Ebd.

40 Tatjana Festerling auf der Pegida-Demonstration Dresden am 9.3.2015, www.youtube.com/watch?v=0jJAVD_OVjQ.

41 Vgl. Juliane Lang, Familie und Vaterland in der Krise. Extrem rechte Diskurse um Gender, in: Paula-Irene Villa/Sabine Hark (Hrsg.), Anti-Gende-

rismus. Sexualität und Geschlecht als Schauplätze aktueller politischer Auseinandersetzungen, Bielefeld 2015, S. 167-182.

42  Cordelia Hess, Rechte Frontkämpferinnen, in: Zeit Online, 28.9.2015,
www.zeit.de/politik/deutschland/2015-09/frauen-dominieren-spitze-
rechtspopulistische-parteien/komplettansicht.

43  Vgl. NSU-Watch, »Die These vom NSU als isolierter Zelle mit nur einem
kleinem Umfeld an Unterstützer/innen ist so nicht haltbar.«, 22.4.2015,
www.nsu-watch.info/2015/04/die-these-vom-nsu-als-isolierter-zelle-mit-
nur-einem-kleinem-umfeld-an-unterstuetzerinnen-ist-so-nicht-haltbar/.

44  NSU-Watch, Protokoll 162.Verhandlungstag, 20. November 2014, www.
nsu-watch.info/2014/11/protokoll-162-verhandlungstag-20-november-2014/.

45  Ebd.

46  Vgl. Stefan Aust/Dirk Laabs, Heimatschutz. Der Staat und die Mordserie
des NSU, München 2014, S. 365; vgl. den Beitrag von Katharina König in
diesem Band.

47  NSU-Watch, Protokoll 98. Verhandlungstag, 26. März 2014, www.nsu-
watch.info/2014/04/protokoll-98-verhandlungstag-26-maerz-2014/; vgl. den
Beitrag von Katharina König in diesem Band.

48  Ebd.

49  Ebd.

50  Kaufhold, Gesellschaft (wie Anm. 19).

51  Forschungsnetzwerk Frauen und Rechtsextremismus, »Ich habe nichts gemacht, ich war nur in der Küche«. Statement des Forschungsnetzwerks
Frauen und Rechtsextremismus zur Einlassung Beate Zschäpes im NSU-
Prozess am 9.12.2015, 11.12.2015, www.frauen-und-rechtsextremismus.de/
cms/component/content/article/2-uncategorised/14-statement-des-for-
schungsnetzwerks-frauen-und-rechtsextremismus-zur-einlassung-beate-zs-
chaepes-im-nsu-prozess-am-9-12-2015.

52  Vgl. »Letzte Ausfahrt Gera – Acht Stunden mit Beate Zschäpe«, Doku-
drama von Raymond Ley, Deutschland 2016.

Kurt Möller

# Von rechtsaußen bis zur Mitte.
# Wie rechtsextreme Haltungen abgebaut werden können

Seit den späten achtziger Jahren registrieren wir in Deutschland eine zwar in themenkonjunkturellen Auf- und Abschwüngen verlaufende, aber bis heute insgesamt nicht abflauende öffentliche und wissenschaftliche Debatte über Rechtsextremismus. Die Hartnäckigkeit ihrer Weiterexistenz ist alles andere als zufällig. Sie hängt mit den realen gesellschaftlichen Problemlagen zusammen, die der Diskurs geradezu zwangsläufig abbildet. Dabei sind am auffälligsten: die anhaltenden Wahlerfolge rechtsextremer und rechtspopulistischer Parteien und Listen sowie eine Vervielfachung der Zahl rechtsextremer Straftaten, insbesondere auch rechtsextremer Gewalttaten, gegenüber den achtziger Jahren und ihre Stabilisierung innerhalb der letzten ein bis zwei Jahrzehnte auf einem hohen Niveau. In jüngerer Zeit tritt rechtsextreme Kriminalität besonders krass in Gestalt von Angriffen auf Geflüchtete und ihre (teils erst projektierten) Unterkünfte auf, und politisches Engagement auf der rechten Außenflanke zeigt sich breitenwirksam bei Demonstrationen von Organisationen wie Pegida, den sogenannten Patriotischen Europäern gegen die Islamisierung des Abendlands, von HogeSa, den Hooligans gegen Salafisten, in der Tätigkeit sogenannter örtlicher Bürgerwehren und in fremdenfeindlichen Kampagnen im Internet. Hinzu kommen erhebliche Zustimmungsquoten zu Beständen rechtsextrem konturierter Einstellungen in der Bevölkerung generell. Rechtsextremismus scheint also in der Lage zu sein, sich sowohl in Verhaltensweisen als auch »in den Köpfen« Kontinuität zu sichern. Längst wissen wir: Rechtsextremismus ist nicht nur in den äußeren Randbezirken des politischen Spektrums zuhause, sondern hat sich angeschickt, die »Mitte« des politischen Denkens zu besetzen. Deshalb sind nicht nur die einschlägigen Parteien, Organisationen und Szenezusammenhänge das Problem. Viel bedeutsamer noch sind die Anbindungen an rechtsextreme Gedankenwelten und Mentalitäten, die es in erheblicher Zahl bei jenen gibt, die sich selbst gar nicht unbedingt als Recht(sextrem)e verstehen.

Über die genauen Ausmaße, Verläufe und Ursachen der hier nur ganz knapp skizzierten Entwicklung[1] wird viel diskutiert und fast ebenso viel empirisch geforscht.[2] Fast verschwindend gering ist demgegenüber die Zahl der Forschungen, die sich der Frage widmen, wie rechtsextreme Haltungen abgebaut werden (können). Dabei sind Antworten auf diese Frage doch womöglich für die Praxis der Problembearbeitung (um nicht zu sagen: -lösung) noch viel weiterführender als der Wissenserwerb über Entstehungsbedingungen von Rechtsextremismus – zumindest aber genauso wichtig. Der vorliegende Beitrag fokussiert daher auf Befunde und Möglichkeiten zur Distanzwahrung gegenüber Rechtsextremismus bzw. zur subjektiven Distanzierung davon im Verlaufe der (Wieder-) Gewinnung demokratischer Selbstpositionierungen.

## »Da hilft nur noch Repression!«?

Die öffentliche und die politische Debatte über Rechtsextremismus sind hierzulande stark von der Diskussion darüber geprägt, ob nicht durch eine hart durchgreifende und konsequent verfolgte Strategie staatlicher Repression das Problem in den Griff zu bekommen sei. Kritisch beäugt wird dabei vor allem eine angebliche »Blindheit« von (Strafverfolgungs-) Behörden »auf dem rechten Auge«, wenn nicht gar die Verstrickung mancher ihrer Beschäftigten in rechtsextreme Netzwerke. Oft wird auch eine zu milde erscheinende Strafjustiz bemängelt. Manche wünschen sich daneben einen Verfassungsschutz, der sensibler, systematischer und genauer »hingucken« sollte. Andere wiederum halten eben davon überhaupt nichts, möchten diese Institution eher abgebaut oder gar abgeschafft sehen, weil sie trotz hohen Aufwands potentielle Opfer nicht zu schützen in der Lage sei, und verweisen dann häufig auf die dubiose Rolle der Verfassungsschutzämter innerhalb des NSU-Komplexes, also der Verbrechen des Nationalsozialistischen Untergrunds.[3] Die kritische Sicht auf die Behörden gipfelt in dem Monitum, sie praktizierten letztendlich »institutionellen Rassismus«. Was ist von solchen Einschätzungen, Argumentationen und Forderungen zu halten?

Der Vorwurf, rechtsextreme Umtriebe nicht adäquat wahrgenommen zu haben bzw. sie auch heute noch nicht adäquat wahrzunehmen, erhält regelmäßig Nahrung durch Berichte über polizeiliches oder verfassungsschützerisches Verhalten, das mehr oder minder offensichtlich der jeweiligen Gefährdungs- und Gefahrenlage oder auch Ermittlungs- und Verfolgungserfordernissen nicht Rechnung trägt. Unbestreitbar ist, dass es Versäumnisse und Fehlverhalten einzelner Behördenangehöriger gibt, die letztlich in Bezug auf Rechtsextremismus bagatellisierend oder gar unmittelbar begünstigend wirken: Strafrechtlich relevante Vorkommnisse, wie Hakenkreuzschmierereien, Entbietungen des Hitlergrußes und Verwenden verfassungswidriger Kennzeichen werden als Dumme-Jungen-Streiche verharmlost, Anzeigen von der Polizei nicht so ernst genommen, dass eine sachgerechte Ermittlungstätigkeit aus ihnen erwächst, oder ein »Racial Profiling« wird betrieben, das Kontrollen und Ermittlungen entlang Staatsangehörigkeiten, Sprachvermögen und vermeintlichen ethnischen Phänotypen vornimmt. In manchen Fällen waren/sind sogar Beamte rechtsextrem aktiv, wie dies etwa für die beiden baden-württembergischen Polizisten gilt, die Anfang der 2000er Jahre Mitglieder einer Gruppe des Ku-Klux-Klan in Schwäbisch Hall waren – und diese Zugehörigkeit im Übrigen bei ihrem bizarren Auftritt vor dem NSU-Untersuchungsausschuss des Landtags von Baden-Württemberg 2015 mit ihrem angeblichen Interesse an den »christlichen Ausarbeitungen« des dortigen Ku-Klux-Klan-Chefs Achim Schmid begründeten. Diese bestanden nach Auskunft eines der Polizisten unter anderem in einem unter der Überschrift »Rassenvermischung?« verfassten Text, in dem es hieß, weder ein »Mischling« noch »seine Nachkommen bis ins zehnte Glied« dürften »in die Gemeinde des HERRN kommen«.

Dass von solchen Einzelfällen einmal abgesehen darüber hinaus die Sicherheitsbehörden insgesamt nicht immer jene Sensibilität und Wachsamkeit aufbringen, die von ihnen auftragsgemäß erwartbar wären und die zivilgesellschaftliche Akteure propagieren, lässt sich empirisch leicht nachweisen. Nur vier Beispiele zu Polizeipraktiken seien angeführt:[4] Das erste nimmt auf die Ku-Klux-Klan-Mitgliedschaft von Polizeibeamten Bezug. Als sie durch einen Hinweis des Landesverfassungsschutzes den Vorgesetzten bekannt wurde, kam es erst nach Jahren und dem Ablauf von Verjährungsfristen zu innerbehördlichen Reaktionen. Diese umfassten – juristisch betrachtet – nicht einmal Disziplinarmaßnahmen: Ein Beamter kam mit einer Rüge, der andere mit einer Zurechtweisung davon. Beide verblieben im Polizeidienst.

Ein zweites Beispiel stammt ebenfalls aus Baden-Württemberg und charakterisiert die Art und Weise, wie hier die Ermittlungstätigkeit im Zusammenhang mit dem mutmaßlich dem NSU zuzuschreibenden Anschlag auf die beiden Polizeibeamten in Heilbronn 2007 erfolgte. Neben der kriminaltechnischen Phantomspur, die durch ein verseuchtes Wattestäbchen gelegt wurde und die bundesweite Suche nach einer unbekannten weiblichen Person auslöste, sind in unserem Zusammenhang vor allem die voreilig öffentlich gemachten Verdächtigungen gegenüber

Sinti und Roma als Täter zu nennen. Bis 2010 wurde fast ausschließlich dementsprechend ermittelt, eine politische Motivation von Anfang an ausgeschlossen. Hinweise auf Zusammenhänge zwischen dem tödlichen Anschlag auf die Polizeibeamten und den neun Morden an Migranten wurden nicht beachtet. Vielmehr ließ man sich im Ermittlungsverfahren offenbar von rassistischen Stereotypen leiten. In einem Bericht des Landeskriminalamtes wird zum Beispiel in affirmativer Weise die Bewertung eines Psychologen zitiert, in der es über einen verdächtigten Roma-Angehörigen heißt, der Mann sei »ein typischer Vertreter seiner Ethnie«, so dass »die Lüge ein wesentlicher Bestandteil seiner Sozialisation« sei.[5] Schon eine im Zusammenhang mit den NSU-Morden durchgeführte, im Januar 2007 fertiggestellte Operative Fallanalyse (OFA) des Landeskriminalamts Baden-Württemberg formulierte in völliger Verkennung der Realitäten: »Vor dem Hintergrund, dass die Tötung von Menschen in unserem Kulturraum mit einem hohen Tabu belegt ist, ist abzuleiten, dass der Täter hinsichtlich seines Verhaltenssystems weit außerhalb des hiesigen Normen- und Wertesystems verortet ist.« Und: »Auch spricht der die Gruppe prägende rigide Ehrenkodex eher für eine Gruppierung im ost- bzw. südosteuropäischen Raum (nicht europäisch westlicher Hintergrund).«[6] Höchst fraglich kann deshalb auch der Realitätsgehalt der folgenden Feststellung in dem Bericht des baden-württembergischen Innenministeriums von 2014 erscheinen: »Trotz der seinerzeit sehr schmalen Datenbasis wurden die Morde durch die Gesamtanalyse, nach dem hier vorliegenden Kenntnisstand auch in retrograder Betrachtung, in weiten Teilen realitätsnah rekonstruiert und die richtigen Schlüsse, beispielsweise zum kontrollierten Täterverhalten, gezogen.« Ganz anders fällt jedenfalls die Schlussfolgerung aus, die der Parallelbericht zum 19. bis 22. Staatenbericht der Bundesrepublik Deutschland an den UN-Ausschuss zur Beseitigung rassistischer Diskriminierung (Committee on the Elimination of Racial Discrimination, CERD) trifft, dort heißt es: »Auch bei dem Mord an der Polizistin verstellten also institutionell rassistische Annahmen den Blick der Strafverfolgungsbehörden und verhinderten eine Ermittlung in alle Richtungen.«[7]

Das dritte Beispiel betrifft die Erfassungsmodalitäten rechtsextremer Straftaten in Deutschland. Die 2001 vorgenommene Veränderung der polizeilichen Erfassung rechtsextremer Kriminalität folgte einer berechtigten Kritik an der bis dahin geltenden Praxis, deren Fokus faktisch nahezu nur auf die Taten ideologisch gefestigter Rechtsextremisten und Rechtsextremistinnen gerichtet war, so dass allein sie statistisch registriert wurden. Tatsächlich führte die neue Erfassungsweise der »Politischen Kriminalität – Rechts« zu problemangemesseneren Einordnungen und damit auch zu höheren Straftatenzahlen. Seitdem wird nämlich auf das schwierige und dem jeweils erfassenden Beamten große Interpretationsspielräume gewährende Feststellen sogenannter rechtsextremer Motivation verzichtet, und es werden nunmehr solche Taten erfasst, bei denen »die Umstände der Tat oder die Einstellung des Täters darauf schließen lassen, dass sie sich gegen eine Person aufgrund ihrer politischen Einstellung, Nationalität, Volkszugehörigkeit, Rasse, Hautfarbe, Religion, Weltanschauung, Herkunft, sexuellen Orientierung, Behinderung oder ihres äußeren Erscheinungsbildes bzw. ihres gesellschaftlichen Status« richten. Dass dafür seit 1995 Ordnungswidrigkeiten nicht mehr mitgezählt werden und seit 1997 Sachbeschädigungen bei den Gewalttaten aus der Erfassung herausgefallen sind, sei nur am Rande erwähnt.

Ein viertes Exempel bezieht sich auf die veröffentlichte behördliche Kenntnis über die Zahl der Todesopfer rechtsextremer Gewalt seit 1990. Zivilgesellschaftliche Initiativen, wie etwa die Amadeu Antonio Stiftung und »Mut gegen rechte Gewalt«, zählen über 180 Mordopfer. Offiziell anerkannt als rechtsextreme Todesopfer seit 1990 standen dem 2013 noch 63 Fälle gegenüber. Um die Differenzen auszuräumen, vor allem aber motiviert durch die Nichtaufdeckung der NSU-Mordserie bis in den Herbst 2011 hinein, sieht sich seit 2013 das Bundeskriminalamt gezwungen, weitere 746 Verdachtsfälle rechtsextrem motivierter Tötungen zu überprüfen. Allein die Durchführung der Überprüfung erhärtet die Vermutung, dass ernstzunehmende Anhaltspunkte dafür vorliegen, für rechtsextreme Tötungsdelikte und rechtsextreme Gewalt generell offenbar eine erhebliche Dunkelziffer annehmen zu müssen. Über die Überprüfung liegt noch kein offizieller Abschlussbericht vor. Allerdings wurde Ende Juli 2015 durch die Antwort auf eine Parlamentarische Anfrage der Grünen bekannt, dass (einschließlich der 10 dem NSU zugeschriebenen, aber noch nicht abgeurteilten Morde) nunmehr auf Behördenseite von 75 Todesopfern rechtsextremer Gewalt ausgegangen wird. Bemerkenswert ist, dass von den zusätzlich als rechtsextreme Mordopfer Eingestuften allein neun durch Straftaten, die in Brandenburg geschahen und auch dort untersucht wurden, zu beklagen sind. Brandenburg wiederum hatte – anders als alle anderen Bundesländer, bei denen die Auswertung über eine Arbeitsgruppe des Gemeinsamen Abwehrzentrums Rechtsextremismus (GAR) des Bundes lief – eine externe Kommission, in die auch die Expertise von Opferberatungsstellen und die Recherchen von Journalistinnen und Journalisten einbezogen wurden, mit der Überprüfung beauftragt. Insofern ist nicht auszuschließen, ja sogar naheliegend, dass aus methodischen Gründen in den anderen

Bundesländern nicht im gleichen Maße zusätzlich zur bisherigen Zahl Opfer rechtsextremer Taten identifiziert wurden. In Brandenburg hat sich durch die dortige Überprüfung die Zahl der Opfer immerhin von 9 auf 18 verdoppelt. In höchstem Maße fraglich ist auch, ob die vom Gemeinsamen Abwehrzentrum Rechtsextremismus zur Bewertung herangezogenen Kriterien der Auswahl von Fällen sachlich angemessen war. Anders als dies in der Kriminalstatistik inzwischen gängig ist, wurden nämlich nur Fälle betrachtet, die nach Behördenkenntnissen und -einstufungen in einem engen Sinne einen rechtsextremen, verfassungsfeindlichen oder terroristischen Hintergrund aufweisen.

Alles zusammengenommen kann es nicht verwundern, wenn eine Diskussion über Rassismus in den Institutionen bzw. – schärfer noch – über institutionellen Rassismus geführt wird. Unter institutionellem Rassismus ist ein von Institutionen und Organisationen (und deren Mitarbeitenden) systematisch ausgeübtes diskriminierendes Handeln gegenüber Einzelpersonen und Gruppierungen aufgrund deren – wie es in der Soziologie heißt – rassisierender Kategorisierung zu verstehen – unabhängig davon, ob es von den Ausführenden bewusst intentional verfolgt wird oder nur im Einhalten von Routinen und Ritualen besteht. Rassisierung meint die Herstellung von Zugehörigkeitskonstruktionen, die auf biologischen oder vermeintlich biologisch bedingten (quasibiologischen bzw. biologistischen, beispielsweise auf »Ethnizität« verweisenden) Merkmal(szuschreibung)en beruhen.

Wie auch immer man sich zur Frage des (Nicht-)Vorhandenseins eines institutionellen Rassismus positioniert: Allein die Befunde und Hinweise, die die Diskussion darüber befeuern, lassen in der Bevölkerung bereits Zweifel daran aufkommen, ob staatliche Repression überhaupt glaubwürdig realisierbar ist. Diese Skepsis ist auch nicht dadurch zu beseitigen, dass Bundesjustizminister Heiko Maas im Januar 2016 in einem Papier an den SPD-Vorstand vorschlug, im »Kampf gegen rechts« – so ein Teil des Titels des Papiers – 12.000 zusätzliche Polizisten einzustellen. Ein rein quantitativer Ausbau der Sicherheitsorgane bringt aus dieser Sicht so lange wenig, wie nicht eine erhebliche Intensivierung der themenspezifischen Fort- und Weiterbildung des Polizeipersonals erfolgt. Hinzu kommen Zweifel an der Wirksamkeit von repressiven Strategien überhaupt, wie sie auch im Zusammenhang mit der im Folgenden behandelten Idee aufkommen, durch Verbote der Lage Herr werden zu können.

## »Ruckzuck verbieten!«?

Der seit Langem bestehende und aktuell im Zuge des laufenden NPD-Verbot-Verfahrens verfolgte Gedanke, das Rechtsextremismus-Problem juristisch und justiziell lösen zu können, erfreut sich in weiten Kreisen politischer Verantwortungsträger und auch in großen Teilen der Öffentlichkeit anhaltender Attraktivität. Verwiesen wird bei den Befürwortenden vor allem darauf, dass damit öffentlich deutliche politische und rechtliche Signale zu den Grenzen des demokratisch Tolerierbaren gesetzt würden, durch das bei einem Verbot eintretende Ausbleiben von Wahlkampfkostenerstattung die Finanzierung der extremen Rechten empfindlich getroffen werden könnte und bei gewaltförmigen extremistischen Spitzen wie etwa Blood & Honour oder dem Neonazi-Portal »altermedia« gar keine andere Strategie verfange. Selbst wer Letzterem zustimmt, kann gegen die Fixierung auf eine Verbotsstrategie gewichtige Argumente vorbringen. Zu den wichtigsten gehören erstens: Verbote politischer Vereinigungen sind in einer Demokratie per se äußerst heikel. Möglicherweise werden die Grenzen einer Verbote-Politik gegenüber politisch Missliebigem nolens volens ausgedehnt – und juristisch abgesicherte Exklusionsmechanismen treffen dann irgendwann womöglich auch ganz andere Gruppierungen, z. B. auch auf der linken Seite des politischen Spektrums. Zweitens: Erfahrungsgemäß wirken Verbote bestenfalls temporär und treffen nicht die ganze Szene. Werden sie erlassen, liegen die Beitrittsformulare für eine Nachfolgeorganisation meist schon in der Schublade bzw. die Szenekräfte formieren sich neu. Die Geschichte der Bundesrepublik bietet genügend Beispiele dafür, dass die extreme Rechte durch Verbote auf Dauer nicht in Schach zu halten ist und immer wieder neue Vereinigungen aus dem Boden schießen. Drittens: Organisations-Verbote suggerieren eine Gesamtlösung des Rechtsextremismus-Problems, ohne sie auch nur annähernd bieten zu können. Gegenüber einer derartigen Illusion ist darauf zu verweisen, dass die verfassungsschutzseitig zum »rechtsextremen Personenpotential« Gerechneten gerade einmal rund 0,25 Promille der Gesamtbevölkerung Deutschlands stellen, die registrierten rechtsextremen Straftaten »nur« etwa 2,5 Promille der in der jährlichen Polizeilichen Kriminalitätsstatistik ausgewiesenen Gesamtkriminalität ausmachen,[8] die rechtsextremen Gewalttaten »nur« 2 Prozent der offiziell erhobenen Gewaltkriminalität betragen und die Wählerschaft rechtsextremer Parteien letztlich in Deutschland vergleichsweise unbedeutend geblieben ist – jedenfalls im Vergleich zu deren parlamentarischer Relevanz in anderen europäischen Ländern, wie Frankreich, Ungarn, Italien, Belgien, Dänemark,

Holland oder Griechenland. In fataler Weise wird aber vor allem übersehen, dass sich im Unterschied zu Organisationen Orientierungen nicht verbieten lassen. Orientierungen finden eine sehr viel größere Resonanz: Seit Jahrzehnten wissen wir, dass nur ein bis sieben Prozent derjenigen, die rechtsextrem eingestellt sind, bei Wahlen dazu neigen, rechtsextremen Parteien ihre Stimme zu geben. Rund drei Viertel von ihnen sympathisieren jeweils ungefähr zu gleichen Teilen mit den großen Volksparteien (CDU/CSU und SPD) oder bleibt wahlabstinent.[9] Rechtsextremismus stellt ein Eisberg-Syndrom dar: Nicht die sichtbare Spitze des Eisbergs, die organisierte Szene, verleiht ihm Massivität und Gefährlichkeit. Demokratiegefährdungen gehen vielmehr von dem aus, was sich kaum sichtbar und wenig wahrgenommen unter der Oberfläche eindeutiger Phänomene aufschichtet: die Akzeptanz rechtsextremer Vorstellungswelten auch bei Bevölkerungsteilen, die in Wahlzusammenhängen politisch unauffällig erscheinen.

Viertens: Wer die Usancen und Rituale des Politikbetriebs kennt, der hegt den Verdacht: Sollte tatsächlich ein Verbot der extremen Rechten, demnächst also der NPD, erfolgen, macht die Politik einen »Erledigt«-Haken hinter das Rechtsextremismus-Problem. Eben dies wäre angesichts der oben skizzierten realen Gefährdungslage völlig kontraproduktiv, weil mit einer sich dadurch entlarvenden derartigen Symbolpolitik das Vorliegen rechtsextremer Einstellungen unter die Skandalisierungsschwelle gedrückt und unbearbeitet bleiben würde.[10] Dies gilt in besonderem Maße für die (Un-)Kultur der politischen Meinungsäußerung, die sich – aktuell vor allem im Kontext der Flüchtlingsdebatte – in den sozialen Netzwerken des Internets offenbart. Hier breiten sich im Schutz der Anonymität und bei wechselseitigen Übertrumpfungsversuchen Verachtungsbekundungen, Hasstiraden und Hetzereien aus, die nicht nur die Grenzen wohlanständiger Kommunikation, sondern auch die Grundsätze politischer Ethik aufs Schärfste verletzen. Mehr noch: Beobachtbar ist, dass die dort praktizierten Formen politischer Kommunikation auf die nichtdigitalisierten Debattierweisen im realen Leben der privaten und halböffentlichen Diskurse übergreifen und auch hier Stimmungen erzeugen, die rechtspopulistischen und rechtsextremen Ansichten Normalitätsfiktion verleihen, dadurch Gewaltakzeptanz anheizen und Engagement »gegen rechts« oder Hilfe für Geflüchtete zu Außenseiter-Positionen stempeln. Allein mit Verbotsstrategien ist solcher Rede nicht beizukommen.

## »Haut die Glatzen bis sie platzen!« und/oder
## »Demos, Mahnwachen, Lichterketten …«?

Bestimmte Teile der (autonomen) Antifa beharren auf ihrer Auffassung, dass letztlich eigener voller Körpereinsatz bis zum Letzten gefordert sei, um zu verhindern, dass »die Nazis« auf öffentlichen Straßen und Plätzen, zumal bei Demonstrationen und Kundgebungen raumgreifend auftreten und ihre menschenverachtende Ideologie »unters Volk streuen« können. Manche meinen gar zuspitzend, die Gegner verstünden nur eine Sprache: die der Gewalt. Wer personale Violenz in der (zumindest: innen)politischen Auseinandersetzung hierzulande nicht für legitim hält, wird dieser Ansicht auch dann nicht folgen, wenn von den Protagonistinnen und Protagonisten – etwa mit dem Verweis auf vorzeitige Auflösungen rechtsextremer Veranstaltungen – angebliche Erfolge angeführt werden. Hinzu kommt: Innerhalb der bürgerlichen Öffentlichkeit werden angesichts gewaltförmiger Ausschreitungen im öffentlichen Raum am Rande der Veranstaltungen von extremen Rechten die »Gewalttäter von rechts wie links« meist in einen Topf geworfen und gleichermaßen als »politische Krawallbrüder«, »Randale-Touristen« oder Ähnliches betrachtet. Damit verschwimmen nicht nur ganz wesentliche politische Unterschiede[11] – in der Folge wird der Protest »gegen rechts« auch eher delegitimiert als dass er Zulauf erhält; ja unter Umständen wächst die Skepsis gegenüber Gegendemonstranten, ihren politischen Positionen und ihren Aktionsweisen sogar an und die Rechten erhalten Gelegenheit, sich als Opfer zu stilisieren. Neben ethischen Bedenken, dem faktischen Ausblenden des rechten »Extremismus der Mitte« durch solchen Aktionismus erscheint auch gerade aus dieser Sicht gewaltförmiger Aktivismus »gegen rechts« kontraindiziert.

Freilich erhebt sich die Frage, ob gewaltfreie Demonstrationsformen effektiver sind. Seit gut zweieinhalb Jahrzehnten hat man damit eine Reihe von Erfahrungen gemacht. Sie lassen sich ohne Anspruch auf Vollständigkeit wie folgt bilanzierend bündeln,[12] erstens: Unzweifelhaft geht von Kundgebungen und Demonstrationen »gegen rechts« das Signal aus: Wir wehren uns! Wir sind nicht einverstanden mit dem, was extrem rechte Politik propagiert und in Verhalten umsetzt! »Flagge zeigen« – dies ist sicher wichtig, damit das Bild von der »schweigenden Mehrheit« verhindert oder aufgebrochen wird, das sich schnell einstellen kann, wenn Rechte ungehindert ihre un- oder gar antidemokratische Politik machen können. Wo verhindert wird, dass extrem rechtes Engagement als Normalität betrachtet wird, hat die Ausbildung von Feindlichkeit gegenüber Minderheiten weniger Chancen und es steigt die Bereitschaft zur politischen Zivilcourage.[13]

Zweitens: Das Zeichen, das damit nach außen gesetzt wird, wirkt nicht minder stark auch nach innen: Je größer sich die Bewegung »gegen rechts« innerhalb einer aktiven Zivilgesellschaft und im Schulterschluss mit politischen Verantwortungsträgern darstellt, desto weniger fühlt man sich in seinem Bestreben, die Demokratie zu verteidigen, allein. Desto stärker fällt auch die Bestätigung für die eigene antirechte politische Position und das daraus erwachsene aktive Handeln aus. Politische Aktionen »gegen rechts« dienen also der Selbstvergewisserung und -verständigung der Demokraten. In diesem Zusammenhang befördern sie auch Vernetzungen von Aktiven und vermögen, die Zivilgesellschaft zu stabilisieren.[14]

Drittens: Man kann damit die Hoffnung verbinden, dass diejenigen, die bislang nur klammheimliche Sympathien mit rechtsextremen Haltungen besitzen, ihre Minderheitenposition erkennen und sie überdenken oder zumindest nicht proaktiv öffentlich vertreten. In ähnlicher Weise wird angenommen, dass junge Menschen womöglich rechtsextremer Propaganda erst gar kein Gehör schenken werden, wenn sie öffentlich unmissverständlich als sozial und politisch inakzeptabel markiert wird. Nachweise für solche Vermutungen gibt es nicht. Umgekehrt könnte man auch die Hypothese verfolgen, dass der rechtsextreme harte Kern und sein organisationsbezogenes Umfeld bedingt durch die Konfrontation mit Andersdenkenden in einer »Jetzt-erst-recht-Mentalität« eher enger zusammenrückt und dass manche Jugendliche womöglich gar an der Outsider-Rolle des politisch Marginalisierten und sozial Geächteten Gefallen finden.

Viertens: Dass rechtsextrem orientierte Personen von ihrer politischen Haltung abrücken, weil gegen sie demonstriert wird, kann ernsthaft niemand annehmen. Erst recht nicht werden sie durch solches publizitätsträchtiges Pressing zu Demokraten. Allenfalls werden sie vorsichtiger in ihren Äußerungen und in ihrem Auftreten, geben sich insgesamt bedeckter und ziehen sich mehr auf den politischen Diskurs unter Gleichgesinnten zurück. Gerade Letzteres birgt allerdings Problematisches, denn wie will man die politische Auseinandersetzung mit ihnen führen, wenn sie mit ihrer Meinung sozusagen hinter dem Berg halten und es keinerlei demokratisch organisiertes Forum mehr für ihre Äußerung gibt?

Ziehen wir ein Zwischenfazit: Die Crux der bis hierhin behandelten Bearbeitungsstrategien besteht in mindestens drei Schieflagen: Zum Ersten werden die Probleme durch sie organisationszentriert angegangen. Zum Zweiten sind die Lösungsversuche im Kern bloß reaktionistisch angelegt. Zum Dritten sehen sie rechtsextrem Orientierte nicht als Subjekte. »Vorbeugen ist besser als bohren« – wer diese Devise verfolgt, muss sich fragen, wie im Vorfeld der Entstehung rechtsextremer Auffassungen und ihrer Organisierung angesetzt werden kann. Und wer dies tut, kann nicht umhin, auch Trägerinnen und Träger rechtsextremer Haltungen als Subjekte zu verstehen, die irgendwann im Verlaufe ihres politischen Sozialisationsprozesses in antidemokratisches Fahrwasser geraten sind.

## »… ansetzen, bevor das Kind in den Brunnen gefallen ist.«

Dass gelingende Prävention prinzipiell Probleme erst gar nicht aufkommen lässt, Gefährdungen vorbeugt, Täterschaften verhindert und deshalb der effektivste Opferschutz ist, ist kaum strittig. Aber kann sie auch in Bezug auf das Rechtsextremismus-Problem funktionieren? Und wenn ja, wie? Die Forschung dazu ist nicht sonderlich dicht gesät.[15] Und trotzdem lässt sich zunächst zu den Ansätzen von politischen Programmen und anschließend zu den Herangehensweisen von Pädagogik und Sozialarbeit[16] – hier auf wenige Punkte verkürzt – festhalten, erstens: Obwohl eine »objektive« Wirkung der einzelnen Bundes- und Landesprogramme im engeren Sinne aufgrund ihrer Komplexität, der unüberschaubaren Vielzahl von sich zum Teil permanent wandelnden Einflussfaktoren und fehlender Kontrollgruppierungen nicht im Einzelnen zu benennen ist, so stimmen die Wirkungseinschätzungen von Expertinnen und Experten darin überein, dass sie eine Reduktion von Rechtsextremismus und Vorurteilen gegenüber sogenannten gesellschaftlich schwachen Gruppierungen zumindest mitbewirkt haben.

Zweitens: Die Jugend-Zentrierung der meisten Programme ist insofern problematisch, als erwachsene Altersgruppierungen auf der Ebene der rechtsextremen Einstellungen den anti- und undemokratischen Haltungen der Jüngeren in nichts nachstehen, ja sie zum Teil übertreffen. Wo extrem rechts orientierte Erwachsene als Eltern oder in anderen Rollen den Diskursraum dominieren, in dem die Jüngeren aufwachsen, tragen sie ein Gefährderpotential in sich, das bislang kaum durch die noch sehr auf sogenannte Komm-Strukturen[17] angelegten, mittelschichtszentrierten und selten Bildungsferne erreichenden Vorgehensweisen der bildungsorientierten Erwachsenenarbeit angegangen wird – eben auch, weil entsprechende Programminitiativen in diese Richtung fehlen.

Drittens: Die etwa seit der Jahrtausendwende vorgenommene Schwerpunktsetzung der Programme auf die Förderung der Zivilgesellschaft sieht vornehmlich Gruppierungen als Adressatinnen und Adressaten, die sich »gegen rechts« engagieren und daher Unterstützung erfahren sollen. So wichtig dieser Ansatz ist, so stark blendet die Fokussierung die Chancen aus, die in einer direkten Arbeit mit rechtsextrem affinen Jugendlichen liegen können. Dessen ungeachtet werden auch bestimmte Bereiche der Arbeit mit Jugendlichen nur höchst unvollständig erreicht; insbesondere betrifft dies die Berufsschulen und die Institutionen der Jugendhilfe, die Hilfen zur Erziehung gewähren und dabei junge Menschen und teilweise auch ihre Familien erreichen, bei denen Protektionsfaktoren wie beispielsweise gute schulische Bildung, befriedigende Familienbeziehungen und gut entwickelte Sozial- und Selbstkompetenzen kaum vorhanden sind. Obwohl erfreulicherweise seit mehreren Jahren auf frühe Prävention bereits in der Kindheitsphase gesetzt wird, wird auch die notwendige themenspezifische Intensivierung der Ausbildung in den Fachschulen für Erzieherinnen und Erzieher und ihre themenbezogene Fort- und Weiterbildung in der Breite nicht erreicht; Vergleichbares gilt für den Grundschulbereich.

Viertens: In Teilen der Praxis stellt sich der Eindruck ein, dass verlässliche Finanzierungs- und Organisationsstrukturen im Regelbereich mit Verweis auf die Existenz von Möglichkeiten der Sonderförderung zurückgeschraubt werden. Zudem kann durch immer wieder neu aufgelegte Sonderförderungen die Tendenz entstehen, für die mit Rechtsextremismus verbundenen Probleme die Themenspezialisten der Sonderprogramme als zuständig zu erachten, über diese Wahrnehmung die Problembearbeitung an sie zu delegieren und diese deshalb aus dem Zuständigkeitsbereich der Regelarbeit auszuschließen.

Fünftens: Programme sind im Regelfall befristet, Rechtsextremismus hingegen erweist sich seit Jahrzehnten als Dauerproblem. Werden durch kurze Programmlaufzeiten Bearbeitungsstrategien und -formen nicht langfristig ermöglicht, kann sich eine – heute bereits vielerorts zu beobachtende – »Projektitis« ausbreiten. Sach- und problemangemessen ist es demgegenüber, von Programmen aus auch auf Regelstrukturen einzuwirken, die langfristig angelegt sein können, um tatsächlich Nachhaltigkeit im Sinne andauernder Wirkungen zu erzielen.

Sechstens: Speziell auf der Ebene von Landesprogrammen und mehr noch auf der Ebene von Einzelprojekten und Clustern davon ist zurzeit insgesamt wenig evaluatives Wissen vorhanden. Hier zeigen sich Auswirkungen einer noch unzureichend entwickelten Kultur von Wissenschaft – Praxis – Kooperation; die Qualitätssicherung leidet darunter.

Für die pädagogische und sozialarbeiterische Praxis stellen sich gute Erfolgsaussichten dann her, wenn zumindest die folgenden Bedingungen erfüllt sind: Es muss dem Umstand Rechnung getragen werden, dass es letztlich nicht ideologische Beeinflussungen durch die Propaganda der extremen Rechten sind, die rechtsextreme Orientierungen entstehen lassen. Denn nicht Orientierungen führen zu Orientierungen, sondern Erfahrungen. Genauer: Menschen, die sich von extrem rechten Deutungsangeboten ansprechen lassen, sind Leute, die diese Deutungen als funktional erachten für die Erklärung und mentale Einordnung der Erfahrungen, die sie machen. Diese Erfahrungen sind bei ihnen zumeist spezifisch geprägt, nämlich von Defiziten in den Bereichen des Erlebens von Kontrolle, Integration, Sinnstiftung und Sinnlichkeit (KISS-Defizite). In extremer Verkürzung: Es handelt sich oft um (primär junge) Menschen, die das Gefühl haben, entweder schon gegenwärtig oder in Zukunft ihr Leben nicht (mehr) kontrollierend im Griff zu haben und zum Spielball fremder Mächte zu werden. Sie meinen dann, ihnen werde eine eigentlich anstrebenswerte Integration in sozial akzeptierte Zusammenhänge wie Bildung, Arbeit, Vereinsleben vorenthalten, und/oder denken, sie könnten eine solche Integration nicht bewerkstelligen. Auch erblicken sie kaum Sinn im eigenen Leben und meinen, sich Sinn auch nicht verschaffen zu können (zum Beispiel den Sinn des Lernens oder den Sinn von Arbeit) und erfahren sinnliche Genussfähigkeit oft nur eingeschränkt – etwa in Gewalt- und Alkoholexzessen. Solche Defiziterfahrungen verschärfen sich zusätzlich durch zwei weitere Umstände: zum einen dadurch, dass in dem sie umgebenden Diskursraum ihnen passend erscheinende Repräsentationen zum Verständnis und zur Einordnung ihrer Erfahrungen nicht zur Verfügung stehen oder zumindest nicht zugänglich sind; zum anderen dadurch, dass sie – vielfach bedingt durch die erwähnten Defiziterfahrungen – ihre Selbst- und Sozialkompetenzen nicht so weit entwickeln konnten, dass diese als zumindest tendenzielle Resistenzfaktoren wirken können.

In diese Erfahrungs- und Entwicklungslücken stoßen nun die Angebote der extremen Rechten hinein: Sie offerieren Realitätskontrolle durch restriktive Formen von gesellschaftlicher Kontrolle (zum Beispiel der Einwanderung); sie vermitteln leistungsunabhängige Integrationsbezüge auf der Basis von »rassischer«, ethnischer und nationaler Zugehörigkeit; sie machen Sinnangebote über Bedeutungszuweisungen, die von ihnen angesprochene Jugendliche sich z. B. als Angehörige des letzten Fähnleins aufrechter Vaterlandsverteidiger verstehen lassen; sie verschaffen Sinnlichkeitserfahrungen im Kontext von Überlegenheitsinszenierungen, soldatischer Ästhetik, spezifischer Feierkultur u. a. m.;

sie warten mit Deutungsmustern auf, die gesellschaftliche Komplexität reduzieren, Ambivalenzen vereindeutigen und daher einfache Lösungen für die Beseitigung von Mangel- und Bedrohungserfahrungen beinhalten; sie knüpfen an Kompetenzen an, die die gefährdeten Jugendlichen bereits mitbringen (etwa Risikofreudigkeit, Konfliktsuche, Gewaltfähigkeit) und werten dagegen andere Kompetenzen wie Empathie, Reflexivität und verbale Konfliktfähigkeit ab. Daraus folgt: Wer der Attraktivität rechtsextremer Haltungen etwas entgegensetzen will, muss zunächst die Erfahrung(smöglichkeit)en der jungen Menschen ändern. Gefordert ist eine Strategie der Vermittlung funktionaler Äquivalente für die als unzureichend erlebten KISS-Erfahrungen. Die Probleme, die diese Jugendlichen machen, lassen sich nicht erfolgversprechend angehen ohne eine Bearbeitung der Probleme, die sie haben.

Da letztlich Erfahrungen die Generierung von Haltungen bedingen, ist eine pädagogische und sozialarbeiterische Gegenstrategie verfehlt, die sich darauf beschränkt, als unpassend, falsch oder gefährlich eingeschätzte Kognitionen zu verändern und über bloße Wissensvermittlung neue gedankliche Konstruktionen zu vermitteln. Zu wenig wird bislang systematisch darüber nachgedacht, wie sich konzeptionell fundiert Erlebensmöglichkeiten schaffen lassen, die jenen Bedürfnissen Befriedigung verschaffen könnten, die aus der Sicht entsprechend orientierter Subjekte mit der Hinwendung zu symbolisch-kulturell gerahmten rechtsextremen Erlebnisangeboten erfüllt werden sollen. Entscheidend ist hier die Gewinnung von überzeugenden Antworten auf die Frage: Wie kann Lebensgestaltung anders als über rechtsextreme Haltungen demokratiekompatibel und gewaltfern erfahren werden?

Direkter Einfluss auf einzelne rechtsextrem affine Jugendliche[18] und ihre Cliquen ist nur über professionelle Beziehungsarbeit zu gewinnen. Dafür sind allerdings neben Geduld und Zeit vor allem Anknüpfungspunkte für Interaktionen erforderlich, die nicht von vornherein auf Seiten der Adressierten als einseitige Problemkommunikation wahrgenommen werden. Diese Jugendlichen brauchen Sozialisationshilfen zur Bewältigung ihres Alltags. Über das Erfahren ihres praktischen Gebrauchswerts kann Vertrauen aufgebaut werden, das dann auch zunehmend Möglichkeiten ernsthafter politischer Auseinandersetzung und Reflexion(swilligkeit) eröffnet. Die akzeptierende Haltung, die einem solchen Ansatz zugrunde liegen muss, beinhaltet keineswegs ein Ignorieren antidemokratischer Äußerungen und Aktionen von Jugendlichen. Aber sie ist die Voraussetzung dafür, auch konfrontativ intervenieren und überhaupt Gehör finden zu können.

### »… wenn es eigentlich (fast) schon zu spät ist.«

Seit etwa eineinhalb Jahrzehnten gibt es in Deutschland Erfahrungen mit staatlichen und zivilgesellschaftlichen Ausstiegshilfen für Rechtsextreme. Fassen wir auch hier die wichtigsten Befunde auszugsweise und äußerst verkürzt zusammen,[19] so kann konstatiert werden: Erstens: Ähnlich wie bei präventiver Arbeit betreffen auch bei professionellen Ausstiegshilfen zentrale Erfolgsbedingungen eine gelingende Realisierung von Kontrolle, Integration, sinnlichem Erleben und Sinnerfahrungen »neuen« Zuschnitts auf Seiten der ausstiegswilligen Person sowie die Entwicklung von Selbst- und Sozialkompetenzen, um auf dieser Basis Deutungsangeboten Akzeptanz verschaffen zu können, die demokratische Verhältnisse und Gewaltabstinenz nicht nur abstrakt als politisch-moralisch überlegen darstellen, sondern auch als für das eigene Leben funktional erfahren lassen. Insofern ist auch Ausstiegshilfe mehr als nur Auseinandersetzung über Ideologisches.

Zweitens: Wiederum vergleichbar der universell- und indiziert-präventiven Arbeit ist auch hier die Qualität der professionellen Beziehung zwischen den Mitarbeiterinnen und Mitarbeitern der Aussteigerprogramme und den Aussteigenden von entscheidender Bedeutung. Vertrauen, Vorurteilsfreiheit, Verbindlichkeit, Offenheit, Berechenbarkeit und Belastbarkeit der Beziehung – auch im Fall von Dissens zwischen Aussteigenden und Ausstiegsbegleitenden – tragen maßgeblich dazu bei, die Bereitschaft zur kritischen Auseinandersetzung mit rechtsextremen Haltungen auf Seiten der Aussteigenden zu fördern.

Drittens: Eine Aufarbeitung der Motive, die zur Hinwendung zur rechtsextremen Szene und zu rechtsextremen Haltungen geführt haben, ist wichtig, um die Funktionalität, die subjektiv in der Übernahme von rechtsextremen Haltungen gesehen wurde, zu identifizieren. Bei einer Vielzahl von Ausstiegsbereiten stößt man darauf, dass zunächst nicht rechtsextreme Haltungen, sondern eher Gemeinschaftssehnsüchte zu einer Szenehinwendung geführt haben, sei es, dass sich die Betreffenden außerszenisch keine Selbstwertquellen erschließen konnten, sie nach stabilen sozialen Bindungen suchten, familialen Konflikten entkommen wollten oder gesellschaftliche Ausgrenzung zu kompensieren versuchten. Gelingt es, die Hinwendungsmotive dahingehend zu bearbeiten, dass sie in ihrer Wirkung abgeschwächt oder zumindest Gelegenheiten erschlossen werden, entsprechenden Anliegen außerhalb rechtsextremer Szenekontexte nachgehen zu können, wird die Szenezugehörigkeit sukzessive obsolet.

Viertens: Ein Ausstieg muss als Umstieg begriffen werden. Das heißt, es geht nicht (nur) um ein »Herauslösen« einzelner Personen aus rechtsextremen Strukturen, sondern um eine Neu-Perspektivierung ihrer Lebensvorstellungen. Dazu gehört eine möglichst vollständige Revision rechtsextremer Haltungen und nicht nur Szenedistanzierung oder ein Nicht-mehr-straffällig-Werden, damit Rückfallgefährdungen vorgebeugt werden kann. Auch hier ist also die Vermittlung funktionaler Äquivalente zentral.[20]

## Fazit

Rechtsextremismus ist ein hartnäckiges gesellschaftliches Problem, aber es lässt sich erfolgversprechend bearbeiten. Damit dies gelingt, ist ein breites Band von gut vernetzten Herangehensweisen unterschiedlicher Akteure erforderlich, namentlich in Politik, Sicherheitsbehörden, Zivilgesellschaft, sozialer und pädagogischer Arbeit und anderen Bereichen. Von herausragender Bedeutung dabei ist, sich auf Seiten demokratisch Gesinnter nicht nur auf Wissensvermittlung und die Kraft des besseren Arguments zu verlassen. Die diskursive Auseinandersetzung kann erst dann aussichtsreich sein, wenn die Ursachen und die individuellen Motive der Wendungen nach rechts in den subjektiven Funktionserwartungen, die in sie gesetzt werden, aufgedeckt werden. Erst dann kann es gelingen, un- und antidemokratischen Befriedigungsversuchen an sich legitimer Bedürfnisse nach Lebensgestaltung, also etwa nach Kontrolle, Integration, Sinn und genussvollem sinnlichen Erleben, durch Verweise auf alternative und mindestens ebenso attraktive Möglichkeiten ihrer Erfüllung Paroli zu bieten. Werden solche Chancen offengelegt und von rechtsextrem Gefährdeten und/oder bereits Orientierten als gut nutzbar betrachtet, werden rechtsextreme Deutungen dysfunktional.

## Anmerkungen

1 Zu einer zusammenfassenden Sichtung von detailliertem Datenmaterial vgl. Kurt Möller, Überblick über die Struktur und Entwicklung des Phänomenbereichs Rechtsextremismus in Baden-Württemberg im Untersuchungszeitraum (01.01.1992 bis heute). Phänomene, Hintergründe und Handlungsempfehlungen, Gutachten für den parlamentarischen Untersuchungsausschuss des Landtages von Baden-Württemberg: »Die Aufarbeitung der Kontakte und Aktivitäten des Nationalsozialistischen Untergrunds (NSU) in Baden-Württemberg und die Umstände der Ermordung der Polizeibeamtin M. K.«, Esslingen 2015, www.kontextwochenzeitung.de/politik/245/rechts-rechter-baden-wuerttemberg-3305.html; ders., »Ausstiege« als »Um-

stiege«. Neuperspektivierungen der Lebensgestaltung im Prozess der Abstandnahme von rechtsextremen Haltungen, in: Claus Melter (Hrsg.), Diskriminierungs- und rassismuskritische Soziale Arbeit und Bildung. Praktische Herausforderungen, Rahmungen und Reflexionen, Weinheim/Basel 2015, S. 211-228.

2    Vgl. als besonders prominente Studien: Beate Küpper/Andreas Zick, Wut, Verachtung, Abwertung. Rechtspopulismus in Deutschland, Bonn 2015; Anna Klein/Andreas Zick, Fragile Mitte – Feindselige Zustände. Rechtsextreme Einstellungen in Deutschland 2014, Bonn 2014; Andreas Hövermann/Beate Küpper/Andreas Zick, Die Abwertung der Anderen. Eine europäische Zustandsbeschreibung zu Intoleranz, Vorurteilen und Diskriminierung, Berlin 2011; Elmar Brähler/Oliver Decker/Johannes Kiess/Marliese Weißmann, Die Mitte in der Krise. Rechtsextreme Einstellungen in Deutschland 2010, Berlin 2010; Elmar Brähler/Oliver Decker/Johannes Kiess, Die stabilisierte Mitte. Rechtsextreme Einstellung in Deutschland 2014, Leipzig 2014, www.uni-leipzig.de/~kredo/Mitte_Leipzig_Internet. pdf; dies., Rechtsextremismus der Mitte und sekundärer Autoritarismus, Gießen 2015; Elmar Brähler/Oliver Decker, Bewegung in der Mitte. Rechtsextreme Einstellungen in Deutschland 2008, Berlin 2008; Elmar Brähler/ Oliver Decker/Norman Geißler, Vom Rand zur Mitte. Rechtsextreme Einstellungen und ihre Einflussfaktoren in Deutschland, Berlin 2006.

3    Vgl. den Beitrag von Dirk Laabs in diesem Band.

4    Die im Zuge der Aufdeckung der NSU-Mordserie zutage getretenen, z.T. höchst problematischen, ja geradezu der Begünstigung von Straftaten verdächtigen Handlungsweisen von Verfassungsschutzmitarbeitern bleiben hier aus Platzgründen unerwähnt. Nur so viel: Kaum vorstellbare Dimensionen zeichnen durchaus ernstzunehmende Hinweise, wonach Ende der neunziger Jahre der Thüringer Heimatschutz, die Neonaziszene, in die die NSU-Täter integriert waren, (bei 140 bis 160 Mitgliedern) zu einem Viertel aus V-Leuten von Sicherheitsbehörden bestanden haben soll. Der dortige V-Mann Tino Brandt soll zwischen 1994 und 2001 insgesamt rund 200.000 Deutsche Mark vom Verfassungsschutz für seine Dienste erhalten haben – Geld, von dem er angibt, es im Wesentlichen in Szeneaktivitäten investiert zu haben; vgl. die Beiträge von Hajo Funke und Katharina König in diesem Band.

5    Staatsanwaltschaft (StA) Heilbronn, AZ. 16 UJs 1068/07, Band 2, Bl. 14.

6    Vgl. Deutscher Bundestag, Beschlussempfehlung und Bericht des 2. Untersuchungsausschusses nach Artikel 44 des Grundgesetzes, Bundestagsdrucksache 17/14600, 22.8.2013, S. 575 f.

7    Parallelbericht zum 19.-22. Staatenbericht der Bundesrepublik Deutschland an den UN-Ausschuss zur Beseitigung rassistischer Diskriminierung (CERD), Institutioneller Rassismus am Beispiel des Falls der Terrorgruppe »Nationalsozialistischer Untergrund« (NSU) und notwendige Schritte, um Einzelne und Gruppen vor rassistischer Diskriminierung zu schützen, Berlin 2015, S. 5, www.amadeu-antonio-stiftung.de/w/files/pdfs/nsu_rassismusparallelbericht.pdf.

8   Vgl. zuletzt Bundesministerium des Innern (Hrsg.), Polizeiliche Kriminal-
    statistik 2014, Berlin 2015.
9   Vgl. zuletzt Brähler/Decker/Kiess, Die stabilisierte Mitte (wie Anm. 2); da-
    vor schon SINUS, 5 Millionen Deutsche. »Wir sollten wieder einen Führer
    haben …«, eine SINUS-Studie über rechtsextremistische Einstellungen bei
    den Deutschen, Reinbek 1981; Richard Stöss, Rechtsextremismus und Wah-
    len in der Bundesrepublik, in: Aus Politik und Zeitgeschichte (1993), S. 50-
    61; ders., Rechtsextremismus im vereinten Deutschland, Berlin ³2000; ders.,
    Rechtsextremismus im Wandel, Berlin 2003; ders., Rechtsextremismus im
    Wandel, Berlin 2005; ders., Rechtsextremismus im Wandel, Berlin 2007;
    ders., Rechtsextremismus im Wandel, Berlin 2010; Oskar Niedermayer/Ri-
    chard Stöss, Rechtsextremismus, politische Unzufriedenheit und das Wäh-
    lerpotential rechtsextremer Parteien in der Bundesrepublik im Frühsommer
    1998, Arbeitshefte aus dem Otto-Stammer-Zentrum 1/1998.
10  Wenigstens stichwortartig sei auf weitere Kontraargumente gegenüber einer
    Verbote-Politik hingewiesen: die Entpolitisierung der Auseinandersetzung,
    die einer Konzentration auf juristische Gegenmaßnahmen inhärent ist; die
    mit einem Verbot absehbar verbundene Konspirativitätssteigerung inner-
    halb der Szene, die ihre systematische Beobachtung zusätzlich erschweren
    dürfte; die Ineffektivität von Strafandrohungen beim sogenannten harten
    Kern und die Gefahr terroristischer Abspaltungen besonders gewaltbereiter
    Teile der Szene; die hohe Wahrscheinlichkeit, dass der/die Rechtsextreme
    bei einem Scheitern von Verbotsverfahren diesen Umstand als »Persil-
    Schein« verwenden würde; die scheinbare Reinwaschung, die bei einem
    Verbot einer Partei diejenigen Organisationen erfahren, die ebenfalls am
    äußeren rechten politischen Rand agieren, aber durch das Verbot nicht be-
    troffen sind und so als Auffangbecken dienen können.
11  Wesentlich sind vor allem zwei grundlegende Differenzen: 1) Die (extreme)
    politische Rechte hält in sozialdarwinistischer Betrachtung soziale Ungleich-
    heit für eine letztlich natürliche Gegebenheit, die aus der angeblichen »con-
    ditio sine qua non« des Lebens, dem Kampf um »the Survival of the Fit-
    test«, resultiert. Linksaußen-Positionen halten demgegenüber – zum Teil
    noch expliziter und pointierter als demokratische Parteien der sogenannten
    Mitte – an den Errungenschaften der Aufklärung fest und dabei insbeson-
    dere auch an der Herstellung von gesellschaftlicher Gleichheit. 2) Gewalt ist
    nach extrem rechter Auffassung unter tierischen Lebewesen wie unter Men-
    schen ein naturgegebenes Mittel von evolutionärer Auslese. Ohne sie gilt
    Leben nicht als vorstellbar. In der Linken dagegen wird Gewalt jenseits des
    staatlichen Gewaltmonopols entweder abgelehnt oder mit einem instru-
    mentellen Verständnis belegt, das sie unter bestimmten Umständen (revolu-
    tionäre Situationen; Widerstand gegen und Beseitigung von Despoten und
    Diktaturen) als legitim erachtet; dies gilt prinzipiell, auch wenn einzuräu-
    men ist, dass der von der Roten Armee Fraktion (RAF) und ähnlichen
    Gruppierungen ausgegangene Terrorismus von links dieses Verständnis fak-
    tisch ad absurdum geführt hat.

12  Vgl. Lorenz Korgel/Dietmar Molthagen (Hrsg.), Handbuch für die kommunale Auseinandersetzung mit dem Rechtsextremismus, Berlin 2009.

13  Mehrere empirische Nachweise dazu in Wilhelm Heitmeyer (Hrsg.), Deutsche Zustände. Folge 1-10, Frankfurt a. M./Berlin 2002-2012.

14  Vgl. ebd. Davon zeugen auch die Intentionen und Erfolge von staatlichen Programmen wie »Civitas« und »Zusammenhalt durch Teilhabe«.

15  Vgl. Jutta Aumüller unter Mitarbeit von Johanna Kuchling/Roland Roth, Forschung zu rechtsextrem orientierten Jugendlichen. Eine Bestandsaufnahme von Ursachen, Gefährdungsfaktoren und pädagogischen Interventionen, Berlin 2014.

16  Zur Evaluation der Programme von Bund und Bundesländern im ausführlichen Überblick vgl. Kurt Möller, Programme gegen Rechtsextremismus – zwischen Projektitis und Nachhaltigkeit, in: Wilfried Schubarth (Hrsg.), Nachhaltige Prävention von Kriminalität, Gewalt und Rechtsextremismus. Beiträge aus Wissenschaft und Praxis, Potsdam 2014, S. 201-228; im Einzelnen zu pädagogischen und sozialarbeiterischen Ansätzen vgl. Silke Baer/Kurt Möller/Peer Wiechmann (Hrsg.), Verantwortlich handeln. Praxis der Sozialen Arbeit mit rechtsextrem orientierten und gefährdeten Jugendlichen, Opladen/Berlin/Toronto 2014; Kurt Möller/Nils Schuhmacher, Soziale und pädagogische Arbeit mit rechtsextrem affinen Jugendlichen. Akteure, Projekte, Ansätze und Handlungsfelder, Berlin 2014; Judy Korn/Thomas Mücke, Verantwortungspädagogik im Strafvollzug und in der Bewährungshilfe. Deradikalisierungs-Trainings bei extremistischen Gewalttätern in Haft und Stabilisierungscoaching nach der Entlassung, in: Baer/Möller/Wiechmann (Hrsg.), Verantwortlich handeln, S. 141-149; Reiner Becker/Kerstin Palloks (Hrsg.), Jugend an der roten Linie. Analysen von und Erfahrungen mit Interventionsansätzen zur Rechtsextremismusprävention, Schwalbach im Taunus 2013; Michaela Glaser/Silke Schuster, Evaluation präventiver Praxis gegen Rechtsextremismus, Halle 2007; Guido Gulbins/Kurt Möller/Dennis Rosenbaum/Isabell Stewen, »Denn sie wissen nicht, was sie tun«? Evaluation aufsuchender Arbeit mit rechtsextrem und menschenfeindlich orientierten Jugendlichen, in: deutsche jugend 55 (2007) 12, S. 526-534; Karin Bleiß/Kurt Möller/Cornelius Peltz/Dennis Rosenbaum/Imke Sonnenberg, Distanz(ierung) durch Integration. Das Bremer Konzept zur Bearbeitung rechtsextremer und menschenfeindlicher Orientierungen bei Jugendlichen durch aufsuchende Jugendarbeit, in: Neue Praxis 34 (2004) 6, S. 568-590; Andrea Pingel/Peter Rieker, Pädagogik mit rechtsextrem orientierten Jugendlichen. Ansätze und Erfahrungen in der Jugendarbeit, Leipzig 2002.

17  Unter »Komm-Strukturen« wird in der Sozialen Arbeit und der außerschulischen Bildungsarbeit eine Art der Kontaktaufnahme verstanden, die die Adressaten und Adressatinnen nicht proaktiv aufsucht, sondern deren Erscheinen in den jeweiligen Einrichtungen abwartet.

18  Ausdrücklich sei angemerkt, dass solche Herangehensweisen nicht bei ideologisch verfestigten und bereits organisierten Rechtsextremen indiziert sind.

Insofern hier von Prävention die Rede ist, geht es um Adressatinnen und Adressaten, die sich in der Einstiegs- oder frühen Konsolidierungsphase (zu den Phasen vgl. Kurt Möller/Nils Schuhmacher, Rechte Glatzen. Rechtsextreme Szene- und Orientierungszusammenhänge – Einstiegs-, Verbleibs- und Ausstiegsprozesse von Skinheads, Wiesbaden 2007) rechtsextremer Orientierung oder an deren Schwellen befinden. Sie sind in der Regel zwischen 12 und 18 Jahre alt.

19 Zu internationalen Erfahrungen vgl. Anna-Lena Lodenius, Ein Leben voller Hass und Gewalt hinter sich lassen. Die Geschichte von Exit in Schweden, in: Peter Rieker (Hrsg.), Hilfe zum Ausstieg? Ansätze und Erfahrungen professioneller Angebote zum Ausstieg aus rechtsextremen Szenen, Weinheim/Basel 2014, S. 114-145; Tore Bjørgo, Exit Neo-Nazism. Reducing Recruitment and Promoting Disengagement from Racist Groups, unveröffentlichtes Manuskript 2001; ders., Reducing Recruitment and Promoting Disengagement from Extremist Groups. The Case of Racist Sub-Cultures, in: Cheryl Benard (Hrsg.), A Future for the Young. Options for Helping Middle Eastern Youth Escape the Trap of Radicalization, Santa Monica 2006; Tore Bjørgo, Processes of Disengagement from Violent Groups of the Extreme Right, in: ders./John Horgan (Hrsg.), Leaving Terrorism Behind. Individual and Collective Disengagement, New York 2009, S. 30-48; ders./ Jaap van Donselaar/Sara Grunenberg, Lessons from Disengagement Programmes in Norway, Sweden and Germany, in: ebd., S. 135-152; Tore Bjørgo, Dreams and Disillusionment. Engagement in and Disengagement from Militant Extremist Groups, in: Crime, Law and Social Change 55 (2011) 4, S. 277-285; zu Deutschland: Frank Buchheit/Beate Küpper/Kurt Möller/ Florian Neuscheler, Evaluation des Aussteigerprogramms für Rechtsextremisten des Landes Nordrhein-Westfalen (APR NRW). Abschlussbericht Esslingen 2015, www.mik.nrw.de/fileadmin/user_upload/Redakteure/Verfassungsschutz/Dokumente/Evaluationsbericht_APR_NRW.pdf; Annika Einhorn/Tim Grebe/Sina Goldkamp/Daniela Kroos/Sandra Popp, Evaluation des XENOS-Sonderprogramms »Ausstieg zum Einstieg«. Kurzbericht, Berlin 2012; Annika Einhorn/Anja Lietzmann/Stefan Meyer, Evaluation des XENOS-Sonderprogramms »Ausstieg zum Einstieg«. 2. Zwischenbericht, Ergebnisse der 2. Online-Befragung & Präsentation von Good-Practice-Ansätzen, Berlin 2013; Carsten Becker/Hendrik Brunsen/Annika Einhorn, Evaluation des XENOS-Sonderprogramms »Ausstieg zum Einstieg«. Abschlussbericht mit einer zusammenfassenden Betrachtung des Förderzeitraums 2010-2013 im Auftrag des Bundesministeriums für Arbeit und Soziales (BMAS), Berlin 2014; Ralf Melzer (Hrsg.), Tunnel – Licht – Blicke. Aus der Praxis arbeitsmarktorientierter Ausstiegsarbeit der Projektträger des XENOS-Sonderprogramms »Ausstieg zum Einstieg«, Berlin 2012; Peter Rieker, Abschlussbericht zur Evaluation des Thüringer Beratungsdienstes für Eltern, Kinder und Jugendliche – Ausstieg aus Rechtsextremismus und Gewalt, Universität Zürich 2012, www.ausstieg-ausgewalt.de/tl_files/aag_de/images/workingfolder/projects/modern_green/EB_tbd_Zusammenfas-

sung_13022013.pdf; Peter Rieker, Ausstiegshilfe konkret. Erkundungen im Spannungsfeld divergierender Ansätze, in: ders. (Hrsg.), Hilfe zum Ausstieg? Ansätze und Erfahrungen professioneller Angebote zum Ausstieg aus rechtsextremen Szenen, Weinheim/Basel 2014, S. 146-171; ders., Die Einbeziehung von Familien in die Ausstiegsarbeit, in: ebd., S. 204-226; Thüringer Beratungsdienst Ausstieg aus Rechtsextremismus und Gewalt, Qualität in der Ausstiegsberatung, Jena 2014; Helmut Lukas/Veronika Lukas, Evaluation des Modellprojekts »Präventive Arbeit mit rechtsextremistisch orientierten Jugendlichen in den Justizvollzugsanstalten des Landes Brandenburg«. Abschlussbericht, Berlin 2007.

20 Vgl. Kurt Möller, »Ausstiege« als »Umstiege« (wie Anm. 1); ders., Struktur und Entwicklung des Phänomenbereichs Rechtsextremismus in Baden-Württemberg (wie Anm. 1).

TANJEV SCHULTZ

# Rechtsextremismus und Journalismus.
# Die Rolle der Medien zwischen Vorbild,
# Versuchung und Versagen

Getrieben vom Druck des schnellen Publizierens und der sensationellen Schlagzeile, kommt es immer wieder vor, dass Journalisten Tatsachen verbiegen, verdrehen und verzerren. Es ist das Recht und die Pflicht der Presse, über wichtige Ereignisse und Themen auch dann zu berichten, wenn vieles noch im Unklaren und im Fluss ist. Es ist auch das Recht und die Pflicht der Presse, zu kommentieren und Meinungen zu vertreten und zu verbreiten, die nicht unbedingt ausgereift und schon gar nicht ausgewogen sein müssen. Aber es passiert eben auch, dass die Medien auf höchst problematische Weise einen Diskurs lenken, dass sie Sachverhalte falsch darstellen und mehr zur Konfusion oder zu Ressentiments beitragen als zur Aufklärung und zu vernünftigen Urteilen.

Manchmal schwingen sich Journalisten zu Richtern auf, obwohl sie keine sind und sie nicht einmal ansatzweise Beweise erhoben haben, die ihr Verdikt stützen könnten. Manchmal ergehen sie sich in Empörung und Erregung, ohne zunächst mit kühlem Kopf die Fakten zu prüfen. Die Nachlässigkeit, mit der Medien bisweilen agieren, könnte einer der Gründe sein, weshalb sie bei einem Teil des Publikums in eine Vertrauenskrise geraten sind. Ein anderer Grund ist paradoxerweise, dass sich viele Journalisten den Ressentiments, die manche Bürger pflegen, gerade nicht beugen. Diejenigen, die »Lügenpresse« krakeelen, demonstrieren ja nicht für Wahrheit und Aufklärung, sondern vertreten einen rechten oder rechtsextremistischen Populismus. Die Kritik an Journalisten kommt also, grob gesehen, aus zwei unterschiedlichen Richtungen. Den einen sind viele Medienberichte zu schlicht, den anderen nicht schlicht genug. Für Journalisten folgt daraus: Selbstkritik und Selbstreflexion sind dringend notwendig – aber man kann und sollte es nicht allen recht machen.

Welche Rolle spielen die Medien, wenn es um die gesellschaftliche Auseinandersetzung mit dem Rechtsextremismus geht? Diese Frage ist spätestens seit Beginn der neunziger Jahre immer wieder Gegenstand

der populären Medienkritik sowie der kommunikations- und politik-
wissenschaftlichen Forschung. Wichtige Befunde und Diskussions-
stränge sollen im Folgenden kurz skizziert werden, bevor beispielhaft
zwei Sachverhalte näher betrachtet werden: das Versagen der Medien im
Fall »Sebnitz« und das Versagen im Fall der Mordserie des Nationalsozialistischen Untergrunds (NSU). Davon ausgehend werden Versuchungen herausgearbeitet, denen Journalisten in solchen Fällen nachgeben oder widerstehen. Im Fazit werden Aspekte genannt, die zeigen,
dass und wie sich die Medien vorbildlich verhalten, wenn sie mit derlei
Themen umgehen.

## Berichterstattung in Wellen und Stereotypen

Über Rechtsextremismus berichten die Medien häufig nach einem
Muster, dem sie auch bei anderen gesellschaftlichen Phänomenen und
Problemen folgen: ereignisorientiert.[1] Die Nationaldemokratische Partei
Deutschlands (NPD) beispielsweise ist Gegenstand von Beiträgen, wenn
es aktuell ein Verbotsverfahren gibt oder über den Einzug ins Parlament, innerparteiliche Wahlen, Rücktritte oder ungewöhnliche Aktionen zu berichten ist. Auch Gewalttaten und Anschläge von Neonazis
stehen regelmäßig in der Presse, wobei diese so verbreitet sind, dass sie
oft nur lokal berichtet werden. Um bundesweit beachtet zu werden,
müssen sie besonders brutal oder auf andere Art »aufregend« sein. Ansonsten herrscht Grausamkeitsroutine.

    Viele Medien bemühen sich durchaus, immer wieder auf die Ge-
fahren von rechts aufmerksam zu machen. Dennoch zeichnet sich die
Berichterstattung durch Konjunkturen aus, sie zeigt einen wellenartigen
Verlauf. So lauten, kurz gefasst, wichtige Ergebnisse wissenschaftlicher
und medienkritischer Analysen: Nach einer Zeit intensiver Berichterstattung, in der auch Platz ist für Hintergrundanalysen, lasse das
Interesse in den Redaktionen wieder nach. Zu kurz komme die Perspektive der Opfer, ebenso Recherchen, die über Ereignisse und Kontroversen hinaus Strukturen und Vernetzungen der rechten Szene in den Blick
nehmen.[2] Viele Berichte, vor allem im Fernsehen, bleiben ferner in
ihren Darstellungen an der Oberfläche und verzichten auf eine ausführliche Argumentation.[3]

    Problematisiert werden zudem (unterstellte oder erwiesene) mediale
Effekte; die Sorge besteht, eine intensive, ausufernde Berichterstattung
über rechtsextreme Aktionen und Ausschreitungen könnte Nachahmer
animieren. So ist den Medien vorgeworfen worden, sie hätten, indem

sie in schriller Weise die rechte Gewaltserie zu Beginn der neunziger Jahre darstellten, zur weiteren Eskalation beigetragen. Sie könnten mit ihrer bildhaften, ereignisbezogenen Berichterstattung »insgesamt ansteckend« gewirkt haben, insbesondere das Fernsehen.[4]

In eine ähnliche Richtung weist die Forderung, man dürfe Rechtsextremisten keine Plattform bieten und sollte ihnen daher nicht viel Aufmerksamkeit schenken. Dies kontrastiert freilich mit einer anderen Kritik: Sie hält den Medien vor, diese berichten eher zu wenig als zu viel über den Rechtsextremismus, unterschätzen oder verharmlosen außerdem die Gefahren, die von ihm ausgehen. Soll man, darf man Aufmärsche von Neonazis oder Überfälle, die sie begehen, einfach verschweigen? In vielen Redaktionen wird sehr wohl darauf geachtet, Neonazis kein Forum für ihren Hass zu geben; eine Berichterstattung über das Thema Rechtsextremismus schließt das keineswegs aus. Wie so oft, kommt es auf das »Wie« an.[5]

Ein weiterer, auf einer anderen Ebene ansetzender Strang der Kritik hinterfragt die Rolle, die Medienberichte für den Zeitgeist und das Meinungsklima in der Gesellschaft haben. Was denken die Menschen über sogenannte Ausländer, über den Islam oder über Asylbewerber? Welchen Anteil haben Journalisten daran, Vorurteile und Stereotype zu erzeugen, zu festigen oder zu erschüttern? Und inwieweit bereiten sie gar als geistige Brandstifter den Boden für rechtsextreme Hetze und Gewalt? Es geht bei diesem Aspekt nicht mehr nur darum, ob und wie Journalisten über Rechtspopulismus und Rechtsextremismus berichten – sondern darum, ob sie ihn indirekt oder direkt befördern und salonfähig machen. Zuletzt gab es dazu etwa im Zusammenhang mit den umstrittenen Thesen und Büchern von Thilo Sarrazin, die ja auch medial inszeniert wurden, medienkritische Debatten.[6]

Da sie so auffällig und im wahrsten Sinne des Wortes plakativ sind, geraten in solchen Diskussionen regelmäßig die Titelbilder der großen Magazine in den Blick. Das war schon so, als Anfang der neunziger Jahre die erste Asyldebatte losging, in deren Folge und Fahrwasser das Grundgesetz geändert wurde. »Das Boot ist voll« – viele Medien haben solche suggestiven und populistischen Bilder und Metaphern verwendet. *Der Spiegel* zeigte ein überfülltes Schiff, und auf einem weiteren Cover des Magazins aus dieser Zeit war eine lange Schlange von Flüchtlingen zu sehen, die sich durch ein Tor zwängte und offensichtlich nicht aufgehalten werden konnte. Dazu war als Titelzeile zu lesen: »Asyl. Die Politiker versagen«. Forscher diagnostizierten damals eine »Notstandsrhetorik« in der öffentlichen Auseinandersetzung mit den Themen »Asyl« und »Ausländer«.[7] Von Forschern wurde kritisiert, dass die Medien ins-

gesamt ein klischeehaftes, einseitiges Bild von Flüchtlingen gezeichnete
hätten und diese selten als Subjekte, als Personen mit eigenen Perspektiven, zu Wort gekommen seien. Man habe sie eher wie »Objekte« behandelt.[8]

Bereits in den achtziger Jahren hat eine systematische Inhaltsanalyse
von 20 Zeitungen ergeben, dass sogenannte Ausländer in der Presse
überwiegend in einem negativen Bewertungskontext vorkamen, es sei
denn es handelte sich um Gäste, Künstler oder Sportler; der Kommunikationswissenschaftler Klaus Merten schrieb damals von einem »Ne-
gativ-Syndrom«.[9]

Vielleicht täuscht der Eindruck, aber mittlerweile berichten viele
Medien positiver und differenzierter. Deutschland hat sich, so akut und
bedrohlich das Problem des Rechtsextremismus geblieben ist, in den
vergangenen Jahren liberalisiert und schrittweise einen Identitätswandel
vollzogen. Viele Medien scheinen in der jüngsten Asyldebatte des Jahres
2015 vorsichtiger geworden zu sein bei der Wahl der Bilder und Begriffe.
Man konnte nun auch zahlreiche Berichte sehen und lesen, in denen die
Flüchtlinge ins Zentrum gerückt wurden und die Leser und Zuschauer
mehr über diese Menschen, ihr Leben, ihre Schicksale, Hoffnungen und
Ängste erfuhren. Viele Medien wollten bei der »Willkommenskultur«
nicht abseits stehen.

Wie brüchig und zum Teil heuchlerisch dieser Kurs sein kann, ließe
sich allerdings an einigen (Boulevard-)Medien im Einzelnen erörtern. Dafür ist an dieser Stelle aber kein Platz; es muss daher der Hinweis darauf
genügen, dass es fragwürdige, von Ressentiments geprägte oder Ressentiments bewusst erzeugende Darstellungen auch in der jüngeren Gegenwart auf die Titelseiten geschafft haben, beispielsweise auf die des *Focus*:
Im November 2014 zeigte das Magazin den verschleierten Kopf einer
Frau, von der lediglich die Augen zu sehen waren, die den Leser fixierten.
Die Illustration erinnerte wohl nicht zufällig an die Darstellung einer
Sturmhaube, wie sie von Spezialeinheiten der Sicherheitskräfte oder von
Kriminellen getragen werden. Die Titelzeile des *Focus* lautete: »Die dunk-
le Seite des Islam. Acht unbequeme Wahrheiten über die muslimische
Religion«.[10] Das Magazin gerierte sich als Organ der Aufklärung, bediente
aber eine unaufgeklärte Islamophobie, wie sie zu diesem Zeitpunkt die
Pegida-Bewegung auf die Straßen trug, die sogenannten Patriotischen Eu-
ropäer gegen die Islamisierung des Abendlandes. Im Januar 2015 legte der
*Focus* nach, als er auf dem Cover eine Kalaschnikow abbildete und mit
dem Spruch umgab: »›Das hat nichts mit dem Islam zu tun‹ – Doch!«[11]

Nun führen jene, die solche Illustrationen auf dem Cover verteidigen,
gerne an, man dürfe nicht aus falsch verstandener *political correctness*

bestimmte Probleme und Meinungen tabuisieren. Sie verkennen, dass es nicht um Tabus geht, sondern um Sensibilität und Komplexität; nicht um vermeintlich einfache Wahrheiten, sondern um das Differenzierte, das Komplizierte und Verworrene, das die Wirklichkeit ausmacht. Eben damit – der Vielschichtigkeit und Widersprüchlichkeit gerecht zu werden – haben bestimmte Mediengattungen große Schwierigkeiten. Boulevardmedien leben von Verallgemeinerungen, Zuspitzungen und Dramatisierungen. Aber es wäre zu leicht, mit dem Finger nur auf den Boulevard zu zeigen. Auch die Qualitätspresse folgt ähnlichen Mechanismen, sie setzt im Prinzip die gleichen Stilmittel ein, kombiniert sie jedoch anders, gewichtet anders, bemüht sich – mindestens ihrem Selbstverständnis nach – um mehr Balance und Fairness und um eine akkurate Berichterstattung. Doch auch ihr unterlaufen Fehler, und nicht immer wird sie ihren Ansprüchen gerecht.

## Versagen im Fall »Sebnitz« und im Fall NSU

Wie falsch Journalisten mitunter liegen, zeigt das Versagen im Fall »Sebnitz« und im Fall NSU. In dem einen Fall wurde eine Tat vorschnell und entgegen den später ermittelten Abläufen als Verbrechen von Neonazis skandalisiert. Im anderen ist eine Anschlagsserie rechter Terroristen jahrelang nicht als solche erkannt worden. Stattdessen waren viele Medien daran beteiligt, die Opfer in eine kriminelle Ecke zu rücken und die Tat als gleichsam innere Angelegenheit der türkischen Migranten und einer ominösen ausländischen Bande zu betrachten.

Am 13. Juni 1997 ertrinkt ein sechsjähriger Junge im Schwimmbad der sächsischen Stadt Sebnitz. Es war, wie umfangreiche Ermittlungen später ergaben, offenbar ein Badeunfall. Doch zunächst verbreitet sich ein anderer, schrecklicher Verdacht: Rechtsextremisten sollen den kleinen Joseph gequält und umgebracht haben. Die Familie des Kindes hat bei der Polizei schon früh von einem Mordkomplott gesprochen. Lange Zeit ist all das kein Thema in der Presse. Zwischenzeitlich stellt die Staatsanwaltschaft das Todesermittlungsverfahren sogar ein, nimmt es dann aber wieder auf. Und schließlich der große Knall: Als die Ermittler auf der falschen Spur nach rechts scheinbar weitergekommen sind, greift die *Bild*-Zeitung den Fall auf. Am 23. November 2000 titelt sie: »Neonazis ertränken Kind«. Es sei am helllichten Tag geschehen, 50 Neonazis hätten den Jungen überfallen – und eine ganze Stadt habe es »totgeschwiegen«. Die Zeitung berichtet das alles so, als sei der Tathergang bereits klar. Es ist eine Vorverurteilung, deren Tragweite in den folgenden Tagen deutlich zu spüren ist. Das Land steht Kopf. Sebnitz wird überrollt von einer medialen Lawine.[12] Die Sebnitzer sehen sich mit weitreichenden Vorwürfen konfrontiert: Die anderen Badegäste hätten dem Jungen nicht geholfen. Der Ort und seine Bürger geraten unter Generalverdacht. Die *Bild*-Zeitung schreibt von einem »Zentrum dumpfbrauner Umtriebe«.[13] Es scheint alles gut zu den etablierten journalistischen Rahmungen zu passen: der Rechtsextremismus als Ost-Problem, die wachsende Brutalität der Neonazis, das Schweigen der Mitläufer und Zeugen und das Fehlen von Zivilcourage in einer abgehängten Provinz.

Doch die Geschichte stimmt nicht. Der Sebnitzer Oberbürgermeister Mike Ruckh sprach später von einem »Medien-GAU«.[14] Zugute halten kann man einigen Journalisten, dass ihnen vergleichsweise rasch Zweifel an der Mord-Version kamen und sie diese in Berichten auch artikuliert haben. In Boulevardmedien waren Vorverurteilungen häufiger als in anderen Mediengattungen, allerdings fand sich sogar in überregionalen Qualitätszeitungen anfangs eine weitgehend unkritische Übernahme der Darstellung, die von der *Bild*-Zeitung verbreitet worden war.[15]

Nicht immer sind die Folgen so dramatisch wie im Fall Sebnitz, wenn die Medien zu wenig Sorgfalt und Geduld aufbringen. Aber auch die weniger gravierenden Fehler und Fehlurteile sind mehr als nur ein Ärgernis. Oft sind sie Indikatoren dafür, dass die Medien auf ihre Weise betriebsblind sind und nicht nur individuelle Irrtümer produzieren, sondern systematischen Defekten unterliegen. Zu diesen Defekten zählt das Meute-Schema im Journalismus, also die Neigung, eine einmal eingeschlagene Richtung nur unter besonderem Druck und bei unabweisbaren Widersprüchen wieder zu verlassen. Was auf Anhieb plausibel erscheint, wird nicht mehr oder nur unzureichend hinterfragt. Dazu muss man wissen: Die Zahl der Journalisten, die in einem konkreten Fall wie dem von Sebnitz selbst die Fakten recherchieren und einen direkten Zugang zu Zeugen, Ermittlern, Akten oder weiteren Quellen haben, ist relativ klein. Alle anderen berichten, kommentieren und titeln aus der geographischen und sachlichen Ferne und verlassen sich mehr oder weniger auf die Berichte der Kollegen und die oft recht dürren offiziellen Verlautbarungen. Und wer möchte schon, wenn Entsetzen und Empörung längst grassieren, als Zweifler dastehen und Zurückhaltung einfordern und damit mutmaßlichen Tätern – hier: Neonazis – zur Seite springen?

Es ist auch nicht so, dass sich im Fall »Sebnitz« die Boulevardreporter alles aus den Fingern gesogen und die Beschuldigungen gegen Neonazis völlig frei erfunden hätten. Es gab durchaus einen amtlichen Verdacht, es lagen sogar Haftbefehle gegen drei junge Leute vor. Doch damit war man eben noch nicht am Ende der Ermittlungen angelangt. Die Haftbefehle mussten wieder aufgehoben werden, und allmählich kam ans Licht, dass die Mordgeschichte konstruiert worden war. Mehr als 230 Zeugen wurden vernommen. Vieles blieb unklar, aber nach allem, was man anschließend sagen konnte, war der Tod des kleinen Joseph ein Unfall. Die Verhafteten waren keine Mörder; sogar die Frage, ob und wie weit sie der rechten Szene angehörten, ist nicht so einfach zu beantworten.[16]

Die Region um Sebnitz war bzw. ist durchaus eine Hochburg des Rechtsextremismus, und es hätte gute Gründe gegeben, den alltäglichen Rassismus und Terror im Ort und der Umgebung journalistisch in den Blick zu nehmen.[17] Nach dem medialen Skandal trauten sich aber nicht mehr allzu viele Journalisten, hier zu recherchieren und den ruinierten Ruf des Ortes womöglich weiter zu beschädigen. Aus einem Fehler folgt oft der nächste. Der Fall »Sebnitz« ist bis heute eine Mahnung: Journalisten müssen sich hüten, zu schnell ein Urteil zu fällen und die Recherche einseitig anzulegen (oder gar nicht erst zu beginnen). Darin war man sich anschließend rasch einig. Die Selbstkritik der Medien nach dem Versagen war groß und auch sicherlich ehrlich gemeint. Der *Spiegel* schrieb damals von der »medialen Blamage des Jahres«.[18] Es mag sein und wäre jedenfalls zu wünschen, dass seit dieser Erfahrung Journalisten und Redaktionen zumindest in heiklen Fällen mehr Vorsicht walten lassen. Aber an den grundlegenden Mechanismen des Medienbetriebs hat sich ja nicht viel geändert. Durch den Online-Journalismus ist die Gefahr, dass sich in großem Tempo falsche Meldungen oder verzerrende Deutungen verbreiten, eher noch gewachsen.

Als 2007 eine Gruppe Inder durch die sächsische Stadt Mügeln gejagt wird, stehen die Medien auch dort vor der Herausforderung, die Hintergründe richtig einzuordnen. Wie in Sebnitz wurde der Ort in Zusammenhang mit einer rassistischen Eskalation gebracht, diesmal mit einem wahren Kern. Dennoch zeigten sich, so das Urteil einer Studie, erneut problematische mediale Muster: Pauschalisierungen und Vereinfachungen, fehlende Kontinuität und Nachhaltigkeit in der Berichterstattung und ein unreflektiertes Übernehmen der Verlautbarungen von Behörden oder der Darstellungen anderer Journalisten.[19]

Wenige Monate vor dem medialen Sebnitz-Skandal wurde am 9. September 2000 in Nürnberg der Blumenhändler Enver Şimşek erschossen. Es war der Beginn der Česka-Mordserie, über deren Hintergründe Ermittler und Journalisten jahrelang rätselten, bis im November 2011 die Existenz einer rechten Terrorgruppe namens »Nationalsozialistischer Untergrund« bekannt wurde. Die Opfer der Česka-Serie, benannt nach der Pistole, die bei neun Morden verwendet worden war, waren acht Männer mit türkischen Wurzeln und ein Grieche. Elf Jahre lang war die Polizei auf falschen Fährten unterwegs gewesen. Erst sehr spät, halbherzig und erfolglos wurde die These geprüft, die Taten könnten einen rassistischen Hintergrund haben. Und all die Jahre, in denen die Kommissare im Dunkeln tappten und von einer mysteriösen, mafiaähnlichen Organisation phantasierten, übernahmen die Medien diese Deutung und setzten ihr nichts entgegen, was in die richtige Richtung gewiesen hätte. Im Gegenteil. Es gab Berichte, die dazu beitrugen, die Idee einer vermeintlichen kriminellen Verstrickung der Opfer weiter zu befeuern. Von einer »düsteren Parallelwelt« war die Rede, von einer »Allianz türkischer Nationalisten, Gangster und Geheimdienstler«.[20]

Obendrein prägten und verbreiteten Journalisten den Begriff »Döner-Morde«. Er wurde später, als der NSU entdeckt und die mediale Fehlleistung endlich erkannt worden war, zum »Unwort des Jahres« gewählt. Das Versäumnis, die Perspektive der Opfer und ihrer Familien einzunehmen, zeigte sich in dem Begriff auf beschämende Weise. Dahinter verbarg sich eine Unachtsamkeit, gekoppelt mit journalistischer Bequemlichkeit, wie sie leider in dieser Kombination jederzeit, auch heute noch, wieder vorkommen könnten. Griffige Ausdrücke und einprägsame Schlagworte gehören zum Geschäft.

Der Hintergrund der Wortschöpfung wirkt scheinbar banal und harmlos: Im Juni 2005 geschah der sechste Mord in der Česka-Serie. Das Opfer hieß İsmail Yaşar; er betrieb in Nürnberg eine Dönerbude, in der ihn die Mörder erschossen, als er morgens mit der Arbeit beginnen wollte. Ein Nürnberger Lokalredakteur suchte einige Wochen später nach einer passenden Überschrift für einen Bericht über die laufenden Ermittlungen. Eigentlich, so sagt er später, habe er schreiben wollen »Der Mord an dem Döner-Verkäufer«. Dafür sei aber kein Platz gewesen.[21] Stattdessen passte das Wort »Döner-Mord« in die Dachzeile und stand nun am nächsten Tag – mit distanzierenden Anführungszeichen versehen – in der Zeitung.

Es verselbständigte sich rasch, und der Ausdruck machte in den folgenden Monaten und Jahren in fast allen Medien, den großen und kleinen, den Boulevardmedien und der Qualitätspresse, die Runde, auch in der *Frankfurter Allgemeinen* und der *Süddeutschen Zeitung*.[22] Es schien auch niemanden zu stören, dass sieben der neun Toten in der Česka-Serie beruflich gar nichts mit Dönern zu tun hatten. Sie waren Blumenhändler, Kiosk-Besitzer, Betreiber eines Schlüsselladens oder eines Internetcafés. Dennoch wurde das Etikett verwendet und verbreitet. Türken, Döner, Döner-Morde – so schlicht war die Assoziationskette.

Rückblickend wirkt es erstaunlich, dass weder die Polizei noch die Medien rechtzeitig darauf kamen, die Verbrechen der Česka-Serie in einem Zusammenhang mit der rechten Szene zu sehen. Man habe dafür keine Anhaltspunkte, hieß es bei den Behörden, und die Journalisten gaben sich damit zufrieden. Nicht nur wegen der Erfahrung im Fall »Sebnitz« wäre es durchaus verständlich gewesen, wenn die Medien zurückgeschreckt hätten vor unzureichend belegten Verdächtigungen und Beschuldigungen. So war es aber nicht. Sie erlegten sich keineswegs ein Spekulationsverbot auf. Die Ansichten der Ermittler, die den Hintergrund der Taten in der organisierten (Ausländer-)Kriminalität suchten, wurden mehr oder weniger unkritisch transportiert und teilweise durch weitere Spekulationen und vermeintliche Hinweise in diese Richtung ergänzt und angeheizt. Da wurde beispielsweise ohne solide Grundlage über vermeintliche Verbindungen zu einem Wettpaten oder zur Drogenmafia geschrieben. Frühzeitig hatte sich auch in den Medien ein falsches Schema durchgesetzt.

Es kann dahingestellt bleiben, ob und wie im Einzelnen Journalisten eine Chance gehabt hätten, den Zusammenhang zwischen den untergetauchten Neonazis aus Jena und den Česka-Morden herzustellen. Allein das beharrliche Recherchieren in die Richtung eines rechtsextremen Hintergrunds und ein entsprechendes Insistieren bei den Behörden hätten jedoch die Ermittler dazu bringen können, diesen Ansatz früher, intensiver und effektiver zu verfolgen. Und es erscheint nicht unwahrscheinlich, dass der NSU seine Strategie und sein Vorgehen geändert hätte, wenn seine Verbrechen in der Öffentlichkeit in den Kontext des Rechtsextremismus eingeordnet worden wären.

Eine Studie der Otto-Brenner-Stiftung attestiert den Medien im Fall der NSU-Morde eine »unzureichende Reflexion der Deutungsmuster der Ermittlungsbehörden«; viele Berichte seien geprägt gewesen von Einseitigkeit und mangelnder Recherche, von einem »Schwarmverhalten« der Journalisten und einer Stigmatisierung der Opfer.[23] Das ist kein schönes Zeugnis. Die Medien müssen sich aber gefallen lassen, dass man über sie in ähnlicher Weise kritisch urteilt, wie sie es selbst immer wieder tun, wenn es um das Versagen und die Verfehlungen von Behörden, Politikern oder Managern geht.

Die skizzierten Befunde sind Anlass genug, auch jetzt noch Vorsicht walten zu lassen, wenn man die Geschichte des NSU betrachtet. Vieles ist bis heute ungeklärt, die Aufklärung nicht abgeschlossen. Leider nutzen einige – nicht zuletzt Rechtsextremisten – die Wissenslücken und Unsicherheiten dazu, den gebotenen Zweifel und die gebotene Vorsicht für ihre Zwecke zu instrumentalisieren. Verschwörungstheoretiker versuchen, sich des Themas zu bemächtigen und Deutungshoheit im NSU-Komplex für sich zu beanspruchen. Neonazis, aber nicht nur sie, verbreiten Legenden und Komplott-Phantasien, die darauf hinauslaufen, die rechte Szene zu entlasten und stattdessen den Staat, die Polizei und den Verfassungsschutz verantwortlich zu machen. Dies wird ihnen dadurch sehr leicht gemacht, dass die Rolle der Behörden in diesem Fall tatsächlich nicht nur unrühmlich, sondern – Stichwort: V-Leute – auch höchst dubios und teilweise sogar kriminell anmutet.[24] Umso wichtiger, umso gefragter sind hier Präzision bei der Betrachtung und Bewertung der Vorgänge und das saubere Ausweisen von Wissen und Nichtwissen, von Fakten und Fiktionen, von Hypothesen und Belegen. Umso ärgerlicher sind Beiträge, in denen das Verwischen solcher Grenzen und Unterscheidungen Methode hat und die dennoch behaupten, einen seriösen Beitrag zur Aufklärung zu leisten.[25]

Die Medien werden ihrer Sorgfaltspflicht zum einen dann nicht gerecht, wenn sie keine kritischen Fragen mehr stellen und Zweifel – auch an der »offiziellen« Version, wie sie die Behörden vertreten – beiseitewischen. Aber die Medien können ihrer Sorgfaltspflicht ebenfalls nicht genügen, wenn sie einem allgemeinen Relativismus frönen, munter in alle Richtungen spekulieren und so tun, als sei im NSU-Komplex weiterhin gar nichts sicher und alles möglich. Es ist eine Spirale des Misstrauens entstanden, die dazu verleiten kann, jedwede behördliche Darstellung zurückzuweisen. Skepsis und eigene Recherche sind notwendig, hüten muss man sich allerdings auch davor, abzugleiten in das Gemunkel und Geraune selbsternannter publizistischer Ermittler, die jede Theorie und jeden noch so vagen Verdacht hochkochen zu einer angeblichen Ungereimtheit oder einer vermeintlichen neuen Spur.

Es ist manchmal wahrlich ein schmaler Grat zwischen Aufklärung und Konfusion. In vielen Fällen – so in Sebnitz und beim NSU – begehen Medien Fehler, weil sie zu leichtgläubig und voreilig eine Version der Polizei und der Staatsanwaltschaft übernehmen, die zu dem Zeitpunkt unausgereift und fehlerbehaftet ist. Im Fall »Sebnitz« fanden viele Journalisten es auf Anhieb plausibel, dass eine Horde Neonazis im Freibad einen kleinen Jungen gequält und getötet haben soll. Es schien so gut zum Klischee des wilden Ostens zu passen. Denn hatte sich das Klischee nicht schon allzu oft als traurige Realität erwiesen? Bei der Česka-Mordserie dagegen hat es den Journalisten offenbar auf Anhieb eingeleuchtet, dass als Täter die Mitglieder einer kriminellen ausländischen Bande in Frage kommen sollten. Die Welt der türkischen Kleingewerbetreibenden war vielen in den Redaktionen wohl genauso fremd wie den Polizisten, die schließlich sogar auf die abstruse Idee verfielen, in Nürnberg und München eigene Dönerbuden betreiben zu lassen, durch die man mehr über die Geschäftspraktiken in der Welt der Döner-Verkäufer in Erfahrung bringen und die Mörder anlocken wollte.[26]

## Journalistische Versuchungen

Zu den gefährlichsten journalistischen Versuchungen gehört die Vereinfachung. Sie lauert überall, und in gewissen Grenzen ist es sogar unvermeidbar, ihr zu erliegen. Es gehört schließlich zur Aufgabe der Medien, die Komplexität der Welt so zu verarbeiten und zu reduzieren, dass die Rezipienten sich zurechtfinden. Deshalb müssen Journalisten eine Auswahl treffen, sie müssen ordnen, weglassen, pointieren.

Es ist aus der Medienforschung hinlänglich bekannt, dass Journalisten sich dabei bewusst oder unbewusst an bestimmten Nachrichtenwerten und Selektionskriterien orientieren. Als Nachrichtenwert gilt beispielsweise die Prominenz eines Akteurs oder die Dramatik eines Ereignisses. Die Orientierung an diesen Werten hat unter anderem zur Folge, dass »Personalisierung« eine große Rolle spielt: Mediale Darstellungen beziehen sich oft stark auf einzelne Personen. Übertragen auf das Thema NSU bedeutet dies, dass vor allem Beate Zschäpe in den Mittelpunkt gerückt wird. Erfahrungsgemäß ist das Interesse vieler Leser an ihr besonders groß (wie sich unter anderem an den Klickraten entsprechender Online-Beiträge messen lässt). Das ist einerseits legitim, weil vieles an dieser Person rätselhaft wirkt und sie zugleich eine der Schlüsselfiguren in dem Gerichtsverfahren ist, die jahrelang durch beharrliches Schweigen und dann durch eine sehr konstruiert wirkende und nur von einem Anwalt verlesene Erklärung die Spannung und die Aufmerksamkeit des Publikums zusätzlich gesteigert hat. Andererseits ist es wichtig, sich nicht nur auf diese eine Person zu konzentrieren, sondern auch das Netzwerk der NSU-Unterstützer und das Agieren der Sicherheitsbehörden in den Blick zu nehmen und über die Strukturen und Mentalitäten zu berichten, die zum einen in der rechten Szene und zum anderen im Sicherheitsapparat prägend waren. Nur so wird man dem Phänomen NSU umfassend gerecht werden. Generell sollten Journalisten sich darum bemühen, Terroristen nicht als Medienstars und Anschläge nicht als Events zu inszenieren.[27] In der Praxis ist das leichter gesagt als getan, denn der Sog aktueller Ereignisse und die Macht des Vordergründigen sind gewaltig.

Aufschlussreich sind Darstellungen, die versuchen zu ergründen, wie Extremisten und Terroristen zu dem wurden, was sie sind, und zeigen, dass sie letztlich nicht ein Fremdkörper, sondern auf schreckliche Weise Teil der Gesellschaft sind, die sie hervorgebracht hat. Dabei sind im Falle des NSU nicht nur die Biographien der Neonazis interessant, sondern auch das jahrelange Leben im sogenannten Untergrund. Dieser Untergrund war, nach allem, was man mittlerweile weiß, eine ziemlich oberirdische und bisweilen sehr banale Alltagswelt.

Wegen der großen Bedeutung des Verfahrens, aber vielleicht auch wegen einer Scham über das jahrelange Versagen haben einige Medien erstaunlich viel und ausführlich über den NSU-Prozess und die NSU-Untersuchungsausschüsse berichtet. In anderen, langwierigen Verfahren ziehen häufig schon nach wenigen Tagen die Medienvertreter wieder ab. Im NSU-Prozess bröckelte das Interesse zwar nach einer Weile ebenfalls ein wenig, aber es gab eine ganze Reihe von Zeitungen und Sendern, die stets – an wirklich jedem einzelnen Verhandlungstag – präsent waren und kontinuierlich berichtet haben (außer der *Süddeutschen Zeitung* beispielsweise auch der Bayerische Rundfunk, ferner *Tagesspiegel* und *Spiegel* sowie die *Thüringer Allgemeine*).

Damit ist im Umkehrschluss schon eine zweite journalistische Versuchung angesprochen: sich nach kurzer Zeit wieder anderen Themen zuzuwenden und bei komplexen und langwierigen Verfahren und Sachverhalten die Mühen der Ebene zu scheuen. Dieser Versuchung zu widerstehen, ist vielen Kollegen schon deshalb schwer möglich, weil die Redaktionen notorisch unterbesetzt sind, die Zeit knapp ist, das Geld auch – und es sich nur wenige Medienhäuser leisten können, einen Mitarbeiter dauerhaft für ein spezielles Thema abzustellen. Die journalistische Alltagspraxis führt so auch beim Rechtsextremismus zu der oben schon angedeuteten Diskontinuität in der Berichterstattung, zur Ausbildung von Wellen, Moden und Hypes. Der Journalismus kann seine Funktion, als Frühwarnsystem der Gesellschaft zu dienen, aber nicht mehr wahrnehmen, wenn er sich auf das schnelle und oberflächliche Berichten beschränkt.[28]

Wer sich publizistisch mit Neonazis auseinandersetzt, muss damit rechnen, dass er bedroht und angegriffen wird; das erschwert die Berichterstattung zusätzlich. Gerade Lokalreporter sind leider oft unmittelbar mit Neonazis konfrontiert. Es gibt nicht allzu viele Fachjournalisten, die sich beharrlich und mit langem Atem mit dem Rechtsextremismus auseinandersetzen. Immer wieder zeigt sich jedoch im journalistischen Alltag, wie wichtig es ist, sich intensiv mit der rechten Szene beschäftigt zu haben. Nur dann ist es beispielsweise möglich, bestimmte Symbole und Codes, die Neonazis verwenden, zu entschlüsseln und Mitglieder der Szene zu identifizieren. Das ist auch im NSU-Verfahren hilfreich, wenn Sympathisanten und Unterstützer der Angeklagten plötzlich als Zuschauer im Gerichtssaal auftauchen. Spezialisierungen bergen sicherlich auch Gefahren, es kann dann gelegentlich an der nötigen Distanz und Übersicht fehlen. Doch am Beispiel der Ermittlungen zum Oktoberfestattentat kann man sehen, dass es Fälle gibt, bei denen es wichtig ist, sie nicht nach kurzer Zeit schon zu den Akten zu legen und sich als Reporter damit abzufinden. Die fast 35 Jahre nach der Tat erfolgte Wiederaufnahme offizieller Ermittlungen zum Oktoberfestattentat war nicht zuletzt das Verdienst eines Anwalts und eines Journalisten, die einen langen Atem bewiesen haben.[29] Geht die ganze Energie in die Recherche eines komplizierten Falls, fehlt sie freilich an anderer Stelle. Das führt im Großen und Ganzen dazu, dass eher das Spektakuläre und Naheliegende medial aufgegriffen werden und weniger das Unscheinbare und Versteckte, das dennoch wichtig ist.

Gewalt von rechts ist ein Alltagsproblem, die Anzahl der Opfer, die über die Jahre hinweg wächst und wächst, lässt einen erschauern. Statistisch gesehen begehen Neonazis jeden Tag in Deutschland zwei bis drei Gewalttaten.[30] Und in den Jahren 2014/15 ist kaum ein Tag vergangen, an dem nicht irgendwo in Deutschland ein Flüchtlingsheim angegriffen wurde. Beschmiert, in Brand gesetzt, mit Steinen beworfen. Diesen alltäglichen Terror vermelden die Medien mittlerweile oft nur noch beiläufig, sie kapitulieren vor der schieren Masse und der traurigen Routine dieser Vorfälle. Ihnen gelingt es nur bedingt, bei den Behörden nachzusetzen. Die Frage erscheint ebenso gerechtfertigt wie drängend, warum es wieder und wieder solche Anschläge gibt und der Staat offensichtlich nicht in der Lage oder nicht willens ist, die Einrichtungen und deren Bewohner besser zu schützen oder wenigstens mehr dafür zu tun, die Täter zu ermitteln.

## Vorbildlich berichten – ein Fazit

Die Berichterstattung über den Rechtsextremismus leidet, wie andere schwierige Themen, unter einer Reihe medialer Mechanismen, die im schlimmsten Fall zu einer völlig verzerrten Darstellung führen können. Eine zu frühe Festlegung auf eine bestimmte Perspektive, mangelhafte Recherche, fehlende Sorgfalt, zu großes Vertrauen in die Behörden – all dies sind professionelle Fehler, die schwerwiegende Folgen haben können. Dazu kommt das Ausblenden der Opfer-Perspektive, die Dramatisierung entlang fragwürdiger, stereotyper Rahmungen und die Konzentration auf Personen und Ereignisse, ohne komplexe Strukturen und Prozesse zu beachten.

Der Journalist und Journalismus-Professor Axel Buchholz hat eine Reihe plausibler Grundprinzipien aufgestellt, denen die Medien bei der Berichterstattung über den Rechtsextremismus folgen sollten. Dazu gehören neben den Geboten der Fairness und der gründlichen Recherche das Vermeiden von »Betroffenheits-Journalismus« oder eines Journalismus »mit erhobenem Zeigefinger«. Die eigene Einstellung und persönliche Betroffenheit seien »kein Ersatz für Fachwissen und Kenntnis der Szene«; ereignisbezogene Berichterstattung dürfe sich zudem nicht instrumentalisieren lassen – dem Ereignis also keine unangemessene Bedeutung oder zu viel Platz bzw. Sendezeit eingeräumt werden, ohne dass es eingebettet wird in weitere Analysen.[31]

Vorbildlich zu berichten würde bedeuten, sich nicht dem Reflexhaften und scheinbar Offensichtlichen zu unterwerfen. Allerdings: Das Schwimmen gegen den (vermeintlichen) Mainstream ist wiederum kein Wert an sich, ebenso wenig wie das Bezweifeln einer »offiziellen« Version. Wer allem und jedem misstraut, gerät schnell auf eine schiefe Ebene und landet irgendwann im Sumpf der Spekulation und wilden Verschwörungstheorien. Geht es um Verbrechen, um Schuld und Unschuld, um Täter und Helfer, müssen die Tatsachen, müssen Indizien und Belege im Vordergrund stehen – nicht Mutmaßungen und nicht ideologische Konstrukte. Das bedeutet z. B.: Die mittlerweile wie ein Glaubensstreit geführte Auseinandersetzung darüber, ob der NSU aus drei oder aus mehr Personen bestand, ist eben gerade keine Frage des Glaubens, sondern eine Frage der Fakten und der Beweise. Dabei muss, wie in der Wissenschaft, stets bedacht werden, dass der Prozess der Wahrheitsfindung nicht einfach abzuschließen ist, dass es auf die richtige Bewertung und Gewichtung von Belegen ankommt und prinzipiell jederzeit weitere Hinweise und Tatsachen ans Licht kommen können, die zu neuen Einsichten führen.

Die Arbeit von (investigativen) Journalisten und Ermittlern hat viele Parallelen, die Medien sind jedoch keine Strafverfolgungsbehörden. Manchmal gehen sie zu leichtfertig mit Hinweisen und Indizien um, sie unterwerfen sich nicht den strengen rechtsstaatlichen Maßstäben, wie sie in der juristischen Beweiserhebung und -würdigung üblich sind. Auf der anderen Seite – das zeigen Fälle wie der Tod des Jungen in Sebnitz ebenso wie der NSU-Komplex oder die Ermittlungen zum Oktoberfestattentat – benötigen die Behörden ein Korrektiv und ein kritisches Gegenüber. Journalisten sind, wie der Kommunikationswissenschaftler Lutz Hachmeister es ausdrückt, »in gewisser Weise [zugleich] Kollaborateure und Konkurrenten von Staatsanwälten und Kriminalisten«.[32]

Journalisten stützen sich in der Regel in starkem Maße auf Quellen, die aus dem politischen Raum und dem Inneren der Behörden stammen. Sie prüfen diese Quellen, stellen in bestem Falle weitere Fragen und initiieren weitere Recherchen; sie konfrontieren und befragen selbst Zeugen, kombinieren, bewerten und gewichten Indizien. Die Frage ist dann unter anderem (und sie stellt sich auch bei der NSU-Aufklärung), an welchen Punkten die Erkenntnisse der professionellen Ermittler als ergänzungs- oder korrekturbedürftig betrachtet werden.

Vorbildlich zu berichten bedeutet, Unwägbarkeiten und Zweifel transparent zu machen und sauber zwischen Hypothesen und – nach dem jeweils aktuellen Stand – erwiesenen Tatsachen zu unterscheiden. Es bedeutet auch, zurückhaltend mit Verdächtigungen umzugehen, vor allem dann, wenn sie nur auf einer vagen Grundlage beruhen. All dies sollte selbstverständlich sein, aber die Praxis zeigt, dass dies leider keineswegs so ist.

Umso bemerkenswerter sind intensive, langzeitorientierte Recherchen von Journalisten, die nicht lockerlassen und dabei dennoch gewissenhaft die Fakten und Hinweise abwägen. Ein gutes Beispiel dafür ist der beharrliche Versuch des *Tagesspiegel*-Reporters Frank Jansen (teils in Zusammenarbeit mit anderen), einen Überblick über die Zahl der Opfer zu gewinnen, denen rechte Gewalttäter das Leben genommen haben. Die offizielle Statistik war und ist, wie Jansens Recherchen gezeigt haben, nur bedingt valide und verlässlich. Einige Opfer kommen darin nicht vor; die »Jansen-Liste« gibt dagegen einen besorgniserregenden Eindruck von den wahren Ausmaßen des Mordens.[33] Der *Tagesspiegel* hat einen treffenden lateinischen Leitspruch, der in jeder Ausgabe in der Kopfzeile auf der ersten Seite zu lesen ist: »Rerum cognoscere causas« – den Dingen auf den Grund gehen. Es ist eine Maxime, die nicht nur für dieses Blatt gut ist.

*Anmerkungen*

1   Vgl. Jürgen Püschel/Hans-Jürgen Weiß, Fernsehberichterstattung über Rechtsextremismus. Ausländer und Asyl im Sendervergleich, in: Sabine Jungk (Hrsg.), Zwischen Skandal und Routine? Rechtsextremismus in Film und Fernsehen, Marburg 1996, S. 77-95.

2   Vgl. den Überblick von Britta Schellenberg, Rechtsextremismus und Medien, in: Aus Politik und Zeitgeschichte 42 (2005), S. 39-45.

3   Hans-Jürgen Weiß/Cornelia Spallek, Fallstudien zur Fernsehberichterstattung über den Rechtsextremismus in Deutschland 1998-2001, Düsseldorf 2002.

4 Hans-Bernd Brosius/Frank Esser, Eskalation durch Berichterstattung? Massenmedien und fremdenfeindliche Gewalt, Opladen 1995, S. 195.

5 Vgl. Robert Berlin, Lokaljournalisten im Stress. Eine medienwissenschaftliche Studie über den Umgang mit Rechtsextremismus in zwei ostdeutschen Stadtgebieten, in: Michael Haller (Hrsg.), Rechtsterrorismus in den Medien, Münster 2013, S. 79-92.

6 Vgl. Fabio Ghelli, Thilo Sarrazins Kampf gegen die »Medienklasse«, in: Mediendienst Integration, 24.2.2014, www.mediendienst-integration.de/artikel/sarrazin-tugendterror-medien-zensur.html. Robert Misik, »Sarrazynismus«, in: taz, 31.8.2010, www.taz.de/!5136458.

7 Ralph Weiß, Zwischen Anstiftung und Aufklärung. Zur Rolle der Medien gegenüber dem Rechtsextremismus, Ein Forschungsüberblick, in: Jungk (Hrsg.), Zwischen Skandal und Routine? (wie Anm. 1), S. 176-196, hier: S. 181. Bernhard Blanke, Zuwanderung und Asyl. Zur Kommunikationsstruktur der Asyldebatte, in: Leviathan 21 (1993) 1, S. 13-23.

8 Walter Hömberg/Sabine Schlemmer, Fremde als Objekt. Asylberichterstattung in deutschen Tageszeitungen, in: Media Perspektiven, 1 (1995), S. 11-20.

9 Klaus Merten, Das Bild der Ausländer in der deutschen Presse, Frankfurt a. M. 1986, S. 4.

10 Focus 45 (2014).

11 Focus 4 (2015).

12 Vgl. Anja Willkommen, Ein bemerkenswerter Fall. Joseph, Sebnitz und die Presse, Dresden (Hrsg.: Sächsische Staatskanzlei) 2001. Rainer Jogschies, Emotainment. Journalismus am Scheideweg. Der Fall Sebnitz und die Folgen, Münster 2001.

13 Dokumentiert in: Willkommen, Ein bemerkenswerter Fall (wie Anm. 12), S. 30.

14 Es war der Medien-Gau, Interview mit Mike Ruckh (geführt von Annette Ramelsberger), in: Süddeutsche Zeitung, 1.12.2000, S. 5.

15 Willkommen, Ein bemerkenswerter Fall (wie Anm. 12), S. 35-39.

16 Vgl. das Interview mit den drei damals Beschuldigten: Es gab nie eine Entschuldigung, in: Stern, 28.12.2000, S. 116.

17 Vgl. Hajo Funke, Paranoia und Politik, Rechtsextremismus in der Berliner Republik, Berlin 2002, S. 38-47.

18 Nikolaus von Festenberg, Das Jahr der Nullen, in: Der Spiegel 1 (2001), www.spiegel.de/spiegel/print/d-18166219.html.

19 Britta Schellenberg, »Lügenpresse«? »Rechtsextremismus« und »Rassismus« in den Medien, in: Wolfgang Frindte/Daniel Geschke/Nicole Haußecker/Franziska Schmidtke (Hrsg.), Rechtsextremismus und »Nationalsozialistischer Untergrund«. Interdisziplinäre Debatten, Befunde und Bilanzen, Wiesbaden 2015, S. 309-339, hier: S. 335 ff.

20 Düstere Parallelwelt, in: Der Spiegel 8 (2011), 21.2.2011, S. 64 ff.

21 Christian Fuchs, Wie der Begriff »Döner-Morde« entstand, in: Spiegel Online, 4.7.2012, www.spiegel.de/panorama/gesellschaft/doener-mord-wie-das-unwort-des-jahres-entstand-a-841734.html.

22 Fabian Virchow/Tanja Thomas/Elke Grittmann, »Das Unwort erklärt die Untat«. Die Berichterstattung über die NSU-Morde, eine Medienkritik, Studie der Otto-Brenner-Stiftung, Frankfurt a. M. 2015, S. 21 ff.

23 Ebd., S. 10 f.

24 Zur Rolle von V-Leuten vgl. die Beiträge von Dirk Laabs und Ulrich Chaussy sowie die Podiumsdiskussion in diesem Band.

25 Ein Beispiel dafür ist der erfolgreiche Kriminalroman »Die schützende Hand« von Wolfgang Schorlau (Köln 2015), der suggeriert, die NSU-Terroristen Uwe Mundlos und Uwe Böhnhardt hätten sich nicht selbst getötet, sondern seien durch Hintermänner, die für den Staat arbeiten, umgebracht worden.

26 Tanjev Schultz, Kommissar Kebap, in: Süddeutsche Zeitung, 30.6.2012, S. 9.

27 David Th. Schiller, »When it bleeds, it leads the headlines …«. Ein Essay zum Thema »Medien und Terrorismus« aus journalistischer und sicherheitspolitischer Perspektive, in: Sonja Glaab (Hrsg.), Medien und Terrorismus. Auf den Spuren einer symbiotischen Beziehung, Berlin 2007, S. 99-113, hier: S. 101-105.

28 Michael Haller, Aufbauschen? Abbilden? Wegsehen?, in: ders. (Hrsg.), Rechtsterrorismus in den Medien, Münster 2013, S. 5-25.

29 Ulrich Chaussy, Oktoberfest. Das Attentat. Wie die Verdrängung des Rechtsterrors begann, Berlin 2014; vgl. den Beitrag von Ulrich Chaussy in diesem Band.

30 Bundesweiter Durchschnittswert gemäß der Kriminalstatistik von 2014, vgl. Tanjev Schultz, Das Sicherheitsrisiko, in: Süddeutsche Zeitung, 7.5.2015, S. 2.

31 Axel Buchholz, Wie sollten Journalisten berichten? 18 Thesen zur Berichterstattung über Rechtsextremismus, Bundeszentrale für politische Bildung, 25.5.2007, www.bpb.de/politik/extremismus/rechtsextremismus/41325/wie-sollten-journalisten-ueber-rechtsextremismus-berichten.

32 Lutz Hachmeister, Der Journalismus selbst muss beobachtet werden, Ein Interview (geführt von Jasmin Siri), in: Imke Schmincke/Jasim Siri (Hrsg.), NSU-Terror. Ermittlungen am rechten Abgrund, Bielefeld 2013, S. 167-175, hier: S. 168.

33 Todesopfer rechter Gewalt, www.tagesspiegel.de/politik/todesopfer-rechter-gewalt/. Die Recherchen ergaben für die Jahre 1990 bis 2013 eine Zahl von 152 Todesopfern. Die Amadeu Antonio Stiftung kommt sogar auf 184 Opfer zwischen 1990 und 2011. Nicht bei allen Fällen sind die Hintergründe unumstritten, die Recherchen von Journalisten und Opferverbänden sind jedoch ein klares Indiz dafür, dass die offizielle Statistik die Werte viel zu niedrig angesetzt hat und viele Fälle rechtsextremer Gewalt nicht als solche anerkennt.

# III. Struktur und Praxis des Rechtsextremismus

CLAUDIA LUZAR

# Rechtsextreme Gewalt und ihre Opfer.
## Das Beispiel Dortmund

Rechtsextreme und rassistische Gewalt sind eine gesellschaftliche Herausforderung und aktueller denn je. Während 2015 insgesamt mehr als eine Million Menschen über das Mittelmeer in die Europäische Union einwanderten und der größte Teil der Flüchtlinge nach Deutschland kam, formierte sich gleichzeitig Widerstand gegen den zunehmend unkontrollierter gewordenen Zuzug. Repräsentiert wurde und wird die Ablehnung der Flüchtlingsbewegung in Deutschland einerseits durch die rechtspopulistische Bewegung Patriotische Europäer gegen die Islamisierung des Abendlandes (Pegida), andererseits durch die Zunahme rechtsextremer und rassistischer Initiativen, Gruppen und sogenannter Bürgerwehren. Gleichzeitig stieg nach Angaben des Bundeskriminalamtes in den ersten drei Quartalen 2015 die Zahl der Angriffe auf Flüchtlingswohnheime auf insgesamt 505 Taten, davon waren 461 politisch rechts motiviert.[1] Noch nicht veröffentlicht sind die Fallzahlen rechtsextremer und rassistischer Angriffe, bei denen einzelne Personen attackiert wurden, weil sie stellvertretend für eine verhasste Gruppe standen.

Zwar wurde Rechtsextremismus in den letzten beiden Jahrzehnten als gesellschaftliche Bedrohung wahrgenommen und auf der politisch-institutionellen Ebene kamen (je nach gesellschaftlicher Konfliktlage) auch sogenannte Aktionsprogramme gegen Rechtsextremismus in Gang. So wurden beispielsweise Beratungsstellen für Opfer rechtsextremer Gewalt finanziert, darunter das Programm »Jugend für Toleranz und Demokratie – gegen Rechtsextremismus, Fremdenfeindlichkeit und Antisemitismus« und das Folgeprogramm »Jugend für Vielfalt, Toleranz und Demokratie – gegen Rechtsextremismus, Fremdenfeindlichkeit und Antisemitismus«. Jedoch stehen Personal und analytische Konzepte solcher Institutionen vor einer großen Herausforderung – sowohl in ihrer qualitativen als auch in ihrer quantitativen Ausrichtung. Große Programmteile legen den Schwerpunkt auf die präventive Arbeit in zivilgesellschaftlichen Bereichen und fokussieren auf die Bildungs- und Jugendarbeit. Rechtsextremismus wird dabei bis heute als Jugendphänomen behandelt. Dahinter steht die Überzeugung, durch mehr Skandalisierung, Aufklärung und Bildung würden sich Rassismus, Gewalt und Menschenfeindlichkeit minimieren lassen. Bis auf die direkte Arbeit mit Opfern rechtsextremer Gewalt und einigen anderen Projekten fehlte bisher jedoch die Auseinandersetzung mit weiteren Zielgruppen in diesem Feld, etwa Polizisten, Richtern, Staatsanwälten und Justizvollzugspersonal. Auch wurde in den Anti-Rechts-Programmen angesichts der Fokussierung auf die Jugend vergessen, dass ein nicht unwesentlicher Anteil von älteren Personen rechtsextreme und rassistische Einstellungen hat, was durch zahlreiche Studien auch belegt ist. Seit den Demonstrationen von Pegida und den Protesten gegen Flüchtlingsunterkünfte sind diese Einstellungen nun sichtbar geworden. Sie manifestieren sich auf verschiedenen Handlungsfeldern, bespielsweise in Demonstrationen, Angriffen und Mahnwachen; Träger sind Erwachsene. Angesichts dessen bedarf es mit Blick auf die inhaltliche Ausrichtung, die Zielgruppen und die Arbeitsmethoden neuer Impulse in den Programmen.

Schon seit den frühen neunziger Jahren, als in Rostock-Lichtenhagen, Hoyerswerda, Solingen, Mölln und anderswo Flüchtlinge und Migranten angegriffen wurden, ist in Deutschland ein Diskurs über rechtsextreme Gewalt im Gange. Die genannten Städtenamen stehen stellvertretend für eine Kette von rechtsextremen Taten, die das gerade vereinigte Deutschland erfasst hatten und ausgiebig medial thematisiert und öffentlich verurteilt wurden. Seitdem werden erstmals Asylbewerber und Migranten als Opfer von Gewalt wahrgenommen. Zuvor waren sie aus unterschiedlichen Gründen in beiden deutschen Staaten weder wissenschaftlich noch in den Medien gewürdigt worden. Bis 2000/01 fielen diese spezifischen Opfergruppen unter die Kategorie »allgemeine Kriminalitätsopfer« und wurden entweder durch den Weißen Ring, einen gemeinnützigen Verein, der Opfer von Straftaten unterstützt, oder die Opferschutzbeauftragten der Polizei betreut. Seit dem Aufbau von Opferberatungsstellen in Ostdeutschland zwischen 1998 und 2002 haben sich die Erfassungskriterien eines rechtsextremen Angriffs, die spezifische Betreuung der Opfergruppen und die Sensibilisierung für diese Form politischer Gewalt geändert.

Rechtsextreme und rassistische Gewalt finden nicht im luftleeren Raum statt, sondern sind kontextabhängig und orientieren sich an sozialräumlichen Verhältnissen. Neben den direkten körperlichen Angriffen auf sogenannte politische Feinde spielt bei politisch organisierten Tätern auch der Kampf um die Territorien eine Rolle. Politische Macht durch Gewalt oder Bedrohung zu demonstrieren wird als Mittel zur Einschüchterung eingesetzt, um Deutungshoheit im Sozialraum zu erlangen. Während in den dünn besiedelten Gebieten Ostdeutschlands rechtsextreme Angriffe häufig im Wohnumfeld der Täter stattfinden, sieht die Situation in Westdeutschland gänzlich anders aus. So finden z. B. in Nordrhein-Westfalen ca. 60 Prozent aller Gewalttaten in Städten statt.[2] Eine Erklärung für dieses Phänomen stand bisher aus. Im vorliegenden Beitrag werden erste Deutungen skizziert. Der Fokus ist auf rechtsextreme Gewalt in einer westdeutschen Großstadt gerichtet, namentlich auf Dortmund. Denn Dortmund weist eine hohe Dichte an rechtsextremen Gewalt- und Tötungsdelikten auf und die dortige rechtsextreme Szene steht beispielhaft für die Entwicklung des sogenannten bewegungsförmigen Rechtsextremismus in Westdeutschland. Im Mittelpunkt stehen aktuelle Zustandsbeschreibungen und Analysen rechtsextremer Gewalt, ferner der Blick auf soziale Folgen der Angriffe und schließlich auf die Opfer selbst, genauer: die Bewältigungsmuster, die sie entwickelt haben, um mit der Gewalterfahrung umzugehen. Nach einer Forschungsskizze werden die einzelnen Strukturelemente zur Analyse rechtsextremer Gewalt und die Beschreibung rechtsextremer Entwicklungen und Politikangebote samt ihrer ideologischen Kernelemente thematisiert. Schließlich rücken die empirischen Untersuchungen zweier rechtsextremer Angriffe in Dortmund ins Zentrum, anhand derer Strukturelemente rechtsextremer Gewalt sowie soziale und psychologische Folgen gezeigt werden, unter denen die Opfer zu leiden haben. Dabei ist die Darstellung so aufgebaut, dass zunächst die situative Dynamik des Angriffs, dann die sozialräumliche Konstellation und schließlich die Viktimisierung der Betroffenen analysiert wird.

## Soziologische Forschungsansätze

Der wissenschaftliche Erkenntnisstand über Opfer rechtsextremer Gewalt, deren Bewältigungsmuster und die Täter-Opfer-Interaktionen ist bislang noch überschaubar. Es dominieren in der Soziologie Arbeiten, die sich auf Aktenanalysen oder qualitative Interviews mit Opfern und Tätern beziehen.[3] Rechtsextreme und rassistische Gewalt stehen zwar in Bezug zueinander, sind aber nicht miteinander identisch. Rassistische Gewalt ist oftmals situativ bedingt, die Täter stammen aus der sogenannten Mitte der Gesellschaft und sind nicht in einer rechtsextremen Gruppe organisiert. Die Machtdemonstration, die sie zur Schau stellen, ist zumeist diffus.[4] Rechtsextreme Gewalt erfolgt hingegen in der Regel ideologiegesteuert und hat die Absicht, eine dauerhafte Machtdemonstration im unmittelbaren Sozialraum oder der Gesellschaft insgesamt zu erreichen. Ein rechtsextremer Angriff gilt in der soziologischen Forschung als »das Einsetzen physischer Stärke« oder deren bewusste Androhung. Dies bedeutet für Betroffene nicht nur die Verletzung ihres Rechts auf körperliche Unversehrtheit, sondern auch eine Erschütterung ihres Vertrauens in eine sichere Umwelt. Die Besonderheit rechtsextremer Gewalt liegt im politischen Tatmotiv: Wer sie ausübt, vertritt die Ideologie der Ungleichwertigkeit.[5] Dabei ist der lokale Raum eine entscheidende Ebene, auf der sich Täter und Opfer begegnen, in dem Menschen direkt miteinander interagieren und Entstehungsprozesse, Dynamiken des Angriffs sowie Folgen rechtsextremer Gewalt analysiert werden können. Durch die alltägliche Besetzung sozialer Räume, die meist unterhalb der Schwelle von Straftatbeständen erfolgt, können Rechtsextremisten zu einem bestimmenden Faktor im politischen Raum werden, in dem es darum geht, situative oder temporäre Macht zu erlangen.

Um die Raumordnungsbewegungen der Rechtsextremisten analytisch fassen zu können, sei das vierstufige Konzept des Bielefelder Soziologen Wilhelm Heitmeyer vorgestellt, das eskalativ angelegt ist, das heißt, es reicht von kurzfristigen bis zu langfristigen Gewinnaussichten der rechtsextremen Szene.[6] Das Konzept wurde angereichert mit einer Kategorie, die Reaktionen von kommunalen Akteuren auf die Raumgewinne beschreibt, Reaktionen, die den Raumordnungskampf schwächen oder verstärken können. Raumordnungskampf bedeutet den temporären oder langfristigen Gewinn von einzelnen Straßen, Plätzen oder Stadtteilen in Hinblick auf die Dominanz von Rechtsextremen. Der Kampf ist in Stufen eingeteilt, die nicht zwangsläufig voneinander isoliert sind, sondern sich gegenseitig bedingen können. Angewendet wird dieses Konzept auf eine städtische Kommune in Westdeutschland.[7]

RECHTSEXTREME GEWALT UND IHRE OPFER

| Raumordnungs-gewinne | Mögliche Handlungen der Rechtsextremisten | Raumordnungs-stellung | Akteure, die Raumordnungs-kampf verstärken/ schwächen |
|---|---|---|---|
| Provokationsgewinne | – Plakataktionen<br>– Sprühereien<br>– Öffentliche Kurzauftritte<br>– Öffentliche Gründungen<br>– Verteilungs-aktionen | – Erste Wahrnehmungen<br>– Erste Begegnungen<br>– Beginnende Sensibilisierung | – Lokale und regionale Medien<br>– Zivilgesellschaft-liche Organisa-tionen (Kirche, Gewerkschaft, Sportvereine)<br>– Deutungsmächtige Akteure im Untersuchungs-raum (Lehrer, Direktoren, Polizisten, Feuerwehr) |
| Räumungsgewinne | – Gewaltaktionen gegen »Feinde«<br>– Raumorientierte Manifestationen<br>– Verkündung des Raumkampfes<br>– Konzentration auf bestimmte Orte (Plätze, Häuser, Jugendzentren) | – Angst und gezielte Einschüchterung<br>– Opfererfahrungen von ausgewählten Personen und Gruppen<br>– Unsicherheit im Umgang mit Institutionen<br>– Suche nach Hilfe beginnt | – Polizei<br>– Politische Parteien<br>– Deutungsmächtige Akteure (Pfarrer, Bürgermeister, Unternehmer)<br>– Mitarbeiter des Ordnungsamts<br>– Sozialarbeiter aus den Jugend-einrichtungen<br>– Justiz |
| Raumgewinne | – Demonstration des Raumgewinns<br>– Weitere Gewalt gegen »Feinde«<br>– Verächtlich-machung der Unterlegenen<br>– Integrierende Aktionen für Sympathisanten Mitglieder (z.B. Feste) | – Vertreibung von Orten<br>– Ausweichen von Orten (Um-gehungsstrategien)<br>– Kenntnis von Treffpunkten<br>– Angst und Einschüchterung<br>– Diskurs | – Gefahr für das lokale öffentliche Klima<br>– Polizei<br>– Justiz<br>– Deutungsmächtige Akteure (Bürger-meister, Landrat) |
| Normalisierung | – Öffentliches Auftreten<br>– Rückgang von Gewalt | – Akzeptanz oder Abfindung<br>– Kein Diskurs mehr (Schweigen)<br>– Rückzug zivilgesellschaftl. Akteure | – Vertreter der Bundespolitik, da Gefahr für die demokratische Kultur droht |

*Tabelle Raumordnungskampf der Rechtsextremen*[8]

Rechtsextremes Handeln lässt sich in zwei Kategorien unterteilen, die jedoch oft nicht klar voneinander zu trennen sind: a) Der parteienförmige Rechtsextremismus zielt auf die Eroberung staatlicher Macht, die in Form von Wahlerfolgen und im sogenannten Kampf in den Parlamenten stattfindet. Der Fokus liegt auf dem Einzug in die Bezirks-, Landes-, Bundes- und EU-Parlamente. Hauptagitationsfelder sind die Betreuung von Informationsständen, die Durchführung von Wahlkampfveranstaltungen und auch Demonstrationen. b) Der bewegungsförmige Rechtsextremismus strebt nach kultureller Hegemonie in der Zivilgesellschaft und ist auf außerparlamentarische Aktivitäten ausgerichtet, die darauf abzielen, regionale Deutungshoheit in Jugendkulturen, Sozialräumen oder Fußballstadien zu erlangen. Tätigkeitsfelder sind beispielsweise die Organisation und Durchführung von Konzerten, Freizeitangeboten und Demonstrationen. Zu rechtsextremem Handeln gehört neben Vorstellungen von Ungleichwertigkeit unter anderem auch a priori die Akzeptanz oder Ausübung von Gewalt. Im Jahr 2015 kam es in Deutschland zwar vermehrt zu rassistischer Gewalt, die zunächst situativ entstand und sich beispielsweise gegen die Bewohner von Flüchtlingsunterkünften richtete. Im Folgenden liegt der Fokus aber auf rechtsextremer Gewalt – die per se eine Variante politischer Gewalt ist.[9]

## Zur Besonderheit rechtsextremer Gewalt

Politische Gewalt erfolgt nach bestimmten Parametern, die sich von sogenannter gewöhnlicher Kriminalität unterscheiden. Der Soziologe Rainer Strobl spricht bei fremdenfeindlicher und rechtsextremer Opferwerdung von einer »stellvertretenden Viktimisierung«, da Betroffene nicht als Person angegriffen werden, sondern als Mitglied einer entweder imaginierten oder tatsächlich bestehenden Gruppe.[10] Opfergruppen sind nicht statisch, sondern es können sich in einem Diskurs der Abwertung auch neue Gruppen herausbilden, wie seit 2015 die Gruppe der Flüchtlinge, die angesichts der innen- wie außenpolitisch schwierig zu lösenden Fragen stellvertretend für eine misslungene Asylpolitik in Deutschland, für Islamismus oder Kriminalität steht. In Fachdebatten wird auch der Begriff »hate crime« benutzt, welcher politisch motivierte Straftaten bezeichnet, die sich gegen Vertreter einer verhassten Gruppe oder Institution richten, nicht gegen das Individuum. Durch diese Form der politischen Gewalt entstehen bei den Opfern größere psychische Traumata als bei Opfern anderer Gewaltverbrechen, denn im Unterschied zu Delikten, die auf persönlichen Konflikten beruhen oder durch die der Täter materiellen Gewinn anstrebt, kann das Opfer nichts vorbeugend tun, um der Viktimisierung zu entgehen. Der Täter will ihm körperliche und psychische Verletzungen zufügen oder sein Eigentum beschädigen, weil es zu einer Opfergruppe gehört und er es in seiner Persönlichkeit treffen will.[11] Ein solcher Angriff kann als Botschaftstat bezeichnet werden, da auch andere Menschen aus derselben Gruppe, demselben Milieu oder mit ähnlichen Merkmalen dadurch stark verunsichert und verängstigt werden. Die Botschaft durch einen rechtsextremen Angriff an die Opfergruppe ist eindeutig: Sie lautet, dass Gewalt jede Person aus dieser Gruppe treffen kann. Bei gravierenden rechtsextremen Angriffen, bei denen Todesopfer oder Verletzte zu beklagen sind und die Tat auch medial thematisiert wird, kommt es häufig zu Fällen von kollektiver Viktimisierung. Die Wirkungen rechtsextremer Gewalttaten sind daher nicht nur einschneidend für das konkret betroffene Individuum, sondern haben auch eine Signalwirkung an die Opfergruppe. Wichtig bei der Betrachtung der Dynamik einer rechtsextremen Tat ist die Differenzierung in Einzeltäter, von denen Gewalt ausgeht, in Täter, die ausführende Akteure einer Gruppe sind, und in unbeteiligte Dritte, die sich der Tat oder den Tätern zugehörig fühlen oder intervenierend in das Konfliktgeschehen eingreifen. Belastend ist für die Betroffenen insbesondere die Erfahrung, keine Hilfe erhalten zu haben, obwohl potentielle Helfer und andere Zeugen das Tatgeschehen hätten beeinflussen können.

Die Viktimisierung wird in der Forschung als Prozess definiert, denn »Opfererfahrungen und Viktimisierungsmuster sind grundsätzlich nicht als statisch zu begreifen. Sie verändern sich häufig im Laufe der Zeit und unterliegen bisweilen auch im Rahmen der Interaktion während einer Viktimisierung einer gewissen Prozesshaftigkeit.«[12] Grob lassen sich drei Formen unterscheiden: Die primäre Viktimisierung beschreibt den konkreten Angriff, die Täter-Opfer-Interaktion sowie das Verhalten der sogenannten Bystander während der Tat. Die sekundäre Opferwerdung konzentriert sich auf die sozialen Folgen einer Gewalttat, zunächst die konkreten Reaktionen im sozialen Umfeld, die polizeiliche und juristische Aufarbeitung sowie die mediale Darstellung. Die Reaktionen seitens der Polizei, die oft als erste Instanz nach einem Angriff vor Ort ist, kann eine sekundäre Viktimisierung fördern oder im Idealfall verhindern. Dies bezieht sich im Wesentlichen auf bestimmte Reaktionen nach einem rechtsextremen Angriff. Die sekundäre Viktimisierung hat dann nicht nur die Folge, dass die Wiederherstellungsprozesse verletzter Normen erschwert werden, sondern dass zusätzlich auch negative psychische Folgen eintreten. Diese können umso einschneidender für das Opfer sein, je schwerwiegender die Tat war, je mehr es zu sekundären Viktimisierungsprozessen gekommen ist und je geringer die internen Ressourcen des Opfers und die externen Ressourcen beschaffen sind, die ihm zur Verfügung stehen. Kommt es zu einem gravierenden Fehlverhalten der beteiligten Instanzen, kann das zu einer tertiären Viktimisierung führen, die sich in körperlichen und psychischen Langzeitfolgen äußert und Betroffene je nach individueller Stabilität auch ein Leben lang begleiten kann.

Dimensionen und Langzeitfolgen rechtsextremer Gewalt:[13]

| | |
|---|---|
| Primär: | – Opferwerdung durch die konkrete Handlung |
| Sekundär: | – Verschärfung wegen Fehlverhaltens durch soziales Umfeld, justizielle/polizeiliche Instanzen, Medien |
| Tertiär: | – psychische und physische Langzeitfolgen |
| | – Disempowerment |

Unter Bewältigung der Opfererfahrung wird »das Management von bedrohlichen und verletzenden Herausforderungen und Belastungen« verstanden, »welche die vorhandenen Ressourcen des betroffenen Individuums sehr stark beanspruchen oder sogar übersteigen«.[14] Drei Verarbeitungsweisen sind zu nennen: aktive Bewältigungsstrategien, bei denen das Individuum physisch in Aktion treten muss und versucht, einen problematischen Zustand in der Außenwelt zu verändern; innerpsychische Bewältigungsstrategien, die allein auf der mentalen Ebene stattfinden und bei denen das Opfer seine Erwartungen an eine unbefriedigende Situation anpasst; schließlich eine defensive Abwehr und Vermeidung.[15] Darüber hinaus kristallisiert sich auch die konkrete Täter-Opfer-Beziehung als relevant heraus. Von Bedeutung sind hier unter anderem die Fragen, ob der Täter aus dem sozialen oder geographischen Nahraum des Opfers stammt und inwieweit die Bedrohung durch den Täter auch nach der Tat weiterbesteht, so dass das Opfer eine weitere Viktimisierung durch denselben Täter befürchten muss. In der ersten Zeit nach der Gewalttat sind die Betroffenen häufig stark verunsichert oder eingeschüchtert und meiden beispielsweise Straßen oder Gegenden, in denen sie weitere Angriffe befürchten. Auch wenn körperliche Folgen im Laufe der Zeit heilen können, halten die psychischen Auswirkungen an. Im Zusammenhang mit der individuellen Bewältigung der Viktimisierung im sozialen Kontext ist daher der Blick auf die gesellschaftlichen Bedingungen notwendig, unter denen Opfer rechtsextrem motivierter Gewalt in der Lage sind, ihre individuelle und soziale Stabilität wiederzuerlangen.

## Die rechtsextreme Szene in Dortmund

Seit einigen Jahren gilt Dortmund, mit fast 600.000 Einwohnern die größte Stadt im Ruhrgebiet, als Hochburg der rechtsextremen Szene. Der Stadt werden vor allem in den überregionalen Medien seit 2004 und dem seither jährlich stattfindenden Antikriegstag Begriffe wie etwa »Hauptquartier der Neonaziszene« zugeordnet; auch heißt es mit Blick auf Dortmund: »Der Osten reicht bis in den Westen.«[16] Unter solchen Formeln wird das örtliche Problem mit den Rechtsextremisten subsumiert. Dortmund ist nicht nur Schauplatz einschlägiger Demonstrationen, sondern es fanden hier auch Angriffe gewalttätiger Neonazis statt, die seit 2000 bereits fünf Todesopfer gefordert haben. Das sind mehr Tote als in ostdeutschen Großstädten, wie Dresden, Rostock, Magdeburg, Erfurt und Potsdam. Dortmund liefert denn auch immer häufiger den Gegenbeweis für die Annahme, dass Rechtsextremismus ein ostdeutsches Problem sei. Die Zahl rechtsextremer Straftaten ist hier laut Innenministerium die höchste in ganz Nordrhein-Westfalen, darunter fallen Propagandadelikte, Beleidigungen und Bedrohungen bis hin zu gefährlicher Körperverletzung.[17]

Bundesweite und internationale Relevanz bekam die rechtsextreme Szene seit 2002 durch die Autonomen Nationalisten (AN), deren Ursprungsort neben Berlin auch Dortmund ist. Ihr äußeres Erscheinungsbild widersprach dem Klischee vom plumpen Skinhead. Die Aktivisten sahen optisch vielmehr wie ihre politischen Gegner von der Antifa-Bewegung aus. Als Kinder der Gegenwart benutzten sie für ihre Propaganda schon früh die sozialen Medien und bedienten sich einer jugendkulturell angesagten Sprache. Vom Nationalsozialismus distanzierten sie sich ideologisch keineswegs, vielmehr ging es ihnen um eine neue Form rechtsextremer Politik. Sozialräumlich konzentrieren sich die Akteure auf Dortmund, speziell auf Stadtteile, die von Armut und Desintegration betroffen sind. Die Themenpalette der Autonomen Nationalisten ähnelt der anderer rechtsextremer Gruppierung und fokussiert auf Einwanderung, Kriminalität von Ausländern sowie Armut.

Mit dem Strukturwandel, der in Dortmund (wie im Ruhrgebiet insgesamt) in den siebziger und achtziger Jahren stattfand, setzten soziale Umwälzungen ein, im Zuge derer in der Stadt eine hartnäckige rechtsextreme Szene gedeihen konnte, die sich – noch immer in denselben

Sozialräumen – bis heute hält. Der Nationale Widerstand Dortmund (NWDO), die hegemoniale Kraft in der lokalen rechtsextremen Szene, entstand 1983 und ist nach wie vor präsent. In dem Bündnis sammeln sich Aktivisten aus unterschiedlichen rechtsextremen Gruppen des bewegungsförmigen Rechtsextremismus, die früher in der Freiheitlichen Arbeiterpartei (FAP), bei den Autonomen Nationalisten, in der Nationaldemokratischen Partei (NPD) oder der Hooligan- oder Ultraszene Dortmunds sowie den umliegenden Kommunen tätig gewesen waren. Laut Innenministerium engagierten sich in dieser Gruppe 62 Rechtsextremisten zumeist aus Dortmund, aber auch aus Unna, Lünen und Bochum. Im August 2012 wurde sie schließlich verboten. Der Nationale Widerstand Dortmund lässt sich anhand eines »Kreismodells beschreiben, mit einem politischen Kern aus etwa 15 Personen, der sich neben der Planung und Durchführung öffentlicher Kampagnen und Aktivitäten dem sozialen Zusammenhalt widmet. Ein nächster Ring um den Kern ist verantwortlich für die sogenannte Anti-Antifa-Arbeit und ›militante Aktionen‹. Ein dritter Ring schließlich rekrutiert sich aus einer größeren Gruppe von Personen, die auf Ab- und Aufruf an Aktivitäten teilnehmen, jedoch nur sporadisch Kontakte zu den ersten beiden Ringen unterhalten.«[18] Der Nationale Widerstand Dortmund folgte unter Führung der Autonomen Nationalisten, wie eine Forschergruppe von Soziologen alarmierend feststellte, einer »Agenda, ähnlich einem Veranstaltungskalender, die das gesellschaftliche Leben in Dortmund dauerhaft stört. Mit legalen öffentlich wirksamen Aktionen einerseits – und verstecktem Straßen- und Psychoterror gegen die bewährten Gegner andererseits. Das ist der Zustand, mit dem sich die Stadtgesellschaft auseinandersetzen muss.«[19]

Diese Agenda erhielt 2005 ihren wichtigsten, seither jährlich wiederkehrenden Eintrag: Denn von da an nahmen Demonstrationen eine besondere Stellung in der rechtsextremen Dortmunder Szene ein. Demonstriert wurde nun nicht mehr nur in der Gruppe, um an Aufmärschen in ganz Deutschland teilzunehmen, vielmehr wurden fortan eigenständig Demonstrationen organisiert, wie am Antikriegstag, dem ersten Samstag im September, oder am 1. Mai, dem internationalen Tag der Arbeiterbewegung, oder dem »Tag der deutschen Zukunft«, einem von der rechtsextremen Szene erfundenen »Feiertag«. Raumorientierte Manifestation heißt dies in der Soziologie, das ist die zweite Stufe im Modell des Raumkampfes.

Häufig reisen kleinere Gruppen von Rechtsextremen aus dem Ausland nach Dortmund, um sich mit der dortigen Szene zu vernetzen, beispielsweise aus Griechenland, Tschechien, Russland und Bulgarien. Aktivisten aus Dortmund nehmen nicht selten an Aufmärschen auch im Ausland teil. Nach dem Verbot des Nationalen Widerstands Dortmund im August 2012 folgte schon sechs Wochen später ein neues Konstrukt, welches den rechtsextremen Akteuren als Dachverband diente: die Partei Die Rechte, die zwar unter der Leitung von Christian Worch bundesweit agiert, jedoch den Landesverbänden größtmögliche Autonomie lässt. Der Landesverband Nordrhein-Westfalen wurde zu einem Auffangbecken für ehemalige Mitglieder des NWDO. Durch den Parteienstatus war es für die Sicherheitsbehörden nun schwieriger, ein Verbot auszusprechen, und für die Aktivisten war neben den bewegungspolitischen Events auch parteiähnliches Arbeiten möglich. Bei der Kommunalwahl im Mai 2014 errang Die Rechte einen Sitz im Dortmunder Stadtrat und außerdem einzelne Sitze in den Bezirksvertretungen. Seither sind rechtsextreme Raumgewinne auch mit Blick auf die Teilhabe an der politischen Öffentlichkeit auszumachen, sei es in den Parlamenten oder auf Demonstrationen. Rechtsextreme Gewalt dient nicht selten als Mittel der gesellschaftlichen Auseinandersetzung. Lange Zeit wurden die Entstehung, die Ausbreitung und das Leid der Opfer rechtsextremer Gewalt von Polizei und Justiz nicht als politisch motiviert erkannt. Dies war ohne Zweifel ein Erfolg für die rechtsextremen Akteure des Raumkampfes in Dortmund.

## Eine rechtsextreme Tat in Dortmund-Eving und die Folgen für Opfer und Opfergruppen

Der Stadtbezirk Eving liegt im Norden von Dortmund und gliedert sich in vier Außenbezirke; 2013 lebten dort gut 36.000 Bewohner. Wie in vielen anderen Stadtteilen auch wirken sich hier Veränderungen aus, die der Strukturwandel bedingt hat. Bis 1987 war Eving noch ein Areal für den Bergbau. Nach dessen Stilllegung erstreckt sich hier, auf dem ehemaligen Zechengelände, heute die sogenannte neue Mitte. Auf die Sozialstruktur der Bevölkerung wirkten sich die ökonomischen Umwälzungen massiv aus. So wohnen in Eving überdurchschnittlich viele Arbeitslose und Sozialleistungsempfänger, auch prägt ein hoher Anteil an Ausländern den Bezirk. Verglichen mit anderen Stadtbezirken hat Eving mit 35,8 Prozent den dritthöchsten Migrations- und mit 19 Prozent (nach der Innenstadt-Nord) den zweithöchsten Ausländeranteil in Dortmund. Hinzu kommt, dass die Arbeitslosenquote hier mit 15,3 Prozent deutlich über dem städtischen Durchschnitt von 13,1 Prozent liegt.

Aufgrund des starken Zustroms von Flüchtlingen 2014/15 versuchte Nordrhein-Westfalen, zusätzlich zu den bestehenden noch weitere Erstaufnahmeeinrichtungen in der Stadt aufzubauen. Im Jahr 2014 lebten hier durchschnittlich 3.700 Asylbewerber, inoffiziell dürfte die Zahl aber weitaus höher liegen, und die Tendenz ist seither steigend. In jedem der zwölf Stadtteile wurde mittlerweile eine Einrichtung zur Unterbringung von Flüchtlingen eröffnet oder ist in Planung.[20] Damit bietet Dortmund, gemessen an der Bevölkerungsdichte, in Nordrhein-Westfalen den meisten Asylsuchenden eine Bleibe.

Die Übergangseinrichtung in Dortmund-Eving wurde im Januar 2015 im Gebäude der ehemaligen Hauptschule eröffnet. Sie ist ein Projekt der Johanniter, einer karitativen christlichen Einrichtung, mit Platz für rund 180 Flüchtlinge und Asylsuchende. Ein multidisziplinäres Team, welches unter anderem aus Sozialarbeitern, Erziehern, Psychologen, Rettungssanitätern, Sicherheitsbeauftragten und ehrenamtlichen Mitarbeitern besteht, begleitet ihren Aufenthalt. Zu den Aufgaben und Zielen der Einrichtung gehören, wie es im Programm der Johanniter heißt, die »Durchbrechung der gesellschaftlichen Isolation und sozialen Ausgrenzung« der Geflüchteten, die »Unterstützung bzw. Begleitung von Flüchtlingen zur Teilhabe am gesellschaftlichen Leben in Dortmund« und die »Schaffung eines breiteren Verständnisses für die Lebenslagen von Flüchtlingen in Deutschland sowie ein Austausch von kulturellen Gegebenheiten durch gegenseitiges Kennenlernen«.[21]

Am 6. Februar 2015 zog gegen Abend eine Spontandemonstration auf, gerichtet gegen die Unterkunft und ihre Bewohner, die aus Syrien, dem Irak, Ghana, Pakistan und dem Iran stammten. Rund 50 vermummte Rechtsextremisten standen mit Fackeln vor dem Gebäude, zündeten Pyrotechnik und skandierten ausländerfeindliche Parolen. Die Demonstration wurde von der Polizei unterbunden, so dass am Ende keiner der Insassen verletzt wurde. Die Mehrheit der Flüchtlinge befand sich jedoch in der Unterkunft und wollte sie fluchtartig verlassen. Einige kletterten auf Bäume und versuchten zu entkommen, andere versteckten sich unter den Betten oder einem Tisch. Die Polizei rückte schnell mit zwei Hundertschaften an. Doch dies sorgte bei einzelnen Flüchtlingen zusätzlich für Angst, da in ihren Heimatländern die Polizei eine ambivalente Rolle in politischen Konflikten spielt. Im Modell zur Beschreibung sozialräumlicher Macht stellt der rechtsextreme öffentliche Kurzauftritt einen sogenannten Provokationsgewinn dar. Der Angriff war eine Machtdemonstration gegenüber Flüchtlingen und Asylbewerbern, aber auch gegenüber der deutschen demokratischen Öffentlichkeit. Darauf reagierten lokale wie überregionale Medien sowie zivilgesellschaftliche Organisationen, darunter Kirchen und Sportvereine. Bei der Attacke wurden die Bewohner der Unterkunft kollektiv bedroht. Die sozialen Folgestörungen, unter denen sie litten, und die Bewältigungsmuster, die sie entwickelten, fielen individuell unterschiedlich aus, jeweils abhängig von traumatischen Vorbelastungen und ihrer psychischen und physischen Konstitution. Ein Asylbewerber berichtete beispielsweise, dass er schon vor der rechtsextremen Demonstration in der Nähe des Heims bedroht worden und seitdem immer einen anderen Weg dorthin gegangen sei. Er äußerte mehrmals, er habe das Gefühl, dass die Menschen ihn und seine Mitbewohner nicht mögen. Seine Bewältigungsstrategie lag in einer defensiven Form, die als Erstes die Flucht und anschließend das Vermeiden der unsicheren Umgebung vorsah. Hier greift die zweite Stufe im Raumordnungskampf, das heißt die rechtsextremen Demonstranten konnten Räumungsgewinne verzeichnen, denn ihre »Feinde« trauten sich nicht mehr in bestimmte Straßen oder an bestimmte Plätze und nahmen Umwege in Kauf, um sicher an ihren Wohnort zu kommen. In der dritten Stufe des Raumkampfes werden der Theorie nach Opfer aus den sozialen Räumen vertrieben und die Dominanz der Rechtsextremen greift dann auf das lokale politische Klima über, so dass sich deutungsmächtige Akteure wie der Oberbürgermeister oder der Polizeipräsident nicht über die rechtsextreme Dominanz äußern. Die dritte Stufe trat in diesem Beispiel nicht ein, es blieb bei Provokationsgewinnen im Rahmen von öffentlichen Kurzauftritten der rechtsextremen Szene.

## Eine rechtsextreme Tat in Dortmund-Dorstfeld

Dortmund war auch Schauplatz weiterer rechtsextremer Geschehnisse, von denen eines näher geschildert sei: Der Angriff auf einen allein lebenden, psychisch kranken und arbeitslosen jungen Erwachsenen ereignete sich 2012 in einem Wohnhaus im Stadtteil Dorstfeld. Seit einem halben Jahr wohnte der Mann in einer kleinen Sozialwohnung eines Mehrfamilienhauses der städtischen Wohnungsgesellschaft. Einer der beiden Täter, die ihn überfallen haben, war sein Nachbar, ebenfalls ein allein lebender junger Mann. Er war in der Vergangenheit bereits mehrmals durch massiven Alkoholkonsum und Mietrückstände in der Siedlung aufgefallen, so dass ihm die Eigentümerin seiner Wohnung bereits die Kündigung ausgesprochen hatte, die allerdings nicht rechtswirksam geworden war. Eine Anzeige wurde in letzter Minute zurückgezogen, da die Hauptbelastungszeugin aus Angst vor Repressalien keine Aussage vor Gericht machen wollte. Zum Zeitpunkt des Angriffs wohnten in der Siedlung insgesamt über ein Dutzend Mitglieder der Kameradschaft Skinhead Front Dortmund-Dorstfeld, einige alleinstehend, andere mit ihren Ehefrauen, Freundinnen und Kindern. Die Gegend war seit längerem eine Anlaufstelle für rechtsextreme Männer auch aus anderen Stadtteilen, die die Gesellschaft Gleichgesinnter suchten. Die Anwohner fühlten sich im Sommer 2012 durch laute Musik, Grillgeruch und starken Alkoholkonsum gestört. Dass in der Siedlung viel getrunken wurde, kam häufig vor, ebenso, dass es zu tätlichen Auseinandersetzungen kam. Da die Polizei zunächst zögerlich reagierte, engagierte die Wohnungsbaugesellschaft einen Sicherheitsdienst. Dem rechtsextremen Täter war das allgemeine Klima der Angst von Nutzen, für das seine Gruppe durch ihr provokatives Auftreten in der Siedlung gesorgt hatte.

Was in Dortmund-Dorstfeld geschah, ist ein Prozess, der ganz dem Raumkampfmodell nach Wilhelm Heitmeyer entspricht, wonach sich die rechtsextreme Wirkungsmacht zunächst über Provokationsgewinne durch erste öffentliche Auftritte entfaltet bzw. durch sichtbare Präsenz im Sozialraum darstellt. Das Nicht-Erkennen dieser Strategie seitens der zuständigen staatlichen Stellen, wie Polizei und Ordnungsamt, erbrachte einen weiteren Erfolg für die Rechtsextremisten auf dem Weg zu Raum-Macht und Deutungshoheit.

An den rechtsextremen Angriff konnte sich das Opfer später gut erinnern: Der junge Mann wurde schon nachmittags bedroht, weil er Besuch von einem Marokkaner hatte. Er war dann fortgegangen und erst am späten Abend zurückgekehrt. Da die Wohnungstür seines Nachbarn geöffnet war, wollte der junge Mann eintreten und bekam sofort einen Schlag ins Gesicht. Als er auf dem Boden lag und der Täter weiter auf ihn einschlug, kam eine zweite Person aus der Wohnung des Rechtsextremisten gelaufen und schlug zunächst ebenfalls auf das Opfer ein. Der zweite Täter besann sich dann jedoch und versuchte seinen Freund von weiteren Faustschlägen und Tritten abzuhalten. Das Opfer konnte sich aufrichten, wurde jedoch von seinem Nachbarn, der schrie, er werde ihn töten, mit Wucht in eine Glasscheibe geworfen. Schwer verletzt gelang es dem jungen Mann, die Polizei zu rufen, die ihn mit einem Rettungswagen abholen und in ein Krankenhaus bringen ließ. Wie die Polizei ihn behandelte, war für ihn eine positive Erfahrung. Er stellte später Strafanzeige und wurde an eine Opferberatungsstelle vermittelt. Im ärztlichen Gutachten wurden ihm zahlreiche Prellungen und Schnittwunden attestiert. Seit dem Angriff fühlte er sich in seiner Wohnung nicht mehr sicher. Aus Angst vor weiterer Gewalt kehrte er auch nicht wieder dorthin zurück. Sein Verhalten entspricht der soziologischen Klassifikation von Andreas Böttger und Katarzyna Placha, wonach ein Opfer mit defensiver Abwehr und Vermeidung reagiert und daraus eine Bewältigungsstrategie entwickelt. Nach einem Jahr begann der Prozess gegen die beiden Rechtsextremisten. Die Aussage des Opfers, dem einzigen Zeugen, war ausschlaggebend für ihre Verurteilung. Das Gericht erlegte dem Haupttäter wegen vorsätzlicher Körperverletzung eine Haftstrafe von acht Monaten auf, ausgesetzt auf drei Jahre Bewährung. Der Mittäter erhielt wegen Nötigung eine Geldstrafe. Beide sind nach wie vor in der rechtsextremen Szene aktiv.

## Fazit

Es gibt zahlreiche Probleme der Erfassung, Kategorisierung und Analyse rechtsextremer Gewalt. Je nach politischer Interessenlage wird sie skandalisiert, negiert oder dramatisiert. Die viktimologische Perspektive ist dabei noch gänzlich unterbelichtet. Dadurch wird eine vergleichende Erforschung von Opfererfahrungen und Bewältigungsmustern erschwert.

Auf der einen Seite ist Deutschland in den letzten Jahren deutlich vielfältiger geworden und die Akzeptanz von Migranten, Schwulen und Lesben sowie anderen Minderheiten nimmt zu. Auf der anderen Seite zeichnet sich jedoch eine Zunahme menschenfeindlicher und rechtspopulistischer Bewegungen ab. Auf der Handlungsebene zeigt sich dies an den seit 2015 steigenden Angriffen auf Flüchtlingswohnheime und an den Straftaten politisch motivierter Kriminalität von rechts. Die hier vorgestellten Fallbeispiele sind Grenzfälle, denn obwohl alle Täter der rechtsextremen Szene angehören, wurde ein politisches Tatmotiv von den ermittelnden Behörden ausgeschlossen. Doch die Botschaft der Taten war eindeutig. Stets ging es den Rechtsradikalen darum, schwächere Personen aus den von ihnen beanspruchten Sozialräumen zu verdrängen.

Die Gewalttaten waren für die Betroffenen einschneidende Ereignisse. Nicht nur die primäre Viktimisierung beeinflusste danach ihr Leben, sondern auch die sozialen Folgen der Tat belasteten und belasten sie nachhaltig. Im ersten skizzierten Fall bestand bei einzelnen Flüchtlingen und Asylbewerbern kein Vertrauen in den Rechtsstaat und die Polizei mehr, da ihre Vorbelastungen gravierend waren und sie aus ihren diktatorischen Herkunftsländern die Erfahrung mitbrachten, dass von Sicherheitsorganen Gefahr ausgehe. Im zweiten geschilderten Fall konnte die Polizei durch eine würdevolle Behandlung des Opfers Vertrauensverlusten vorbeugen. Die Bewältigung der Opfererfahrung erfolgte bei fast allen Betroffenen defensiv, etwa wenn bestimmte Straßen und Wege gemieden wurden, bis hin zur Flucht aus der eigenen Wohnung. Damit ging das Raumkampfkonzept der Dortmunder Rechtsextremisten im Ergebnis auf. Zunächst gelangen ihnen Provokationsgewinne, bald Räumungsgewinne und nicht selten, wie in Dortmund-Dorstfeld, kam es auch zu Raumgewinnen. Dabei ging es um Demonstrationen, Verächtlichmachung und Gewalt gegen sogenannte politische Feinde, aber auch um integrierende Aktionen, wie Feste und Grillabende unter Rechtsextremen. So wurden auf der einen Seite politisch missliebige Personen vertrieben und gleichzeitig politisch Gleichgesinnte angezogen. Erst als durch überregionale Medien die rechtsextreme Gewalt im Stadtteil Dorstfeld thematisiert und skandalisiert wurde, kam es zu Verhaltensänderungen und politischen Maßnahmen von Seiten der Stadt und des Innenministeriums in Nordrhein-Westfalen.

Dortmund steht insgesamt exemplarisch für die Ausformung rechtsextremer Gewalt in Westdeutschland, die sich in Großstädten und einzelnen Stadtbezirken breitmacht. Betroffene Viertel ähneln sich in der Sozialstruktur, dem Ausmaß des strukturellen Wandels und der ökonomischen Perspektivlosigkeit. Oftmals sind industrieller Abbau, Arbeitslosigkeit, Vereinsamung und nicht selten auch starke Auswirkungen der Migration typisch dafür. Durch ein neues, unauffälligeres Auftreten der Rechtsextremisten, die sich im jugendkulturellen Kontext als Autonome Nationalisten oder im bürgerlichen Zusammenhang als Asylgegner geben, kann in einem solchen großstädtischen Milieu politische Gewalt entstehen, die zunächst weder von den politischen Akteuren noch von alteingesessenen migrantischen Communities erkannt oder bekämpft wird. Die Ursache liegt oftmals in der Vereinzelung von Opfern rechtsextremer Gewalt, die zwar stellvertretend für eine Gruppe angegriffen werden, jedoch nach dem Angriff starke Viktimisierungen erleiden und weder Anschluss an die Stadtgesellschaft haben, noch die Kraft besitzen, sich selbständig aus ihrer isolierten Situation zu befreien. Genau aus diesem Grund bedarf es spezialisierter Beratungsstellen für Opfer rechtsextremer Gewalt, die die psychosozialen Folgen eines Angriffs auffangen. Auch ist die kontextbezogene Analyse rechtsextremer und/oder rassistischer Gewalt, der Tatmotivation sowie der Täter-Opfer-Interaktion notwendig. Die Opfererfahrung bedarf spezifischer Strategien der Bewältigung.

## *Anmerkungen*

1 Vgl. www.spiegel.de/panorama/justiz/fluechtlingskrise-bka-warnt-vor-zuneh-mender-gewalt-a-1059020.html.

2 Vgl. Wilhelm Heitmeyer, Rechtsextremistische Gewalt, in: ders./John Hagan (Hrsg.), Internationales Handbuch der Gewaltforschung, Wiesbaden 2002, S. 522.

3 Vgl. Andreas Böttger/Olaf Lobermeier/Katarzyna Plachta, Opfer rechtsextremer Gewalt, Wiesbaden 2014.

4 Vgl. Heitmeyer, Rechtsextremistische Gewalt (wie Anm. 2), S. 502.

5 Ebd.

6 Vgl. Wilhelm Heitmeyer, Sozialräumliche Machtversuche des ostdeutschen Rechtsextremismus. Zum Problem unzureichender politischer Gegenöffentlichkeit in den Städten und Kommunen, in: Peter Kalb/Karin Sitte/Christian Petri (Hrsg.), Rechtsextremistische Jugendliche – was tun? 5. Weinheimer Gespräche. Weinheim/Basel, S. 47-79.

7 Vgl. Dierk Borstel/Claudia Luzar, Geländegewinne. Update einer Zwischenbilanz rechtsextremer Hintergründe. Analysen, Antworten, in: Stephan Braun/Alexander Geisler/Martin Gerster (Hrsg.), Strategien der extremen Rechten, Wiesbaden 2014, S. 39-53.

8 Vgl. Claudia Luzar, Rechtsextremismus im sozialräumlichen Kontext, Viktimisierung durch rechtsextreme Gewalt und raumorientierte Opferberatung, Schwalbach am Taunus 2015, S. 22.

9 Zu den rassistischen Angriffen auf Flüchtlinge bzw. Unterkünfte für Flüchtlinge und Asylbewerber liegt noch kein gesichertes empirisches Material vor.

10 Rainer Strobl, Soziale Folgen der Opfererfahrung ethnischer Minderheiten. Effekte von Integrationsmustern, Bewertungen, Reaktionsformen und Erfahrungen mit Polizei und Justiz, dargestellt am Beispiel türkischer Männer und Frauen in Deutschland, Baden-Baden 1998, S. 15.

11 Vgl. Britta Bannenberg/Dieter Rössner/Marc Coester, Empfehlungen der Arbeitsgruppe »Primäre Prävention von Gewalt gegen Gruppenangehörige – insbesondere: junge Menschen«, in: Britta Bannenberg/Marc Coester/Eric Marks (Hrsg.), Kommunale Kriminalprävention, Ausgewählte Beiträge des 9. Deutschen Präventionstages (17./18.5.2004 in Stuttgart), Bad Godesberg 2005, S. 65-98.

12 Andreas Böttger/Katarzyna Plachta, Bewältigungsstrategien von Opfern rechtsextremer Gewalt, in: Aus Politik und Zeitgeschichte 37 (2007), S. 11-16.

13 Vgl. Luzar, Rechtsextremismus (wie Anm. 8), S. 65.

14 Böttger/Plachta, Bewältigungsstrategien (wie Anm. 12), S. 12.

15 Vgl. ebd.

16 Vgl. Johannes Radke/Toralf Staud, Dorstfeld in Dortmund. Das Hauptquartier der Neonazi-Szene, in: Der Tagesspiegel, 23.08.2012, www.tagesspiegel.de/politik/dorstfeld-in-dortmund-das-hauptquartier-der-neonazi-

szene/7000792.html; Reiner Burger, Neonazis in Dortmund. Der Osten reicht bis in den Westen, in: Frankfurter Allgemeine Zeitung, 30.11.2011 www.faz.net/aktuell/politik/inland/rechtsextremismus/neonazis-in-dortmund-der-osten-reicht-bis-in-den-westen-11547090.html.

17  Vgl. www.presseportal.de/blaulicht/pm/4971/2742016.

18  Claudia Luzar/Olaf Sundermeyer, Gewaltige Energie. Dortmund als Hochburg der Autonomen Nationalisten, in: Wilhelm Heitmeyer (Hrsg.), Deutsche Zustände, Berlin 2010, S. 179; vgl. auch den Beitrag von Samuel Salzborn in diesem Band.

19  Dierk Borstel/Claudia Luzar/Olaf Sundermeyer, Rechtsextreme Strukturen in Dortmund. Formationen und neue Entwicklungen – ein Update, Dortmund 2012, S. 4.

20  Vgl. www.dortmund.de/de/leben_in_dortmund/familie_und_soziales/fluechtlinge_in_dortmund/fluechtlingsunterkuenfte/index.html.

21  www.johanniter.de/hilfsprojekte/fluechtlingshilfe-der-johanniter/fluechtlingshilfe-der-johanniter-in-deutschland/standorte-der-johanniter-fluechtlingshilfe/fluechtlingseinrichtungen/notunterkunft-dortmund/uebergangseinrichtung-eving/?L=0.

Samuel Salzborn

# Von der Ideologie der Ungleichheit zum praktizierten Rechtsterrorismus. Zur Systematik und Genese des militanzaffinen Rechtsextremismus in Deutschland

Die Gegenstände der Rechtsextremismusforschung sind vielfältig: Sie reichen von Parteien über neonazistische Gruppierungen, Traditions- und Militaristenverbände, die Skinhead- und Hooligan-Szene, rechte Musikgruppen (von Rechtsrock über NS-Black Metal bis zu NS-Rap), Vertriebenenverbände und Studentenverbindungen, die sogenannte Neue bzw. intellektuelle Rechte, ferner rechtsextreme Medien (von Zeitungen bis Internetforen), kommunikative Codes auf T-Shirts oder Transparenten, antisemitische und rassistische Gewalttaten, Hakenkreuzschmierereien, Grabsteinschändungen auf jüdischen Friedhöfen bis hin zu rechtsextremem Denken und rechtsextremen Einstellungen in der Mitte der Gesellschaft.[1] Da diese Formen nicht isoliert voneinander auftreten, sondern politisch und gesellschaftlich interagieren, ist es das Ziel dieses Beitrags, das Verhältnis der unterschiedlichen Phänomene im Rechtsextremismus zu skizzieren und hierfür eine systematische Differenzierung in drei Bereiche vorzuschlagen: Unterschieden wird zwischen Einstellungen und Verhalten und behandelt wird ferner die Frage der Intensität der Einbindung von Personen in rechtsextreme Strukturen.

Daran anschließend wird die Genese des militanzaffinen Rechtsextremismus in der Bundesrepublik nachgezeichnet, die zu interpretieren in doppelter Hinsicht möglich ist: zum einen, weil die Systematisierung mit Blick auf Einstellungen, Verhalten und Intensität verdeutlicht, dass Rechtsterrorismus ohne andere Formen von Rechtsextremismus nicht möglich wäre, also eine kontinuierliche Verbindung von unterschiedlichen Spektren im Rechtsextremismus dazu führt, dass Rechtsterrorismus überhaupt erst möglich wird; zum anderen, weil die Systematisierung nicht nur die fließenden Übergänge, sondern zugleich auch die Differenzierungen verdeutlichen kann, die zwischen unterschiedlichen Formen von Einstellungen, Verhalten und Intensität bestehen, die aber in einem Kontinuum fließend ineinander übergehen. Kurz gesagt: Der Weg von einer verbal proklamierten Ideologie der Ungleichheit führt nicht zwingend in den Rechtsterrorismus; ohne Erstere ist Rechtsterrorismus aber nicht denkbar, so dass denjenigen, die eine Ideologie der Ungleichheit – etwa in Form von Rassismus, Antisemitismus oder völkischem Nationalismus – proklamieren, eine Mitverantwortung für gewaltförmige Artikulationen von Rechtsextremismus bis hin zum Rechtsterrorismus zukommt. Zur Differenzierung von Rechtsextremismus und Rechtsterrorismus ist festzuhalten, dass Rechtsterroristen zwar immer auch Rechtsextremisten sind, jedoch ist nicht jeder Rechtsextremist oder jede Rechtsextremistin auch gleich ein Rechtsterrorist oder eine Rechtsterroristin. Das verbindende Moment von Rechtsextremismus und Rechtsterrorismus besteht im gemeinsamen Weltbild, also auf der Ebene der Einstellungen. Zu unterscheiden ist die Art und Weise, mit der die politischen Ziele verfolgt werden – also die Ebene des politischen Verhaltens. Rechtsterroristen setzen die gewaltförmigen Denkstrukturen, die das rechtsextreme Milieu prägen, in gewalttätiges Handeln um und verfolgen damit das Ziel, die Ablehnung der Demokratie und die Feindschaft gegen gesellschaftlichen Pluralismus entweder durch organisierte und koordinierte oder auch durch spontane Gewalt um- und durchzusetzen. Dabei bekämpfen sie gleichermaßen die politische Ordnung der Demokratie wie auch alle gesellschaftlichen Gruppen, die sich aktiv gegen rechte Weltanschauungen stellen, oder die von der rechten Weltanschauung als Feinde bestimmt werden, sie schüchtern sie ein und zielen darauf, sie in ihrem politischen und sozialen Handeln einzuschränken.

Die hier als militanzaffin charakterisierten Strukturen im deutschen Rechtsextremismus zeichnen sich insofern durch die Verbindung von explizitem Rechtsterrorismus mit einem »alltagsterroristischen bzw. präterroristischen Milieu«[2] aus. Es geht also nicht einfach nur um den praktizierten Rechtsterrorismus, sondern um das Milieu im Rechtsextremismus, das aktive Gewaltanwendung befürwortet und fördert und letztlich die Vorfeldstruktur für den Rechtsterrorismus bildet. Vorfeldstruktur meint ein mehrdimensionales Feld, das von der Rekrutierung von Personal für terroristische Aktivitäten über logistische und weltanschauliche Unterstützung von Rechtsterrorismus, die Propagierung gewalttätigen Vorgehens gegen die Demokratie bis hin zu Alltagsgewalt gegen Flüchtlinge, Jüdinnen und Juden oder politische Gegner reicht. Mit Blick auf den Nationalsozialistischen Untergrund (NSU) zeigt sich die Verschmelzung des militanzaffinen Spektrums deutlich, da neben den durch Banküberfälle, Sprengstoffanschläge und Morde aktiven Rechtsterrorist(inn)en, von denen bis heute nicht abschließend geklärt ist, ob es sich hier wirklich nur um den kleinen Zirkel der Hauptverdächtigen handelt, auch ein engeres Umfeld von schätzungsweise 100 bis 200 Personen hinzukommt, die die aktiven Rechtsterrorist(inn)en logistisch und organisatorisch unterstützten. Zwar gehörten sie nicht dauerhaft zum sogenannten harten Kern der Gruppe, jedoch befanden sie sich in dessen unmittelbarer Umgebung und waren, sofern sie nicht in die Überfälle, Anschläge und Morde involviert waren oder Ziele ausgekundschaftet hatten, grundsätzlich über deren Praxis im Bilde und hießen sie gut.

## Rechtsextremismus: Einstellung, Verhalten, Intensität

Der Politologe und Wahlforscher Richard Stöss betont mit Blick auf die »Dimensionen des Rechtsextremismus« die grundlegende Unterscheidung zwischen Einstellungen und Verhalten, wobei hervorzuheben ist, dass »Einstellungen [...] in der Regel dem Verhalten vorgelagert« sind.[3] Das heißt, dass die Grundlage für rechtsextremes Verhalten eine rechtsextreme Einstellung ist – was aber nicht ein geschlossenes rechtsextremes Weltbild bedeuten muss. Nicht jede Wahlentscheidung für eine rechtsextreme Partei oder jedes jugendliche Schmieren von rechten Symbolen verweist auf organisierten Rechtsextremismus, aber ohne das Vorhandensein mindestens von Versatzstücken eines rechtsextremen Weltbildes käme es nicht so weit. Insofern ist auch die Annahme, es handle sich bei solchen Handlungsweisen einfach um Protest, verkürzt – denn jeder soziale oder politische Protest hat eine bestimmte weltanschauliche Richtung.

Zudem besteht laut Stöss eine Wechselbeziehung zwischen Einstellungen und Verhalten, das heißt, wenn eine rechtsextreme Grundeinstellung vorhanden ist, kann rechtsextremes Verhalten die Einstellungen weiter radikalisieren – bis hin zu einem geschlossenen rechtsextremen Weltbild. Bei der Frage nach den Elementen des rechtsextremen Weltbildes ist dies insofern wichtig, als sie – wenigstens teilweise – jedem Verhalten vorgelagert sind, sei es der Protest, das Wahlverhalten, die aktive Mitgliedschaft oder die Ausübung von Gewalt und Terror.[4] Missverständlich in der öffentlichen Diskussion ist, dass ein geschlossenes rechtsextremes Weltbild oft verwechselt wird mit rechtsextremen Einstellungen: Während Erstgenanntes in sich homogen strukturiert ist und keinerlei Widersprüche zulässt, basieren Letztgenannte auf einem Konglomerat aus Positionen, von denen nicht alle als rechtsextrem klassifiziert werden können, und sind, zumindest prinzipiell, noch revidierbar und wenigstens partiell für Fakten und Argumente zugänglich.

Wenn von Elementen des rechtsextremen Weltbildes gesprochen wird, dann ist offenkundig, dass in der sozialwissenschaftlichen Diskussion umstritten ist,[5] was en détail zu einem »mehrdimensionalen Einstellungsmuster«[6] und »heterogenen Gemisch unterschiedlichster Begründungszusammenhänge und Sichtweisen«[7] zu zählen ist und ab welchem Intensititätsgrad von einem geschlossen rechtsextremen Weltbild gesprochen werden kann. Nicht jede rechtsextreme Person oder Gruppierung muss stets alle Elemente vertreten, um als rechtsextrem zu gelten, es genügt vielmehr, wenn lediglich wesentliche Grundstrukturen des rechtsextremen Denkens geteilt werden. In einer der populärsten Definitionen hat der Erziehungswissenschaftler und Gewaltforscher Wilhelm Heitmeyer auf den Zusammenhang zwischen einer Ideologie der Ungleichheit und der Gewaltakzeptanz im Rechtsextremismus hingewiesen.[8] In der Ideologie der Ungleichheit, die Ausdruck von struktureller Gewalt ist, da sie auf der Vorstellung basiert, Menschen lassen sich in essentialistische Kollektive einteilen, liegt der kleinste gemeinsame Nenner des Rechtsextremismus. Das völkisch-rassistische Denken ist die Grundidee rechtsextremer Ideologie. Es ist »prototypisch für eine *Naturalisierung des Sozialen*«[9] und bildet nicht zuletzt den theoretischen Rahmen für gewalttätige Übergriffe gegen (vermeintliche oder reale) Ausländerinnen und Ausländer.[10] Die Variationsbreite im Rechtsextremismus reicht von rassistischen Positionen, die auf einem biologistischen Differenzmodell fußen und in der Tradition des Nationalsozialismus stehen, über völkisch-homogenisierende Vorstellungen, die einem regionalistisch-ethnisch segmentierten Europa unter dem Primat einer Volksgruppenpolitik das Wort reden, bis hin zu den vor allem aus dem Spektrum der französischen Nouvelle Droite entwickelten Vorstellungen eines primär auf kulturellen Differenzannahmen basierenden Ethnopluralismus.[11] Obgleich die konkrete Begründung der essentialistischen Differenz jeweils variiert, ähneln sich die Modelle konzeptionell:

> »Unter Rechtsextremismus ist [...] die Gesamtheit der Einstellungen, Verhaltensweisen und Aktionen zu verstehen, die, organisiert oder nicht, von der rassisch oder ethnisch bedingten sozialen Ungleichheit von Menschen ausgehend, nach ethnischer Homogenität von Völkern verlangt und das Gleichheitsgebot der Menschenrechtsdeklaration ablehnt. Rechtsextremismus räumt der ›Gemeinschaft‹ eindeutigen Vorrang vor dem Individuum ein, verlangt die Unterordnung des Bürgers unter eine deutlich obrigkeitsgläubig orientierte Staatsräson und verwirft jeden Wertepluralismus liberaler Demokratie mit der Stoßrichtung, Demokratisierung rückgängig machen zu wollen.«[12]

Gemeinsam sind den völkischen Vorstellungen der Kampf gegen das Subjekt und der Vorzug des Kollektivs vor dem Individuum. Ethnische Identität fungiert im Rechtsextremismus nicht als individuelles Identitätsangebot, sondern als kollektiver Identitätszwang – wobei der Zwang eine intern bindende und eine extern segmentierende Komponente besitzt:[13] den Zwang zum Einschluss und zum Ausschluss. Damit ist der Rechtsextremismus in seinen Grundzügen immer antidemokratisch und strukturell ebenso antiliberal wie antiindividuell ausgerichtet. Im Anschluss an den Politikwissenschaftler Helmut Fröchling sind mit Antiindividualismus und Antiliberalismus die wichtigsten Grundlagen rechtsextremer Ideologie und ihre Hauptstoßrichtungen benannt. Rechtsextremisten richten sich gegen die prinzipielle Orientierung am freien und selbstbestimmten Individuum. Sie optieren gegen ein politisches Ordnungsmodell, das seinen ideellen Ausgangspunkt bei den in der Französischen Revolution postulierten Werten der Freiheit, Gleichheit und Brüderlichkeit nimmt und sie stellen sich gegen die Idee des liberaldemokratischen Verfassungsstaates, der auf den als universal geltenden Menschenrechten beruht und staatsbürgerliche Partizipationsrechte für unveräußerlich erachtet.[14]

Das Moment der Einstellung ist die zentrale Grundlage für die Charakterisierung von Rechtsextremismus, wobei sich Einstellungen in unterschiedlichen Formen von Verhalten ausdrücken. Der Zusammenhang von Einstellung und Verhalten hängt ab von der individuell jeweils spezifischen, im sozialen Raum fortwährend änderbaren und sich ändernden Intensität der Integration, also der unterschiedlichen Möglichkeit der Zugehörigkeit zu rechtsextremen Strukturen: Begreift man den Rechtsextremismus als heterogene Sozialstruktur und kontextualisiert ihn damit im Rahmen der Bewegungsforschung auch als soziale Bewegung (ihn nur als soziale Bewegung zu verstehen, würde deutlich zu kurz greifen), dann ist unter diesem begrifflichen Dach die weltanschaulich gefestigte und organisationsgebundene Multifunktionärin genauso aufgehoben wie der gewaltbereite autonome Nationalist oder der mit rassistischen Parolen sympathisierende Schüler. Der organisatorische Vorteil der sozialen Bewegung gegenüber einer Partei besteht darin, dass sie nicht auf einer dauerhaften und formalen Bindung aufbaut, sondern gerade durch ihre geringe formale Bindung fluide Strukturen schafft, aus denen heraus agiert wird.

Der Zeithistoriker Roger Griffin macht im Zentrum des Rechtsextremismus dennoch die »groupuscules« aus, die fest geformten Gruppen, die oft nur über eine kleine Zahl an Zugehörigen verfügen, aber kadermäßig, also autoritär-hierarchisch und damit in blindem wechselseitigen

Vertrauen agieren und weltanschaulich gefestigt sind.[15] Sie bilden, wenn man so will, die konzentrischen Kerne der rechtsextremen Bewegung. Der Politologe Wolfgang Gessenharter vertritt die These, dass Rechtsextremismus anhand eines Kreismodells veranschaulicht werden könne, das in doppelter Hinsicht die Intensitätsgrade der Zugehörigkeit von Individuen in rechtsextremen Strukturen begreifbar macht: Im Zentrum stehen die Bewegungseliten, die umgeben werden von Basisaktivisten, an die sich wiederum die Unterstützer anschließen, die gerade auch für Aktivitäten oder Gewalttaten zentral sind und wiederum, in einem gedachten äußeren Kreis, von den Sympathisanten eingerahmt werden. Wichtig daran ist: Je weiter in der Mitte, desto straffer sind der Organisierungsgrad, die weltanschauliche Festigung und die Bereitschaft, aktiv und auch gewalttätig für die eigene Ideologie einzutreten. Der Grad der Organisiertheit und der Grad der weltanschaulichen Überzeugung nehmen nach außen entsprechend ab.[16]

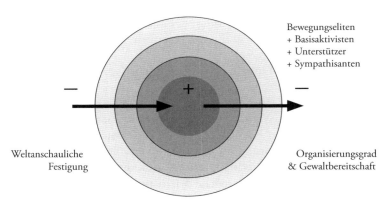

*Das Modell der konzentrischen Kreise im Rechtsextremismus.*
*Quelle: Salzborn, Rechtsextremismus, S. 121,*
*dort dargestellt nach Gessenharter, Rechtsextremismus.*

Konkretisiert man die Systematisierungen mit Blick auf das militanzaffine Spektrum, dann zeigt sich, dass hinsichtlich der Einstellungen ein geschlossen rechtsextremes Weltbild vorliegt, das handlungsleitend wirkt und in dem Differenzwahrnehmungen von Wissen keine Rolle spielen. Die Einstellungen im militanzaffinen Spektrum sind in einem hermetischen Sinn von Fakten abgeschlossen und deuten politische und soziale Ereignisse mehr oder weniger ausschließlich auf der Basis rechtsextremer Paradigmen, die historische und politische Fakten ausblenden und in denen Wahrheit zugunsten von Ideologie suspendiert ist. Mit Blick auf das politische Verhalten agiert das militanzaffine Spektrum im Rechtsextremismus weitgehend außerhalb des gesellschaftlich akzeptierten und juristisch legalen Rahmens. In den angewandten nichtkonventionellen Formen drückt sich dabei nicht nur die Ablehnung von Demokratie aus, sondern auch die generelle Feindschaft zum gesellschaftlichen und politischen Pluralismus. Der Weg von der Akzeptanz von Gewalt als politischem Mittel über die Anwendung von Gewalt bis hin zu terroristischen Aktivitäten ist fließend und hinsichtlich der realen Umsetzung abhängig von den sozialen Kontext- und Gelegenheitsstrukturen. Mit Blick auf die Intensität der Integration in die rechtsextreme Szene gilt für das militanzaffine Spektrum insofern eine mittlere bis hohe Bindung, das heißt, je gewaltförmiger das eigene Verhalten, desto höher ist die Bindung in weltanschaulicher und/oder organisatorischer Hinsicht. Entscheidend dabei ist: Nicht jeder rechtsextreme Gewalttäter muss über eine umfangreiche organisatorische Integration ins rechtsextreme Milieu verfügen, da aufgrund der antiaufklärerischen und antidemokratischen Grundierung des völkischen Weltbildes ein extrem hohes Maß an weltanschaulicher Festigung ebenfalls hinreichend sein kann, um die Ideologie der Ungleichheit in gewaltförmigen Konsequenzen umzusetzen. Da dieses Weltbild aber auf völkisch-homogenisierenden Gemeinschaftsvorstellungen fußt und neben der weltanschaulichen Festigung auch die organisatorische und logistische Dimension zentral ist (gerade dann, wenn aus präterroristischen Aktivitäten terroristische werden), existiert der medial gern inszenierte »Einzeltäter« zwar strafrechtlich, aber nicht in politischer und sozialer Hinsicht.

## Der militanzaffine Rechtsextremismus in Deutschland

Die strukturell gewaltförmige Dimension rechtsextremer Weltanschauung äußert sich in einem erheblichen Teil des organisierten Rechtsextremismus auch in einer aktiv gewalttätigen Praxis. Während rechtsextreme Parteien ihre Ziele (nicht ausschließlich, aber auch) auf parlamentarischem Weg verfolgen, zielen die neonazistischen Gruppierungen im außerparlamentarischen Bereich auf die Durchsetzung ihrer Ziele mit Gewalt und Terror – getreu ihrem historischen Vorbild aus den zwanziger Jahren, etwa den faschistischen Kampfbünden in Italien oder der SA in Deutschland, wobei das Zusammenspiel von illegalen und legalen Aktivitäten zwischen Militanten und Partei(en) nicht nur in der Zeit seit dem Ende des Zweiten Weltkriegs, sondern auch schon historisch zu beobachten war.

Im Spektrum der militanten Organisationen und des Rechtsterrorismus, also im militanzaffinen Milieu wird die demokratiefeindliche Ausrichtung aggressiv vertreten und handfest spürbar. Rechtsextreme Parteien lassen sich, mitunter aus strategischen Erwägungen, auf den legislativen Rahmen der parlamentarischen Demokratie zumindest soweit ein, als sie sich mit ihrem Handeln den Regularien unterwerfen – und damit auch den Kontrollmechanismen, die Grundgesetz und Parteiengesetz vorgeben. Insofern wird ihre faktische Gegnerschaft zur Demokratie zumindest punktuell gebrochen – die zahlreichen Strafermittlungsverfahren und rechtskräftigen Verurteilungen sowohl gegen Mitglieder und Funktionäre als auch gegen Abgeordnete von rechtsextremen Parteien zeigen freilich, dass der antidemokratische Geist oft nicht nur inhaltlich vorhanden ist, sondern auch das Handeln prägt. Allein in der Nationaldemokratischen Partei Deutschlands (NPD) waren zum Zeitpunkt des zweiten Verbotsantrags 2013 etwa ein Drittel der Funktionäre vorbestraft.[17] Die außerparlamentarischen Gruppen und militanten Organisationen des Rechtsextremismus stehen hingegen in Fundamentalopposition zum »System« – wie die Demokratie im Szenejargon abwertend genannt wird.

Sieht man vom rechtsintellektuellen Spektrum ab,[18] dann trifft die Klassifizierung als pronazistische Fundamentalopposition grundsätzlich auf fast alle rechtsextremen Gruppierungen zu, die nicht kontinuierlich parteipolitisch bzw. parlamentarisch agieren – egal, ob es sich um eine kleine Kameradschaft, eine militante Wehrsportgruppe, eine soldatisch-bündische Jugendorganisation im Nachfolgeverständnis von Hitlerjugend (HJ) bzw. Bund Deutscher Mädel (BDM), um rechte Skinheads oder organisierte Terroristen handelt. Gemeinsam ist diesen Gruppen, dass sie einen positiven Bezug zum Nationalsozialismus formulieren, die NS-Zeit verherrlichen und ihr Ziel in der Wiedererrichtung einer den Nationalsozialismus kopierenden politischen Ordnung besteht. Systematisch muss in diesem Spektrum jedoch hinsichtlich der quantitativen und der qualitativen Gewaltausrichtung unterschieden werden: Die nicht nur hypothetische, sondern reale Gewaltbereitschaft und Gewalttätigkeit umfasst (aktiv ausgeübte oder demonstrierte) Militanz, (punktuelle oder fortwährende) Gewalt und (systematischen und organisierten) Terror(ismus). Die Geschichte des neonazistischen Rechtsextremismus zeigt, dass die Grenzen zwischen diesen Formen immer fließend waren.[19]

Die politischen Agitationsformen des militanten und neonazistischen Rechtsextremismus weichen von den in der demokratischen Öffentlichkeit üblichen Vorgehensweisen grundsätzlich ab. Der Neonazismus wendet sich nicht primär an ein breites Publikum, das von den eigenen Positionen überzeugt werden soll, im Gegenteil: Die strategische Zielrichtung ist ein alternatives Kommunikationsmodell, das nur Segmente der Öffentlichkeit einschließt. Dabei geht es einerseits darum, die eigene In-Group, die Szene und die neonazistischen Zirkel zu erreichen und dort für Information und Austausch zu sorgen, andererseits aber – gerade im Bereich der Symbolpolitik – auch darum, bei den als Feinden ausgemachten Personen durch Gewalttätigkeit Angst und Schrecken zu verbreiten – beim politischen Gegner, insbesondere antifaschistischen Gruppen, ferner bei Migrantinnen und Migranten bzw. Deutschen mit Migrationshintergrund, bei Jüdinnen und Juden, Sinti und Roma, Obdachlosen oder Homo- und Transsexuellen.

Ihren operationalen Hintergrund hat die neonazistische Szene in Organisationen, die in der unmittelbaren Nachkriegszeit gegründet worden sind und – personell wie weltanschaulich – in positiver Weise Bezug auf den Nationalsozialismus genommen haben. Hierzu zähl(t)en die Stille Hilfe für Kriegsgefangene und Internierte, die Organisation der ehemaligen SS-Angehörigen (ODESSA), die konspirativ Altnazis zur Flucht und zu neuen Identitäten verhalf bzw. inhaftierte Nazi-Verbrecher betreute, ferner die Hilfsgemeinschaft auf Gegenseitigkeit – Bundesverband der Soldaten der ehemaligen Waffen-SS (HIAG), die Ordensgemeinschaft der Ritterkreuzträger des Eisernen Kreuzes (OdR), außerdem Schaltstellen für Altnazis, die nicht inhaftiert und auch nicht abgetaucht waren, und ganz besonders die Sozialistische Reichspartei (SRP), die unter ihrem Dach – zunächst als legale Partei – bis zu ihrem Verbot 1952 versuchte, in programmatischer Anlehnung an die NSDAP die Altnazis in der Bundesrepublik neu zu organisieren. Von diesen Gruppierungen gingen wesentliche Impulse für die Reorganisation eines militanten Neonazismus aus,[20] weil sie aufgrund ihrer affirmativen Haltung zum NS-Regime, mit der die Relativierung oder Leugnung der Shoah ebenso einherging wie die prinzipielle Ablehnung der Demokratie, den weltanschaulichen Akzeptanzraum für die später entstehenden neonazistischen Organisationen bereitet haben.[21]

Zwei weitere Kontexte sind ebenfalls wesentlich zur Charakterisierung der militanten, neonazistischen Dimensionen und damit des militanzaffinen Milieus im bundesdeutschen Rechtsextremismus: Zum einen ist der Umstand zu nennen, dass Kultur- und Publizistikorganisationen bzw. pseudowissenschaftliche Einrichtungen, wie das Deutsche Kulturwerk Europäischen Geistes (DKEG), die Gesellschaft für freie Publizistik (GfP), die Zeitgeschichtliche Forschungsstelle Ingolstadt (ZFI) und der Verein zur Rehabilitierung der wegen Bestreitens des

Holocaust Verfolgten (VRBHV), als organisatorische Scharniere zwischen Parteien und Militanten fungieren, also kontinuierlich Austausch und Vernetzung zwischen den Spektren ermöglichen. Zum anderen ist die Tatsache von Bedeutung, dass paramilitärische Jugendorganisationen, darunter die Wiking-Jugend (WJ), der Bund Heimattreue Jugend (BHJ) und die Heimattreue Deutsche Jugend (HDJ), nicht nur die Vermittlung von nationalistischen, soldatischen und völkisch-bündischen Grundüberzeugungen bereits bei Kindern vornehmen, sondern Kinder und Jugendliche im Rahmen von Ferienlagern und kasernierten Schulungen im Sinne des NS-Weltbilds auch sozialisieren.[22]

Seit Mitte der achtziger Jahre kam mit Blick auf sozialisatorische Aspekte noch das Skinhead- und Hooligan-Spektrum hinzu, das überaus heterogen ist. Die Skinhead-Bewegung, die Anfang der siebziger Jahre in Großbritannien entstand, hatte zwar in einem ohne Zweifel martialischen, aber zunächst eher dem sozialistischen (Arbeiter-)Spektrum nahestehenden proletarischen Männlichkeitskult seine Ursprünge. In einem nicht kleinen Teil ist das Skinhead- und Hooligan-Spektrum offen für vulgär-nazistische Dominanzpositionen, verbunden mit aggressiven Männlichkeitsritualen.[23] Über die Verbindung zum Rechtsrock, insbesondere das Netzwerk Blood & Honour (B&H), stellt es zudem ein erweitertes und im (zunächst vorpolitischen) Bereich der Musik ein nachhaltig wirkendes Agitationsfeld dar.[24]

So gestaltet sich der militante und neonazistische Flügel des Rechtsextremismus als ein weitverzweigtes Netz von zahllosen Organisationen und Gruppierungen. Gemeinsam ist allen die positive Bezugnahme auf den Nationalsozialismus und die grundsätzliche Ablehnung der freiheitlich-demokratischen Grundordnung der Bundesrepublik; verfolgt wird das Ziel eines Wiederaufbaus der NSDAP; den organisatorischen Hintergrund bilden die Sozialistische Reichspartei und die seit den frühen siebziger Jahren bestehende, logistisch und propagandistisch bedeutsame NSDAP-Auslands- und Aufbauorganisation (NSDAP-AO) mit Sitz in Lincoln im US-Bundesstaat Nebraska. Die nominelle Existenz der Organisationen und Gruppierungen ist zum Teil nur von kurzer Dauer, die Gruppierungen benennen sich immer wieder um und reorganisieren sich, auch nach Verboten. Sie wandeln ihre Organisationsform und sind sich darin einig, dass sie politische Herrschaft durch Gewalt – und nicht durch Wahlen – erringen wollen. Zu Bruchlinien im militanten Spektrum kommt es dabei immer wieder entlang der Frage der Wortgläubigkeit bzw. der Linientreue: Während einige den Nationalsozialismus für unumstößlich und unhinterfragbar halten, zweifeln andere einen solchen Kadavergehorsam an und orientieren sich beispielsweise eher an

den Brüdern Otto und Gregor Strasser, die das sozialistische Moment in
der NSDAP stärker betonten, an SA-Chef Ernst Röhm, der den Weima-
rer Legalismus der NSDAP ablehnte und eine stärker männerbündische
und homoerotische Linie vertrat, oder an einer an der Gegenwart orientierten Abwandlung des nationalsozialistischen Weltbildes. In diesen
Bereich fallen auch die Debatten im neonazistischen Spektrum über
den Sinn formalisierter Organisationsstrukturen, die – vor allem in den
neunziger Jahren – von den Freien Kameradschaften und später von den
Autonomen Nationalisten in Frage gestellt wurden. »Organisierter Wille
braucht keine Partei«, lautete das Schlagwort. Nicht zuletzt ging es dabei darum, möglichen Verboten und damit staatlicher Repression aus
dem Weg zu gehen.[25]

Trotz der netzwerkartigen Struktur lassen sich in der Geschichte der
militanten und neonazistischen Organisationen personelle und organisatorische Schaltstellen ausmachen, das heißt, dass einige Organisationen den Kern des Neonazismus bilden, auch wenn sie formal nicht
mehr existieren, aber durch die persönliche Vernetzung ihrer (ehemaligen) Kader fortwirken.[26] Es handelt sich insofern, wie ein auf umfangreichen Materialanalysen fußendes Handbuch Anfang der neunziger
Jahre akzentuierte, um Netzwerke mit »Drahtziehern«.[27] Auch wenn die
empirischen Studien zu den einzelnen Organisationen der militanten
und neonazistischen Szene noch lange nicht umfangreich genug sind,
um ein endgültiges Bild der funktionalen Aspekte dieses Netzwerkes
und seiner »Drahtzieher« zeichnen zu können, lässt sich zumindest sagen, dass Schlüsselrollen den verbotenen Organisationen Freiheitliche
Deutsche Arbeiterpartei (FAP), Nationalistische Front (NF), Wiking-
Jugend (WJ), Nationale Liste (NL) und Hilfsgemeinschaft für nationale
politische Gefangene und deren Angehörige (HNG) sowie der Gesinnungsgemeinschaft der neuen Front (GdNF) zukommen, deren Ex-
Funktionäre bis heute aktiv und einflussreich in der neonazistischen
Szene sind. Ein wichtiges Auffangbecken zur Bündelung und Engfüh-
rung des weithin vernetzten Neonazismus bildet seit Mitte der neunziger Jahre auch die NPD, die die funktionalen Ziele der Sozialistischen
Reichspartei weitgehend übernommen und den pronazistischen und
militanten Flügel des Rechtsextremismus bewusst integriert hat.[28]

Die militante Dimension des Rechtsextremismus muss systematisch
differenziert werden in eine aktionistische und eine organisierte Ausprägung: Die aktionistische findet ihren Ausdruck in tendenziell eher
spontanen Gewaltakten (rassistische und antisemitische Taten, Angriffe
von politischen Gegnern etc.), die organisierte in systematisch geplanten
Handlungen, die in Wehrsportgruppen und paramilitärischen Vereini-

gungen trainiert werden und sich oft am Führer- und Gehorsamkeitsprinzip orientieren. Vor allem seit 1989/90 werden Mitglieder organisierter Gruppen (auch) im Ausland in der Handhabung von Waffen geschult oder nehmen als Söldner an Kriegen teil. Insofern ist die Geschichte der rechtsextremen Militanz und des rechtsextremen Terrors, interpretiert man die aktionistische und die organisierte Ausprägung als Varianten desselben Phänomens, eine kontinuierliche.[29] Die Bandbreite der Taten ist groß:[30] Hierzu zählen die Aktivitäten der Wehrsportgruppe Hoffmann (WSG), insbesondere der durch mindestens einen WSG-Aktivisten verübte Sprengstoffanschlag auf das Münchner Oktoberfest im September 1980, der 13 Menschenleben forderte,[31] außerdem zwei gezielte antisemitische Morde in Erlangen, hinzu kommen fünf Sprengstoff- und zwei Brandanschläge der Deutschen Aktionsgruppen um (den später für 13 Jahre inhaftierten) Manfred Roeder, die unter anderem Flüchtlingsunterkünfte, eine jüdische Schule und eine Ausstellung über das KZ Auschwitz zum Ziel hatten. Außerdem zu nennen ist das Anlegen von »Feindlisten« durch die Nationalistische Front, ferner ein rassistischer Brandanschlag durch Josef Saller, einen Angehörigen der Nationalistischen Front, 1988 auf ein Haus in Schwandorf (vier Tote), die paramilitärischen Aktivitäten der Wiking-Jugend und der kontinuierliche Straßenterror durch die Freiheitliche Deutsche Arbeiterpartei, der bis heute unter anderem in Gestalt der neonazistischen Dortmunder Borussen-Front um Siegfried Borchardt (»SS-Siggi«) und die dortige Neonaziszene fortwirkt. Auch die Aufforderung zu Gewalttaten durch die Anti-Antifa-Postille *Der Einblick*, in der Anfang der neunziger Jahre Adressen von (vermeintlichen) politischen Gegnern veröffentlicht wurden, der Amoklauf des Neonazis Kay Diesner 1997, der mit einer Pumpgun einen Buchhändler in Berlin angeschossen und auf der Flucht einen Polizisten erschossen hatte,[32] sind zu nennen, ferner die zahlreichen Brandanschläge auf und Morde an Asylsuchenden und Migrant(inn)en Anfang der neunziger Jahre, von denen die Brandanschläge in Lübeck (zehn Tote) und Solingen (fünf Tote) sowie die mit Molotowcocktails begangenen Morde in Mölln (drei Tote) besonders markant sind, nicht zu schweigen von den rechtsextremen Pogromen gegen Flüchtlinge in Rostock-Lichtenhagen und Hoyerswerda.

Allein im Zeitraum von 1990 bis 2012 zählt die Amadeu Antonio Stiftung, eine auf zivilgesellschaftlichem Engagement basierende Organisation gegen rechte Gewalt, 184 Tote durch Neonazis und Rechtsextremisten, worunter sich zahlreiche Opfer rechtsextremer Alltagsgewalt befinden.[33] Nach Recherchen der *Neuen Osnabrücker Zeitung* hatten sich in 749 Fällen Anhaltspunkte für einen möglichen rechtsextremen Tathintergrund ergeben,[34] bei einem Großteil davon konnte der Anfangsverdacht jedoch nicht erhärtet werden;[35] die Recherchen des Blatts basieren auf der vom Bundeskriminalamt (BKA) und den Landespolizeibehörden durchgeführten Überprüfung ungeklärter Tötungsdelikte im Zeitraum von 1990 bis 2011. Verrohung und rassistische Alltagsgewalt haben zugenommen. Die Zahl der Angriffe auf Flüchtlingsunterkünfte stieg zuletzt in drastischem Maße, darunter Brand- und Sprengstoffanschläge. Nach vorläufigen Angaben gab es 2014 mindestens 150 Anschläge auf Flüchtlingsunterkünfte in Deutschland, die Zahl hat sich zum Vorjahr etwa verdreifacht, wobei auch von 2012 zu 2013 bereits eine Verdopplung festzustellen ist.[36] Im Jahr 2015 gab es laut Bundeskriminalamt bundesweit 924 Straftaten gegen Flüchtlingsunterkünfte.[37]

Der NSU, der zwischen 1998 und 2011 mindestens zehn Morde begangen hat und für mehrere Sprengstoffanschläge und Banküberfälle verantwortlich war, stellt die konsequente Fortsetzung des rechten Terrors in Deutschland dar, weil er zahlreiche Prinzipien der vorangegangenen Jahrzehnte aufgegriffen, weiterentwickelt und letztlich die NS-Ideologie in ihrer ganzen Grausamkeit vollstreckt hat.[38] Dabei hat der NSU die kommunikative Strategie verfeinert: Fern der Öffentlichkeit, die die Nazi-Morde in rassistischer Manier als »Döner-Morde« fehlinterpretierte, war der NSU in der eigenen Szene fortwährend präsent. Die Integration in das Neonazi-Milieu bestand von Beginn an und wurde teils chiffriert, aber szeneintern unmissverständlich kommuniziert. So beispielsweise 2002 in einem Gruß an den NSU in der Nummer 18 der Neonazi-Postille *Der Weisse Wolf*: »Vielen Dank an den NSU, es hat Früchte getragen ;-) Der Kampf geht weiter ...« Auch wurde die Angst bei Menschen mit Migrationshintergrund offensiv geschürt, die ja – trotz der irreführenden Medienberichterstattung – oftmals ahnten, dass es sich um rassistische Morde handelte. Überdies konnte der NSU die logistische Einbindung des Nazi-Terrors in legale und halblegale Strukturen des bundesdeutschen Rechtsextremismus über einen langen Zeitraum aufrechterhalten. Die NSU-Hauptaktivisten Uwe Mundlos, Uwe Böhnhardt und Beate Zschäpe kamen aus dem sogenannten Nationalen Widerstand Jena, waren im Vor- und Umfeld der dortigen NPD tätig und beteiligten sich an zahlreichen NPD-Aktivitäten. Die Schlüsselfiguren, die die Morde überhaupt erst durch die Beschaffung bzw. Übermittlung der in fast allen Fällen eingesetzten Tatwaffe ermöglicht haben, waren beide NPD-Funktionäre, wobei einer – der im laufenden Prozess vor dem Oberlandesgericht München Mitangeklagte Ralf Wohlleben – auch an der Fluchtorganisation der Täter beteiligt gewesen ist. Da laut Generalbundesanwaltschaft die drei Abgetauchten nur ein einziges Mal während ihrer Zeit im Untergrund »eigenes« Geld

abhoben, ist davon auszugehen, dass sie außer von ihrem Beutegut aus
Banküberfällen auch von Finanzmitteln aus der Szene lebten.

Angesichts der im Prozess – trotz der Bemühungen um Verwischung
durch ein »schweigendes und lügendes Umfeld«[39] und trotz einer sehr
zögerlichen behördlichen Aufarbeitungsbereitschaft[40] – umfangreich
zutage tretenden Verbindungen des NSU zum rechten Milieu ist zu befürchten, dass die Täter entweder Nachahmer in der militanten Neonaziszene finden werden oder Teile des NSU-Netzwerkes noch nicht
ausfindig gemacht worden sind, so dass womöglich weiter gemordet
wird. Jedenfalls ist der NSU-Terrorismus kein neuartiges Phänomen,
sondern Teil einer in der unmittelbaren Nachkriegszeit beginnenden
Reorganisation des Alt- und Neonazismus, der über eine organisatorische Findungsphase vor allem seit den achtziger Jahren kontinuierlich
in Gewalt und Terror mündet.[41]

Fragt man nach den strukturellen Bedingungen, die den NSU-Terrorismus ermöglicht haben, muss man den zeithistorischen Kontext be-
rücksichtigen, den die osteuropäische Transformation 1989/90 und die
deutsche Einheit bildeten. Denn der NSU ist gerade hinsichtlich seiner
Agitations- und Aktionsmöglichkeiten, aber auch mit Blick auf die all-
tagsrassistische Grundstimmung nicht zuletzt ein ostdeutsches Phänomen. Die Vorgeschichte des NSU im Rechtsterrorismus ist freilich eine
westdeutsche, daher greift ein rein regionalhistorischer Deutungsansatz
zwar zu kurz, jedoch ist die Toleranzbereitschaft für Rassismus und
Rechtsextremismus in der ehemaligen DDR bis heute signifikant höher
als im Westen, wie aktuell die Bewegung der sogenannten Patriotischen
Europäer gegen die Islamisierung des Abendlandes (Pegida) und die
Wahlerfolge der NPD sowie der Alternative für Deutschland (AfD) in
den ostdeutschen Bundesländern zeigen.[42]

Der NSU entstand Anfang der neunziger Jahre in einem militanzaffinen Milieu, das geprägt war von der massiven öffentlichen Präsenz
des Rechtsextremismus. Alltägliche Gewalt schlug sich in zahlreichen
Pogromen gegen Flüchtlinge und Ausländer nieder, im Anwachsen einer
rechtsextremen Skinhead-Szene auf dem Gebiet der ehemaligen DDR
und in zunehmenden Aktivitäten neonazistischer Organisationen gegen
politische Gegner (»Anti-Antifa«). Durch die deutsche Einheit und
auch durch den Sieg der deutschen Mannschaft bei der Fußballwelt-
meisterschaft 1990 breitete sich in der Öffentlichkeit rasch eine nationalistische Grundstimmung aus. In dieser Atmosphäre waren Maßnahmen
gegen Rechtsextremismus nicht nur pädagogisch weitgehend wirkungs-
los, sondern auch juristisch wenig effektiv, da fremdenfeindliche Gewalttäter mit vergleichsweise milden Urteilen davonkamen. Die Tole-

ranz für solche Gewalttaten wuchs. Überdies wurde mit den Stimmen fast aller Parteien das Asylrecht drastisch eingeschränkt. Da die Grünen nicht im Bundestag vertreten waren und die Partei des demokratischen Sozialismus (PDS) keine Fraktion bildete, sondern nur Gruppenstatus besaß, war die linke Opposition parlamentarisch schwach. In dieser Zeit setzte sich der bereits in den späten achtziger Jahren begonnene Trend zu Militanz, Gewalt und Subkulturalisierung in der rechtsextremen Szene fort. Zugleich verlor die konservativ-liberale Regierungskoalition zunehmend an Integrations- und Bindekraft; außenpolitisch zeichnete sich der Trend zu einer neuen deutschen Machtpolitik ab. All dies begünstigte die sozialen Gelegenheitsstrukturen für einen erstarkenden, militanzaffinen Rechtsextremismus in Ostdeutschland, wo zivilgesellschaftliche Traditionen weitgehend fehlten.

## Fazit

Das militanzaffine Milieu im bundesdeutschen Rechtsextremismus ist weder isoliert von anderen Bereichen des Rechtsextremismus zu betrachten, noch ist der Rechtsterrorismus ein Phänomen, das in der bundesdeutschen Geschichte erst mit dem NSU seinen Ausgangspunkt genommen hat. Nimmt man Rechtsextremismus aus einer gesellschaftskritischen Sicht in den Blick, dann zeigt sich, dass diejenigen Akteure und Organisationen, die rechtsterroristisch handeln, in ein weitverzweigtes, langfristig entwickeltes und höchst wandlungsfähiges Netz eingebunden sind. Rechtsterrorismus ist dabei genauso wenig ohne die netzwerkartigen Strukturen der weltanschaulichen, organisatorischen und logistischen Verankerung denkbar wie »alltagsterroristische bzw. präterroristische« (Hajo Funke) Gewalttaten. Da ein korrespondierendes Verhältnis zwischen Einstellungen und Verhalten im Rechtsextremismus existiert, also kein Verhalten ohne entsprechende Einstellungen denkbar ist, bilden die rechtsextremen Einstellungen den zentralen Grund, der zu einer Radikalisierung und in ein militanzaffines Milieu hineinführt und deren weitere Steigerung aktive Gewaltbereitschaft bis hin zum Rechtsterrorismus zur Folge hat. Um Perspektiven für eine langfristige Bekämpfung von Rechtsextremismus und Rechtsterrorismus zu entwickeln, gilt es, ganz wesentlich die Einstellung in den Mittelpunkt zu rücken. Denn die Voraussetzung dafür, dass sich Fragmente rechtsextremen Denkens zu einem geschlossenen Weltbild formieren, liegt in dem Umstand, dass sie trotz der Gefahren, die sie bergen, in der Mitte der Gesellschaft toleriert, ja akzeptiert werden.

## Anmerkungen

1 Vgl. im Überblick: Samuel Salzborn, Rechtsextremismus. Erscheinungsformen und Erklärungsansätze, Baden-Baden ²2015.

2 Hajo Funke, Staatsaffäre NSU. Eine offene Untersuchung, Münster/Berlin 2015, S. 20.

3 Richard Stöss, Rechtsextremismus im Wandel, Berlin 2010, S. 21.

4 Vgl. ebd.

5 Vgl. Markus Birzer, Rechtsextremismus – Definitionsmerkmale und Erklärungsansätze, in: Jens Mecklenburg (Hrsg.), Handbuch deutscher Rechtsextremismus, Berlin 1996, S. 72-83; Willibald I. Holzer, Rechtsextremismus – Konturen, Definitionsmerkmale und Erklärungsansätze, in: Dokumentationsarchiv des österreichischen Widerstandes (Hrsg.), Handbuch des österreichischen Rechtsextremismus, Wien 1994, S. 12-96.

6 Stefan Borrmann, Rechtsextremismus – Facetten eines Begriffs, in: OstWest. Europäische Perspektiven 3 (2012), S. 162-238, hier: S. 162.

7 Stöss, Rechtsextremismus (wie Anm. 3), S. 20.

8 Vgl. Wilhelm Heitmeyer, Jugend und Rechtsextremismus. Von ökonomisch-sozialen Alltagserfahrungen zur rechtsextremistisch motivierten Gewalt-Eskalation, in: Gerhard Paul (Hrsg.), Hitlers Schatten verblaßt. Die Normalisierung des Rechtsextremismus, Bonn ²1990, S. 101-133.

9 Margret Jäger/Siegfried Jäger, Gefährliche Erbschaften. Die schleichende Restauration rechten Denkens, Berlin 1999, S. 174, Hervorhebung im Original.

10 Vgl. Wolfgang Benz, Gewalt und Ideologie, in: Helmut Reinalter/Franko Petri/Rüdiger Kaufmann (Hrsg.), Das Weltbild des Rechtsextremismus. Die Strukturen der Entsolidarisierung, Innsbruck/Wien 1998, S. 35-50; Christoph Butterwegge, Entschuldigungen oder Erklärungen für Rechtsextremismus, Rassismus und Gewalt? Bemerkungen zur Diskussion über die Entstehungsursachen eines unbegriffenen Problems, in: ders./Georg Lohmann (Hrsg.), Jugend, Rechtsextremismus und Gewalt. Analysen und Argumente, Opladen 2000, S. 13-36.

11 Vgl. Jost Müller, Mythen der Rechten. Nation, Ethnie, Kultur, Berlin 1994; Samuel Salzborn, Ethnisierung der Politik. Theorie und Geschichte des Volksgruppenrechts in Europa, Frankfurt a. M./New York 2005; Mark Terkessidis, Kulturkampf. Volk, Nation, der Westen und die Neue Rechte, Köln 1995.

12 Christian Glaß, Politische Bildungsarbeit vs. Gewaltbereitschaft und Rechtsextremismus Jugendlicher, in: Sozialwissenschaftliche Literatur Rundschau 37 (1998), S. 69-84, hier: S. 71, Fn. 2.

13 Vgl. Niklas Luhmann, Der Staat des politischen Systems. Geschichte und Stellung in der Weltgesellschaft, in: Ulrich Beck (Hrsg.), Perspektiven der Weltgesellschaft, Frankfurt a. M. 1998, S. 345-380.

14 Helmut Fröchling, Die ideologischen Grundlagen des Rechtsextremismus. Grundstrukturen rechtsextremer Weltanschauung, politischer Stil, Strategien

und Methoden rechtsextremer Propaganda, in: Mecklenburg (Hrsg.), Handbuch deutscher Rechtsextremismus (wie Anm. 5), S. 84-123, hier: S. 87 ff.

15 Roger Griffin, From Slime Mould to Rhizome. An Introduction to the Groupuscular Right, in: Patterns of Prejudice 1 (2003), S. 27-50, hier: S. 27.

16 Wolfgang Gessenharter, Was ist Rechtsextremismus? Zentrale Aspekte eines vielschichtigen Problems, in: Holger Spöhr/Sarah Kolls (Hrsg.), Rechtsextremismus in Deutschland und Europa, Frankfurt a. M. 2010, S. 27-43.

17 Vgl. Andreas Kopietz, Ein Drittel der NPD-Funktionäre vorbestraft, in: Berliner Zeitung, 18.12.2013.

18 Vgl. Samuel Salzborn, Renaissance of the New Right in Germany? A Discussion of New Right Elements in German Right-Wing Extremism today, in: German Politics and Society 34 (2016) 2, S. 36-63.

19 Vgl. Andrea Röpke/Andreas Speit (Hrsg.), Blut und Ehre. Geschichte und Gegenwart rechter Gewalt in Deutschland, Berlin 2013.

20 Vgl. Oliver Schröm/Andrea Röpke, Stille Hilfe für braune Kameraden. Das geheime Netzwerk der Alt- und Neonazis, Berlin 2001; Karsten Wilke, Die »Hilfsgemeinschaft auf Gegenseitigkeit« (HIAG) 1950-1990. Veteranen der Waffen-SS in der Bundesrepublik, Paderborn 2011.

21 Vgl. Gerard Braunthal, Right-Wing Extremism in Contemporary Germany, Basingstoke 2009; Peter Dudek/Hans-Gerd Jaschke, Entstehung und Entwicklung des Rechtsextremismus in der Bundesrepublik. Zur Tradition einer besonderen politischen Kultur, 2 Bde., Opladen 1984.

22 Vgl. Andrea Röpke, Ferien im Führerbunker. Die neonazistische Kindererziehung der »Heimattreuen Deutschen Jugend (HDJ)«, Braunschweig ²2008; dies., Die geführte Jugend – Kindererziehung von rechts, Braunschweig 2010.

23 Vgl. Holger Bredel, Skinheads – Gefahr von rechts? Berlin 2002; Susanne El-Nawab, Skinheads. Ästhetik und Gewalt, Frankfurt a. M. 2001.

24 Vgl. Martin Büsser, Wie klingt die neue Mitte? Rechte und reaktionäre Tendenzen in der Popmusik, Mainz 2001; Christian Dornbusch/Jan Raabe (Hrsg.), RechtsRock. Bestandsaufnahme und Gegenstrategien, Münster 2002; Klaus Farin/Henning Flad, Reaktionäre Rebellen. Rechtsextreme Musik in Deutschland, in: Archiv der Jugendkulturen (Hrsg.), Reaktionäre Rebellen. Rechtsextreme Musik in Deutschland, Berlin 2001, S. 9-98; Thomas Pfeiffer, Für Volk und Vaterland. Das Mediennetz der Rechten – Presse, Musik, Internet, Berlin 2002; vgl. auch den Beitrag von Thies Marsen in diesem Band.

25 Vgl. Andrea Röpke/Andreas Speit (Hrsg.), Braune Kameradschaften. Die neuen Netzwerke der militanten Neonazis, Berlin 2004; Jan Schedler/Alexander Häusler (Hrsg.), Autonome Nationalisten. Neonazismus in Bewegung, Wiesbaden 2011.

26 Vgl. Klaus Maler, Das Netzwerk der militanten Neonazis, in: Mecklenburg (Hrsg.), Handbuch deutscher Rechtsextremismus (wie Anm. 5), S. 572-594.

27 Vgl. Antifaschistisches Autorenkollektiv, Drahtzieher im braunen Netz. Ein aktueller Überblick über den Neonazi-Untergrund in Deutschland und Österreich, Hamburg 1996.

28  Vgl. Gideon Botsch, Parteipolitische Kontinuitäten der »Nationalen Opposition«. Von der Deutschen Reichspartei zur Nationaldemokratischen Partei Deutschlands, in: Zeitschrift für Geschichtswissenschaft 2 (2011), S. 113-137.

29  Vgl. Röpke/Speit (Hrsg.), Blut und Ehre (wie Anm. 19).

30  Vgl. Fabian Virchow, Nicht nur der NSU. Eine kleine Geschichte des Rechtsextremismus in Deutschland, Erfurt 2016.

31  Vgl. Ulrich Chaussy, Oktoberfest. Das Attentat. Wie die Verdrängung des Rechtsterrors begann, Berlin 2014; vgl. den Beitrag von Ulrich Chaussy in diesem Band.

32  Vgl. dazu den Beitrag von Armin Pfahl-Traughber in diesem Band.

33  Vgl. Aslan Erkol/Nora Winter, 184 Todesopfer rechtsextremer und rassistischer Gewalt seit 1990, www.mut-gegen-rechte-gewalt.de/news/chronik-der-gewalt/todesopfer-rechtsextremer-und-rassistischer-gewalt-seit-1990.

34  Vgl. Dirk Fisser, Mögliche rechte Tatmotive bei 749 Tötungsdelikten, in: Neue Osnabrücker Zeitung, 4.12.2013.

35  Vgl. Bundestags-Drucksache 18/1786.

36  Vgl. Andrea Dernbach, Dreimal mehr Angriffe auf Asylbewerberheime, in: Der Tagesspiegel, 10.2.2015.

37  o. A., Asylbewerberunterkünfte: Zahl der Anschläge mehr als vervierfacht, in: Spiegel Online, 14.1.2016.

38  Vgl. Stefan Aust/Dirk Laabs, Heimatschutz. Der Staat und die Mordserie des NSU, München 2014; Maik Baumgärtner/Marcus Böttcher, Das Zwickauer Terror-Trio. Ereignisse, Szene, Hintergründe, Berlin 2012; Patrick Gensing, Terror von rechts. Die Nazi-Morde und das Versagen der Politik, Berlin 2012; Olaf Sundermeyer, Rechter Terror in Deutschland. Eine Geschichte der Gewalt, München 2012.

39  Stephan Kuhn/Peer Stolle, Nach einem Jahr Hauptverhandlung. Ein kurzes Zwischenresümee im NSU-Prozess, in: RAV Infobrief 109 (2014), S. 58-61, hier: S. 61. RAV steht für Republikanischer Anwältinnen- und Anwälteverein.

40  Vgl. Friedrich Burschel, Dicke Luft im A 101. Nach 150 Prozesstagen im Münchener NSU-Prozess zeichnen sich Probleme der Innen- und Außenwahrnehmung des Verfahrens ab, in: Kritische Justiz. Vierteljahresschrift für Recht und Politik 4 (2014), S. 450-460; Sebastian Friedrich/Regina Wamper/Jens Zimmermann (Hrsg.), Der NSU in bester Gesellschaft. Zwischen Neonazismus, Rassismus und Staat, Münster 2015.

41  Vgl. Hans-Gerd Jaschke/Birgit Rätsch/Yury Winterberg, Nach Hitler. Radikale Rechte rüsten auf, München 2001; Anton Maegerle, Vom Obersalzberg bis zum NSU. Die extreme Rechte und die politische Kultur der Bundesrepublik 1988-2013. NS-Verherrlichung, rassistische Mode an Migranten, Antisemitismus und Holocaustleugnung, Berlin 2013.

42  Vgl. Samuel Salzborn, Demokratieferne Rebellionen. Pegida und die Renaissance völkischer Verschwörungsphantasien, in: Wolfgang Findte/Daniel Geschke/Nicole Haußecker/Franziska Schmidtke (Hrsg.), Rechtsextremismus und »Nationalsozialistischer Untergrund«. Interdisziplinäre Debatten, Befunde und Bilanzen, Wiesbaden 2016, S. 359-366.

Armin Pfahl-Traughber

# Das »Lone Wolf«-Phänomen im deutschen Rechtsterrorismus. Eine Analyse von Fallbeispielen

Fragt man nach aktuellen Organisationsformen im Terrorismus, so fallen häufig die Begriffe »Leaderless Resistance« und »Lone Wolf«.[1] Die erstgenannte Formulierung meint kleine Gruppen mit nur wenigen Personen, die ohne Anleitung einer Zentrale eigenständig Anschläge und Attentate durchführen. Dabei können die Akteure sowohl Bestandteil eines Netzwerkes von Zellen als auch eine in Isolation befindliche einzelne Kleingruppe sein. Es geht hier also um mehrere Einzelpersonen, aber nicht um einen größeren Personenzusammenschluss. Die Bezeichnung »Lone Wolf« meint demgegenüber eine Einzelperson, die ohne Anleitung von anderen und ohne Einbettung in eine Gruppe eine terroristische Tat begeht. Derartige Fälle gibt es auch im islamistischen Bereich des Terrorismus, wofür der Fall von Arid Uka in Deutschland beispielhaft steht. Dieser hatte sich ohne Anleitung einer Gruppe über das Internet radikalisiert und 2011 zwei US-Soldaten am Frankfurter Flughafen getötet und zwei weitere schwer verletzt.[2] Die meisten Fälle von Einzeltäter- und »Lone Wolf«-Terrorismus können aber dem Rechtsterrorismus zugeordnet werden.

Es bedarf im Folgenden zunächst einer Arbeitsdefinition für den Einzeltäter- und »Lone Wolf«-Terrorismus, schon um Fehldeutungen entgegenzuwirken. Denn häufig wird angenommen, dass gesellschaftliche Bedingungsfaktoren hier keine Rolle für die Gewaltbereitschaft spielen. Es stellt sich dann die Frage nach den Besonderheiten in Bezug auf Täter und Taten. Eine Antwort darauf setzt die Betrachtung von Fallbeispielen voraus, wobei es hier erstens um die Beschreibung der Ereignisse, zweitens um die Darstellung der Person und drittens um die Erörterung des Kontextes geht. Die Frage nach dem Kontext ist wichtig, um mentale und politische Prägungen der Täter erfassen zu können, welche die Entwicklung hin zu dieser Form von Gewaltanwendung erklären. Daran geknüpft sind Analysen in vergleichender Perspektive, bezogen auf Gemeinsamkeiten und Unterschiede, auf die Einschätzung von politischen und psychischen Bedingungsfaktoren, die kommunikative und organisatorische Einbettung in den Rechtsextremismus, die Bedeutung von sogenannten Bekennungen, also Bekennerschreiben und Bekenneranrufen, und die Kommunikation der Täter. Auch geht es um die Einschätzung des besonderen Gefahrenpotentials durch den rechtsextremistischen Einzeltäter- und »Lone Wolf«-Terrorismus.

## Arbeitsdefinition: Einzeltäter- und »Lone Wolf«-Terrorismus

Terrorismus schließt alle Formen politisch motivierter Gewaltanwendung ein, die von nichtstaatlichen Akteuren in systematischer Form mit dem Ziel des psychologischen Einwirkens auf die Bevölkerung durchgeführt werden und dabei die Möglichkeit des gewaltfreien und legalen Agierens als Handlungsoption ausschlagen sowie die Angemessenheit, Folgewirkung und Verhältnismäßigkeit des angewandten Mittels ignorieren.[3] Bei dem Einzeltäter- bzw. »Lone Wolf«-Terrorismus[4] handelt es sich um politisch motivierte Akteure im genannten Sinne, welchen noch weitere Merkmale besitzen: Sie agieren als Individuen, sie folgen keiner Gruppe, und ihre Handlungen sind selbstbestimmt. Dabei fällt der Blick auf die konkrete Tat, d. h. ein Einzeltäter kann durchaus Angehöriger einer Gruppe oder Mitglied einer Organisation sein. Der entscheidende Aspekt besteht darin, dass der Anschlag oder das Attentat als konkrete Handlung von ihm selbst ohne Einwirkung einer Hierarchie oder Struktur umgesetzt wurde. Die Bezeichnung »Lone Wolf«-Terrorist steht für die konkrete Tatplanung. Bestritten wird hier weder, dass Akteure sich beispielsweise von Fremdenfeindlichkeit in der Gesellschaft motiviert fühlen, noch, dass ihre einschlägige Gewalt- und Ideologiefixierung eine Folge der Sozialisation in der rechtsextremistischen Szene ist. Die Annahme, wonach ein Rechtsterrorist keine derartigen Prägungen aufweist, wäre wirklichkeitsfremd.[5]

Bezogen auf die Beeinflussung durch oder die Nähe zu rechtsextremistischen Organisationen lässt sich folgende idealtypische Stufung vornehmen: Es kann erstens ideologische Akzeptanzen geben, die durch Einstellungen in der Gesellschaft und nicht durch Propaganda von Rechtsextremisten aufkommen. Es kann zweitens mediale Kontakte geben, die durch die Lektüre von Internetseiten oder anderen Publikationen von Rechtsextremisten entstanden sind. Und es kann drittens personelle Verbindungen geben, welche die Aktivität oder Mitgliedschaft in Organisationen voraussetzt. Dabei lassen sich für den letztgenannten Fall zwei Formen unterscheiden. Der Einzeltäter, gewaltbezogen wie ideologisch in einer rechtsextremistischen Organisation sozialisiert, gehört mangels Engagement einer solchen Gruppe nicht mehr an, entscheidet sich aber aufgrund seiner Prägungen allein zur Tat. Oder aber er ist noch Angehöriger einer solchen Gruppe, hat seine Handlungen aber nicht an deren Mitglieder kommuniziert.

## Zur Auswahl der Fälle

Es geht im Folgenden um Einzelpersonen, die ihre Gewalthandlungen allein durchführten und planten. Dies schließt nicht aus, dass sie während ihrer Aktivitäten einer politischen Organisation angehörten. Ferner geht es um Einzeltäter, die der Ideologie des Rechtsextremismus anhingen und davon geleitet ihre Opferauswahl trafen; unbeachtet bleiben hingegen Gewalttaten aus persönlichen Motiven. Der Fokus wird gewählt, weil der Anteil solcher Gewaltakte in diesem politischen Bereich besonders hoch ist.[6] Gleichwohl kann man zunehmend auch Fälle mit islamistischem Hintergrund ausmachen. Als Besonderheit in den USA gelten Anschläge von Einzeltätern, die sich mit der Ablehnung von Abtreibung gegen Ärzte und Personal von Kliniken wenden. Es gibt allgemein nur wenige Fälle von Einzeltätern und »Lone Wolfs« aus dem Linksterrorismus, obwohl solche Handlungen Ende des 19. Jahrhunderts international noch eine gängige anarchistische Praxis waren.[7]

Hingegen fehlen Beispiele, die mitunter in den Medien als Fälle von Einzeltäter- bzw. »Lone Wolf«-Terrorismus gelten. Dazu gehören beispielsweise die folgenden Ereignisse: Im September 1980 deponierte der Rechtsextremist Gundolf Köhler auf dem Oktoberfest in München eine Bombe, deren Explosion 13 Menschen in den Tod riss. Ob hier ein verbitterter Einzeltäter handelte oder mehrere Personen an dem Verbrechen beteiligt waren, ist bis heute ungeklärt.[8] Der Neonazi Thomas Lemke ermordete im Juli 1995, im Februar und März 1996 drei Menschen; dabei halfen ihm in zwei Fällen andere Personen.[9] Im Oktober 2003 erschoss der Neonazi Thomas Adolf einen Anwalt, dessen Ehefrau und Tochter.[10] Die Freundin des Täters wirkte daran mit; es bestanden bei der Opferauswahl keine politischen Motive. Die drei genannten Fälle bleiben hier unberücksichtigt, weil (wie beim Oktoberfestattentat) Belege für eine Einzeltat fehlen und weil (wie in den beiden anderen Fällen) Mitstreiter Hilfe geleistet haben.

## Der Fall »Uwe Behrendt«: Mord an einem jüdischen Verleger

Beim Fall Uwe Behrendt[11] handelt es sich um die Morde an dem Rabbiner und Verleger Shlomo Lewin und seiner Lebensgefährtin Frida Poeschke. Am 19. Dezember 1980 betrat ein Mann in Erlangen das Grundstück der beiden. Gleich nachdem ihm Lewin die Tür geöffnet hatte, schoss ihm der Mann mit einer Beretta-Maschinenpistole viermal in Brust und Kopf. Auch Poeschke wurde mit vier Schüssen ermordet. Lewin war im christlich-jüdischen Dialog aktiv und hatte öffentlich wiederholt vor wachsendem Rechtsextremismus gewarnt, besonders mit Blick auf die Wehrsportgruppe Hoffmann, einer gewaltgeneigten paramilitärischen Gruppe von Neonazis.

Der Mörder hinterließ am Tatort nicht nur Munition, sondern auch eine Sonnenbrille. Er floh auf das Schloss Ermreuth, wo Karl-Heinz Hoffmann, der Leiter der Wehrsportgruppe, seinen Wohnsitz hatte. Die Brille gehörte, wie sich später herausstellte, dessen Lebensgefährtin Franziska Birkmann. Bei dem Mörder handelte es sich um den 1952 in der DDR geborenen Uwe Behrendt, der dort sein Abitur abgeschlossen und 1973 einen Fluchtversuch unternommen hatte. Der Versuch war misslungen, Behrendt zu einer Haftstrafe verurteilt und später von der Bundesrepublik Deutschland freigekauft worden. Er begann in Tübingen ein Studium der Germanistik, Medizin und Theologie und startete eine politische »Karriere« in verschiedenen rechtsextremistischen Organisationen. Über hochschulpolitische Gruppen wie die Deutschen Burschenschaften und den Hochschulring Tübinger Studenten ergaben sich für ihn Kontakte zur Wehrsportgruppe Hoffmann. Dort stieg Behrendt schnell bis zum Vize-Leiter auf. Er soll seinem »Chef«, so die übliche Anrede für Hoffmann, völlig ergeben gewesen sein. Nach der Flucht vom Erlanger Tatort tauchte Behrendt zunächst bei Hoffmann unter, der ihm schließlich die Flucht in den Libanon ermöglichte, wo sich Behrendt ein knappes Jahr später, Ende 1981, umgebracht haben soll. Hoffmann äußerte gegenüber der Polizei bei einem Verhör, Behrendt habe nach seiner Rückkehr vom Tatort gesagt: »Chef, ich habe den Vorsitzenden der jüdischen Kultusgemeinde in Erlangen erschossen. Ich hab's auch für Sie getan.«[12] Sollte dies zutreffend sein, so hätte Hoffmann nicht den Auftrag zu dem Mord gegeben und Behrendt ihm mit dieser Handlung eigenständig »zugearbeitet«. Das kann man allerdings durchaus bezweifeln, zumal angesichts von Behrendts Abhängigkeitsverhältnis zu seinem »Chef« und der am Tatort aufgefundenen Brille von dessen Lebensgefährtin. Indessen konnte ein Gericht später weder Hoffmann noch Birkmann eine einschlägige Rolle, geschweige denn Verantwortung für die Verbrechen nachweisen. Gleichwohl handelte Behrendt, geht man von der Einzeltäter-These aus, in einem direkten politischen Kontext, denn er gehörte der Führung der Wehrsportgruppe Hoffmann an und ging mit seiner Tat gegen einen Gegner des Rechtsextremismus und einen »weltanschaulichen Feind« vor. Darüber hinaus fand Behrendt im Haus von Hoffmann Zuflucht, wo er unmittelbar vor der Tat bereits gewohnt hatte.

## Der Fall »Kay Diesner«: Anschlag auf einen Buchhändler

Den Ausgangspunkt der Ereignisse im Fall Diesner bildeten Auseinandersetzungen zwischen rechtsextremistischen Demonstranten und Gegendemonstranten im Februar 1997 in Berlin-Hellersdorf.[13] Dafür machte man in der Neonaziszene die dort regierende Partei des Demokratischen Sozialismus (PDS) verantwortlich. Wenige Tage später, am 19. Februar, betrat ein Mann mit einer Pumpgun das Haus, in dem sich die Bezirksgeschäftsstelle der Partei mit dem Büro des Parteivorsitzenden der PDS, Gregor Gysi, und eine Buchhandlung befanden. Deren Inhaber wurde vom Täter angeschossen und verlor durch die schwere Verletzung später seinen linken Unterarm. Der Täter floh, geriet wenige Tage später aber in eine Polizeikontrolle auf einem Parkplatz in Schleswig-Holstein. Dort schoss er auf die beiden Beamten, die ihn kontrollierten, tötete einen und verletzte den anderen schwer.

Beim Täter handelte es sich um Kay Diesner, einen 1972 geborenen Neonazi, der in Ost-Berlin aufgewachsen und im Sommer 1989 in die Bundesrepublik Deutschland geflohen war. Seitdem betätigte er sich in unterschiedlichen neonazistischen Gruppen, auch in der Deutschen Alternative, die für die Entwicklung der ostdeutschen Szene in der Umbruchphase von besonderer Bedeutung war.[14] Diesner nahm an Schulungen und Wehrsportübungen teil. Darüber hinaus beteiligte er sich regelmäßig an Demonstrationen in der Neonaziszene, wobei es oft zu Konfrontationen mit Gegendemonstranten kam. Später gehörte er auch zum Umfeld der Kameradschaft Treptow.

Während des Prozesses, der mit einer lebenslangen Gefängnisstrafe endete, provozierte Diesner mit Beleidigungen und verweigerte eine Entschuldigung. In der Neonaziszene galt er fortan als Held. Da der Anschlag auf den Buchhändler in engem Zusammenhang mit Konflikten während der Demonstration wenige Tage zuvor stand, kann es sich nicht um eine spontane Tat gehandelt haben. Eine Pumpgun ist zudem eine außergewöhnliche Waffe, was ebenfalls auf eine geplante und gezielte Vorgehensweise schließen lässt. Ob Diesner anstelle des Buchhändlers womöglich den prominenten PDS-Politiker Gysi hatte treffen wollen, lässt sich nicht genau sagen. Die Schüsse auf die beiden Polizeibeamten feuerte er jedenfalls ab, um sich durch Flucht der Verhaftung zu entziehen. Diesner entschied sich dafür allein. Dies scheint auch bei dem Angriff auf den Buchhändler der Fall gewesen zu sein, denn es gibt keine Belege dafür, dass er im Auftrag anderer Neonazis handelte oder diese Kenntnis von seinem Vorgehen besaßen. Politisch motiviert war seine Tat ganz offenkundig.

## Der Fall »Michael Berger«: Tötung von drei Polizisten

Beim Fall Michael Berger[15] geht es um die Tötung von drei Polizisten durch einen Neonazi im Juni 2000 im Raum Dortmund. Zwei Polizeibeamten fiel ein Personenkraftwagen auf, dessen Fahrer nicht angeschnallt war. Sie forderten ihn zum Anhalten auf, worauf er aber zu fliehen versuchte. Die Beamten folgten ihm und konnten ihn schließlich stellen. Für sie völlig überraschend schoss er mit einer Handfeuerwaffe auf sie und floh. Ein Beamter wurde dabei getötet, seine Kollegin am Bein verletzt. Eine Großfahndung setzte ein und es gelang einem Streifenwagen, das Fahrzeug zu stoppen. Der Flüchtende eröffnete sogleich das Feuer auf die beiden Polizisten, die er durch gezielte Kopfschüsse tötete. Dann setzte er seine Flucht fort. Später wurde er tot mit einer selbst zugefügten Schusswunde am Kopf in seinem Wagen auf einem Feldweg gefunden.

Der Täter war der 1969 geborene Neonazi Michael Berger, der nach der Mittleren Reife und einer kaufmännischen Ausbildung unterschiedliche Berufe ausgeübt hatte: Er arbeitete nach seiner Bundeswehrzeit in einem Autohaus, später als Taxifahrer und als Vertreter. Politisch betätigte er sich in einer Fülle ganz unterschiedlicher rechtsextremistischer Organisationen und Parteien. Bei der Durchsuchung seiner Wohnung fanden die Ermittler Mitgliedsausweise der Deutschen Volksunion (DVU) und der Partei Die Republikaner (REP). In seiner Brieftasche entdeckten sie einen Mitgliedsausweis der Nationaldemokratischen Partei Deutschlands (NPD) und ein Bild von Adolf Hitler. Auf seinem Auto fand sich ein Aufkleber der neonazistischen Rockband Landser. Berger hatte auch näheren Kontakt zu diversen Größen der Neonaziszene im Dortmunder Raum. Ein ganzes Waffenarsenal lagerte in seiner Wohnung, darunter Handgranaten, Jagdgewehre, Pistolen und Revolver.

Nachdem durch die Medien bekannt geworden war, dass Berger die drei Polizisten getötet hatte, verbreitete die neonazistische Kameradschaft Dortmund den Spruch: »3:1 für Deutschland«. Damit bejubelten die Rechtsextremisten die Verbrechen als Heldentaten gegen den verhassten Staat. Gleichwohl schätzten die Sicherheitsbehörden die Tötungen nicht als politisch motiviert ein, und die Staatsanwaltschaft wies auf die fehlende organisatorische Zugehörigkeit des Täters hin. Es gebe keine Belege dafür, dass er die Schüsse im Auftrag abgegeben hat, hieß es. Da die Polizeibeamten ihn anhielten, weil er nicht angeschnallt gewesen war, spricht tatsächlich viel für eine spontane Handlung, auch wenn Berger gegenüber einer Exfreundin gesagt haben soll: »Wenn ich gehen muss, werde ich so viele Polizisten mit in den Tod nehmen, wie ich kann.«[16] Merkmal von Bergers Taten ist die Kombination von extremer Gewaltbereitschaft mit neonazistischer Ideologie.

## Der Fall »Frank S.«: Anschlag auf eine Bürgermeisterkandidatin

Frank S.[17] näherte sich am 17. Oktober 2015 in Köln-Braunsfeld einem Infostand der parteilosen Kandidatin für die Bürgermeisterwahlen, Henriette Reker. Nachdem er sie um eine Rose gebeten hatte, zückte er ein Messer und stach auf die Politikerin ein. Im Handgemenge verletzte der Täter zwei weitere Lokalpolitikerinnen sowie zwei Passanten. Erst durch das Einschreiten eines zufällig privat anwesenden Bundespolizisten konnte er überwältigt werden. Frank S. bekundete laut Augenzeugen, die Gesellschaft solle vor Leuten wie Reker beschützt werden: »Ich musste es tun. Ich schütze euch alle.« Außerdem rief er: »Ich tue es für eure Kinder.« Denn Bundeskanzlerin Angela Merkel und Reker überfluteten seiner Auffassung nach Deutschland mit Flüchtlingen. Nach dem Anschlag erklärte er in der polizeilichen Vernehmung: »Ich habe das wegen Rekers Flüchtlingspolitik getan«, und kommentierte: »Die Ausländer nehmen uns die Arbeitsplätze weg.«[18] Die schwerverletzte Politikerin überlebte den Anschlag.

Bei dem Täter handelte es sich um den 1971 geborenen Frank S., einen gelernten Lackierer und Maler, der als Langzeitarbeitsloser beruflich perspektivlos und sozial isoliert lebte. Zwar deutet der Umstand, dass er sich bei seiner Festnahme auf einen »Messias« berief, auf psychische Auffälligkeiten hin. Ein Gutachter erklärte Frank S. jedoch für voll schuldfähig. Die Rekonstruktion der Ereignisse macht deutlich, dass der Täter kalkuliert und nicht unbeherrscht vorging. Dass er zunächst sein Opfer um eine Rose bat und sich nicht sofort auf die Politikerin stürzte, zeigt, dass er strategisch vorging. Offenkundig wollte Frank S. die Bürgermeisterkandidatin Reker in Sicherheit wiegen. Er wartete auf den günstigen Moment für seine Tat und stieß erst dann mit einem mitgebrachten Bowie-Jagdmesser zu. Bei der Durchsuchung seiner Wohnung stellte die Polizei später fest, dass in seinem Computer die Festplatte fehlte und auch keine Dokumente oder Notizen auffindbar waren. Deren offenkundige Beseitigung belegt ebenfalls eine systematische Tatplanung.

Hinzu kommt, dass Frank S. eine einschlägige politische Vergangenheit hat: Anfang der neunziger Jahre betätigte er sich im Bonner Raum im Umfeld der Freiheitlichen Deutschen Arbeiterpartei (FAP), der fanatische und gewaltbereite Neonazis angehörten. Im Jahr 1993 nahm er am Gedenkmarsch für den einstigen Hitler-Stellvertreter Rudolf Heß in Fulda teil. Und im Jahr darauf wollte er dieses Engagement beim (allerdings verhinderten) Gedenkmarsch in Luxemburg wiederholen. Ab 1995 beging Frank S. mehrere Gewalttaten, darunter auch politisch motivierte: So schlug er einen Mann, den er aufgrund seiner roten Schnürsenkel für einen Antifa-Aktivisten hielt. Bis 1998 kam es zu weiteren Gewalthandlungen, darunter eine räuberische Erpressung, was zu einem mehrjährigen Gefängnisaufenthalt führte. Zwar scheint Frank S. danach nicht mehr in ähnlicher Weise aktiv geworden zu sein, die ideologischen Prägungen behielt er aber erkennbar bei. Das machten seine fremdenfeindlichen Bekundungen während und nach der Tat deutlich. Frank S. hat wohl allein und ohne den Auftrag einer Gruppe gehandelt.

## Auffälliges zu Gemeinsamkeiten und Unterschieden

Bei der Betrachtung der Fälle lässt sich in der Gesamtschau konstatieren: Es gibt eine Fülle von Gemeinsamkeiten, aber auch Unterschieden. Bei allen Tätern handelte es sich um Männer.[19] Allgemein besteht bei Gewalttaten politischer wie nichtpolitischer Motivation ein überdurchschnittlich hoher Männeranteil. Eine Ausnahme bildet im Bereich des Terrorismus die sogenannte zweite Generation der Roten Armee Fraktion (RAF), in deren Reihen der Frauenanteil größer als derjenige der Männer war. Darüber hinaus besteht eine (in der Auswahl schon angelegte) Gemeinsamkeit in der Bereitschaft zur Gewaltanwendung und in der ideologiegeleiteten Opferauswahl. Bei den Opfern handelt es sich um einen Rabbiner, um politisch links eingestellte Personen, um eine Politikerin und um Polizisten. Migranten, bei Gewalthandlungen oftmals die Hauptopfergruppe, waren in den erwähnten Fällen nicht betroffen.[20] Die politische Motivation der Täter spiegelt sich in der konkreten Opferauswahl wider, da alle Betroffenen typischen Feindbildgruppen von Rechtsextremisten zugeordnet werden können. Alle Antriebskräfte für rechtsextremistische Gewalt waren von Bedeutung: Antikommunismus, Antisemitismus und Demokratiefeindlichkeit. Bei dem Anschlag gegen die Politikerin Reker spielte nach Aussage des Täters deren Engagement für Flüchtlinge eine wesentliche Rolle, was zeigt, dass auch Fremdenfeindlichkeit ein Motiv war. Bezogen auf die organisatorische Einbettung der genannten Täter lässt sich sagen: Alle gehörten rechtsextremistischen Gruppen an, wenngleich nicht alle auch in der Phase der Tatplanung und -umsetzung organisiert waren. Während Frank S. zwar in einschlägigen Kontexten politisch sozialisiert worden war, gehörte er zur Zeit des Anschlages keiner rechtsextremistischen Organisation an. Demgegenüber waren Uwe Behrendt, Kay Diesner und Michael Berger auch unmittelbar vor ihren Taten in der Neonaziszene aktiv.

Gemeinsamkeiten, aber auch Unterschiede bestehen hinsichtlich der Auswahl der Mittel: Uwe Behrendt, Kay Diesner und Michael Berger nutzten eine Schusswaffe, Frank S. eine Stichwaffe. In allen Fällen standen die Täter ihren Opfern von Angesicht zu Angesicht direkt gegenüber. Lediglich bei den Schüssen von Berger und Diesner auf Polizisten befanden sich die Opfer in einem Fahrzeug, so dass eine direkte Wahrnehmung nicht möglich war. Schließlich bestehen Gemeinsamkeiten und Unterschiede hinsichtlich Opferauswahl und Opferzahl: Während die Anschläge von Behrendt und Frank S. gegen eine konkrete Person gerichtet waren, gilt dies für die Attentate von Berger und Diesner nicht. Betroffen waren hier eher zufällig anwesende Polizeibeamte. Damit erklärt sich wohl, warum in den erstgenannten Fällen mit Ausnahme von Frank S. eine Person bzw. zwei Personen getötet wurden, während es bei Berger und Diesner mehr als drei Todesopfer oder Verletzte gab.

Auffallend ist eine Gemeinsamkeit auch mit Blick auf die Lebenswege der Einzeltäter- und »Lone Wolf«-Terroristen: Bei einigen bestanden psychische Auffälligkeiten bereits in der Jugend. Darüber hinaus handelt es sich meist um beruflich gescheiterte sowie sozial isolierte Personen: Uwe Behrendt hatte ein Studium in unterschiedlichen Fächern begonnen, konnte aber in keinem Erfolg verzeichnen; Kay Diesner fand nach seiner Flucht aus der DDR weder beruflich noch sozial eine neue Heimat; Michael Berger musste häufig seine Arbeitsstellen wechseln; Frank S. war Langzeitarbeitsloser und lebte in sozialer Isolation. In allen Fällen motivierten die genannten Lebensumstände stark die Hinwendung zu rechtsextremistischen Organisationen. Im letztgenannten Fall bestanden das berufliche Scheitern und die soziale Isolation nach dem Ende des Engagements in der neonazistischen Szene fort.

## Politische und psychische Bedingungsfaktoren

Es stellt sich die Grundsatzfrage: Welchen Einfluss hatten politische und welchen Einfluss hatten psychische Bedingungsfaktoren für die Taten? Die Anwälte von Beschuldigten stellen häufig auf die letztgenannten Aspekte ab, um damit die Schuldfähigkeit im strafmindernden Sinne zu thematisieren. Dies soll hier keine Aufmerksamkeit finden, da es um die politische Dimension der Taten geht. Angesichts der psychischen Besonderheiten der Einzeltäter wie auch wegen ihres beruflichen oder sozialen Scheiterns wird die politische Motivation ihrer Tat oft heruntergespielt und die persönlichen Dispositionen werden in den Vordergrund gerückt. Derartige Interpretationen erblicken in Fremdenfeindlichkeit und Politikerhass lediglich die ideologische »Bekleidung« einer Tat, die Tat selbst aber sei in erster Linie durch die besonderen individual- und sozialpsychologischen Rahmenbedingungen verursacht. Gegen diese Auffassung seien mehrere Argumente angeführt: Der Einfluss von politischen Faktoren spricht nicht notwendigerweise gegen denjenigen von psychischen Faktoren. Es besteht nicht zwingend ein Ausschlussgrund, denn Motive und Ursachen sind auf unterschiedlichen Ebenen angesiedelt. Darüber hinaus gibt es bezogen auf zwei Aspekte konkreten Erklärungsbedarf für die genannten Fälle: mit Blick auf die Gewaltanwendung und auf die Opferauswahl. Bei der Bereitschaft zur Gewalt kommt psychischen Faktoren eine herausragende Bedeutung zu. Dadurch erklärt sich aber nicht die konkrete Opferauswahl, wofür es jeweils ideologische Motive gibt. Denn ansonsten würden sich die Einzeltäter willkürlich und zufällig ihre Ziele suchen. Genau dies war aber nicht der Fall: Alle genannten Beispiele machen deutlich, dass es einen konkreten Grund politischer Art für die Auswahl der Opfer bzw. der Opfergruppen gab.

Dafür spricht auch die kommunikative bzw. organisatorische Einbettung der Täter in den Rechtsextremismus. Auch wenn sie bei den Taten allein und unabhängig agierten, bewegten sie sich nicht in einem politischen Vakuum. Hierbei kommt Entwicklungen in der Gesamtgesellschaft wie auch im Rechtsextremismus besonderer Stellenwert zu. Bezogen auf die rechtsextremistische Szene sei hier an die Differenzierung bzw. Typologisierung von »ideologischen Akzeptanzen«, »medialen Kontakten« und »personellen Verbindungen« erinnert. Die engste Beziehung zum Rechtsextremismus besteht in der Mitgliedschaft während der Tatzeit. Demnach handelten Täter wie Uwe Behrendt und Kay Diesner direkt aus einem politischen Kontext heraus, ohne dass aber die übrigen Anhänger ihrer Gruppe davon wissen mussten. Eine andere Form personeller Verbindungen besteht in einer früheren Mitgliedschaft, was zu Einflüssen durch Gewaltbereitschaft und Ideologisierung wie im Falle von Frank S. führte. Die Kategorie »mediale Kontakte« meint, dass Einzeltäter- und »Lone Wolf«-Terroristen zum Rechtsextremismus keine personellen Verbindungen haben. Indessen bestehen einseitige Beziehungen durch die Lektüre einschlägiger Publikationen. Dabei lässt sich die Bedeutung neuer Kommunikationsmittel kaum überschätzen: Bevor es das Internet gab, konnten Extremisten ihre politischen Auffassungen nur geringen Teilen der Gesellschaft zugänglich machen. Dazu waren personelle Verbindungen nötig. Je gewaltgeneigter und konspirativer sie agierten, desto schwieriger wurden Informationsvermittlung und Kontaktaufnahmen. Das Internet macht hingegen einen problemlosen Zugang möglich. Dafür gibt es zwar bei den hier genannten Tätern kein Beispiel, exemplarisch dafür stehen aber mit Anders Behring Breivik, der 2011 Massenmord an 69 Menschen beging,[21] und Anton Lundin Pettersson, der 2015 zwei Migranten an einer Schule tötete,[22] Fälle aus Norwegen und Schweden.

Schließlich sei auf die ideologischen Akzeptanzen verwiesen, die den Blick auf die Gesamtgesellschaft lenken. Denn Antisemitismus und Fremdenfeindlichkeit, Nationalismus und Rassismus gibt es nicht nur im Neonazismus. Derartige Einstellungen – dies machen die Ergebnisse der empirischen Sozialforschung deutlich – finden sich vielmehr auch bei relevanten Anteilen der Bevölkerung: Je nach den gewählten Items und Methoden der Forschung ergibt sich für Deutschland ein rechtsextremistisches Einstellungspotential von fünf bis 20 Prozent – das gilt als sozialer Rechtsextremismus (in Abgrenzung vom politischen Rechtsextremismus, mit dem Organisationen wie die NPD oder Neonazi-Gruppen gemeint sind).[23] Einschlägige Aversionen in der Bevölkerung deuteten die Täter als Bestätigung ihrer Einstellungen und Handlungen. Daher meinten sie, wenn sie ihre Taten begründeten, im Interesse der »schweigenden Mehrheit« des Volkes zu sprechen.

## »Bekennungen« und Kommunikation der Täter

Eine definitorische Besonderheit und ein konstitutives Merkmal des Terrorismus bestehen nach sozialwissenschaftlicher Auffassung in seiner Funktion als Kommunikationsstrategie.[24] Diese Formulierung führt mitunter zu ähnlichen Missverständnissen wie die Rede vom Einzeltäter. Entgegen weitverbreiteter Annahme stellt aber nicht das Ausmaß der Anschläge, bei denen Menschen getötet oder Sachwerte zerstört werden, das Hauptziel terroristischen Handelns dar. Vielmehr sollen – der Bedeutung des Terminus »Terrorismus« entsprechend – damit Furcht und Schrecken verbreitet werden. Insofern stehen die Taten im strategischen Kalkül der Täter lediglich für den Beginn eines angestrebten, langfristig angelegten Weges. Ihr Ziel ist die Überwindung der bestehenden politischen Ordnung und deren Ablösung durch eine neue. Als erster Schritt auf dem Weg dorthin gilt Terroristen ihre Tat – für sie ist sie gleichsam eine politische Botschaft an Gesellschaft und Staat, die eigene Gruppe und die Opfer. Die damit gemeinte Kommunikation kann in unterschiedlicher Form erfolgen: Linksterroristen erstellten ausführliche Begründungen, Rechtsterroristen verzichteten und verzichten hingegen auf Bekennerschreiben. Für die Letztgenannten liegt die Botschaft in der Tat: Ein Anschlag auf ein Flüchtlingsheim steht für Fremdenfeindlichkeit, ein Attentat auf einen Polizisten für Systemfeindlichkeit. Es bedarf dabei aus der Perspektive der Täter keiner Erläuterung. Was für den Rechtsterrorismus im Allgemeinen gilt, trifft auch auf das Einzeltäter- und »Lone Wolf«-Phänomen zu. Dabei gibt es zwei Ausnahmen: Franz Fuchs hinterlegte bei seinen Anschlägen, die er zwischen 1993 und 1997 mit Brief- und Rohrbomben von Österreich aus durchführte, Erklärungen mit fremdenfeindlichen Begründungsversuchen.[25] Anders Behring Breivik verschickte direkt vor seinen Taten ein über 1.500-seitiges »Manifest«, das der Erläuterung seiner ebenfalls fremdenfeindlichen Absichten und Motive dienen sollte.

Bei den skizzierten deutschen Fällen fehlten derlei Bekenntnisse, die es aber in indirekter Form für die politische Motivation doch gab. Dazu gehörten etwa Ausrufe direkt vor oder unmittelbar nach der Tat: Uwe Behrendt bekannte sich zur Ermordung des Funktionsträgers einer jüdischen Gemeinde; Kay Diesner wollte sich für Proteste gegen eine Neonazi-Demonstration rächen; Michael Berger sah in Polizeibeamten die Repräsentanten des verhassten Systems; Frank S. machte sein Opfer für die Flüchtlingspolitik verantwortlich. Mit Ausnahme der Polizistentötungen enthielten alle Taten durch die Opferauswahl politische Botschaften. Ausführliche schriftliche Erklärungen, worin die Auswahl des Anschlags- oder Attentatsobjektes für eine breite oder szeneinterne Öffentlichkeit begründet wird, gab und gibt es von rechtsterroristischen Gruppen in Deutschland hingegen nicht. Derartige Formen der Kommunikation sind eher typisch für den Linksterrorismus.

## Fazit

Angesichts der Fixierung auf Gemeinsamkeiten und Unterschiede im Bereich des Einzeltäter- und »Lone Wolf«-Terrorismus fanden die Besonderheiten des Gefahrenpotentials in diesem Feld des Rechtsextremismus noch kaum oder gar keine wissenschaftliche Aufmerksamkeit. Die Annahme, wonach von einzelnen Akteuren angesichts ihrer eingeschränkten Möglichkeiten nur geringe Gefahren ausgehen, lässt sich beim Blick auf die erwähnten Fallstudien nicht bestätigen. Zwar agierte beispielsweise Frank S. nur gegen eine einzelne Personen, aber die Fälle von Anders Behring Breivik und Frank Fuchs stehen für eine hohe Anzahl von Gewaltopfern.[26] Ein Einzeltäter oder »Lone Wolf« kann folglich zwar keinen komplexen Anschlag durchführen, aber je nach dem Einsatz der Mittel verheerende Wirkung entfalten. Breivik ermordete mit eher geringem Aufwand während nur einer Stunde mehr Menschen als die linksterroristische RAF in ihrer fast dreißigjährigen Geschichte.

Darüber hinaus besteht auf einer anderen Ebene besonderes Gefahrenpotential: Erfolgen bei den Anschlägen und Attentaten Planung und Umsetzung von einer Einzelperson, so können derartige Gewaltakte von den Sicherheitsbehörden nur schwerlich verhindert werden. Man darf sich beispielsweise die Frage stellen, ob etwa ein Anders Behring Breivik in Deutschland den Polizei- und Verfassungsschutzbehörden vor seinen Taten aufgefallen wäre. Allgemein gilt als Faustformel: Je kleiner die Akteursgruppe, desto unwahrscheinlicher ist ihre frühzeitige Entdeckung. Bestehen keine Kontakte zum organisierten Rechtsextremismus, dann lassen sich einschlägige Anschlags- und Attentatsvorhaben von Einzeltäter- und »Lone Wolf«-Terroristen kaum verhindern. Denn in solchen Fällen erfolgt die Radikalisierung zur Tat ohne personelle Verbindungen.

Gerade die Betrachtung von Fällen wie Breivik macht deutlich, dass derartige Einzeltäter sich auch allein über einschlägigen Internetkonsum radikalisieren und sehr wohl viele Menschen ermorden können. Derartige Angriffe in anderen Ländern richten sich insbesondere gegen Migranten, was bei den hier geschilderten Fällen nicht zutrifft – obwohl der Großteil der rechtsextremistisch motivierten Gewalthandlungen auch in Deutschland einen fremdenfeindlichen Hintergrund hat. Die Aufmerksamkeit für die Fälle in anderen Ländern macht daher deutlich, dass mit ähnlichen Entwicklungen auch hierzulande gerechnet werden muss. Der Fall Frank S. steht mustergültig dafür. Denn bei der in den letzten Jahren stark angewachsenen Neonaziszene handelt es sich um ein Personenpotential, das in einem gewaltgeneigten und ressentimentgeladenen

Milieu sozialisiert wurde. Es kann darin durchaus auch »explodierende« und nicht nur »tickende Zeitbomben« geben.

## Anmerkungen

1 Vgl. Jeffrey Kaplan/Helene Lööw/Leena Kalkki (Hrsg.), Lone Wolf and Autonomous Cell Terrorism, Abingdon 2015; George Michael, Lone Wolf Terror and the Rise of Leaderless Resistance, Nashville 2012.

2 Vgl. Wolf Schmidt, Jung, deutsch, Taliban, Berlin 2012, S. 148-163. Allgemein zu islamistisch motivierten Fällen von »Lone Wolf«-Terrorismus vgl. Raffaello Pantucci, A Typology of Lone Wolves. Preliminary Analysis of Lone Islamist Terrorists, London 2011. Allerdings differenziert Pantucci nicht zwischen »Leaderless Resistance« und »Lone Wolf«-Terrorismus.

3 Bei dieser Definition wurden gegenüber einer Erstfassung des Autors zwei Veränderungen vorgenommen: Es heißt hier »nicht-staatliche Akteure« statt »nicht-staatliche Gruppen«, geht es doch im Folgenden um Individuen. Das Phänomen »Einzeltäter« und »Lone Wolf« fand in der Erstfassung nicht genügend Aufmerksamkeit. Auch fehlt dort die Bezeichnung »gegen eine staatliche Ordnung«, da sich Rechtsterroristen meist gegen andere Teile der Gesellschaft wenden. Gleichwohl agieren sie damit auch gegen das Gewaltmonopol des Staates. Zur Erstfassung vgl. Armin Pfahl-Traughber, Extremismus und Terrorismus. Eine Definition aus politikwissenschaftlicher Sicht, in: ders. (Hrsg.), Jahrbuch für Extremismus- und Terrorismusforschung 2008, Brühl 2008, S. 33.

4 Vgl. Jeffrey D. Simon, Lone Wolf Terrorism. Understanding the Growing Threat, New York 2013: Ramón Spaaij, Understanding Lone Wolf Terrorism. Global Patterns, Motivations and Prevention, Dordrecht 2012.

5 Dies behauptet die Definition von Einzeltäter- und »Lone Wolf«-Terrorismus auch nicht. Dennoch besteht diese Annahme, aus der dann Fehldeutungen und Missverständnisse bis hin zur Unterstellung von Relativierungen und Verharmlosungen führen. Eine derart enge Definition erklärt auch, warum die folgende Analyse den »Lone Wolf«-Terrorismus für einen Mythos hält: Gerry Gable/Paul Jackson, Lone Wolves. Myth or Reality? A Searchlight Report, Ilford o. J.

6 Vgl. COT Instituut voor Veiligheids- en Crisismanagement (Hrsg.), Lone-Wolf Terrorism, Amsterdam 2007, S. 20 ff.

7 Vgl. Richard Bach Jensen, The Pre-1914 Anarchist »Lone Wolf« Terrorist and Governmental Responses, in: Terrorismus and Political Violence, 26 (2014) 1, S. 86-94.

8 Vgl. den Beitrag von Ulrich Chaussy in diesem Band; ferner Ulrich Chaussy, Oktoberfest. Das Attentat. Wie die Verdrängung des Rechtsterrors begann, Berlin ²2015; Tobias von Heymann, Die Oktoberfestbombe: München 26. September 1980, Berlin 2008.

9   Vgl. Hans-Gerd Jaschke/Birgit Rätsch/Yury Winterberg, Nach Hitler. Radikale Rechte rüsten auf, München 2001, S. 90; Hans-Werner Loose, Er verführte seine Freunde zum Mord, in: Die Welt, 13.2.1997, www.welt.de/print-welt/article634082/Er-verfuehrte-seine-Freunde-zum-Mord.html.

10  Vgl. Michael Mielke, »Ich würde es jederzeit wieder tun«, in: Die Welt, 14.12.2014, www.welt.de/print-welt/article358660/Ich-wuerde-es-jederzeit-wieder-tun.html; Christian Wiermer, Im Wissen, dass er rechts ist »und auch gefährlich«, in: taz, 15.12.2014, www.taz.de/1/archiv/?dig=2004/12/15/a0059.

11  Vgl. Jaschke/Rätsch/Winterberg (wie Anm. 9), S. 36-42; Hans-Wolfgang Sternsdorff, »Chef, ich habe den Vorsitzenden erschossen«, in: Der Spiegel, 44 (1984), S. 71-82.

12  Ebd., S. 71.

13  Vgl. Laura Benedict, Sehnsucht nach Unfreiheit. Der Fall Kay Diesner und die rechte Szene. Ermittlungen am Ort des Geschehens, Berlin 1998; Nadja Erb, Kay Diesner und der Rechtsextremismus. Einmal Nazi, immer Nazi?, in: Frankfurter Rundschau, 21.2.2015, www.fr-online.de/neonazi-terror/kay-diesner-und-der-rechtsextremismus--einmal-nazi--immer-nazi-,1477338,21897752.html.

14  Vgl. den Beitrag von Hajo Funke in diesem Band.

15  Vgl. Jörg Diehl, Polizistenmorde in NRW: Der ewige Verdacht, in: Spiegel Online, 21.11.2011, www.spiegel.de/panorama/justiz/polizistenmorde-in-nrw-der-ewige-verdacht-a-798680.html; Andrea Röpke, Der Terror von rechts – 1996 bis 2011, in: dies./Andreas Speit (Hrsg.), Blut und Ehre. Geschichte und Gegenwart rechter Gewalt in Deutschland, Berlin 2013, S. 163 f.

16  Zit. n. Röpke, Terror, S. 164 (wie Anm. 15).

17  Vgl. Konrad Litschko, Er wusste, was er tat, in: taz 22.10.2015, S. 12; Armin Pfahl-Traughber, Der Anschlag auf Henriette Reker – ein Fall von »Lone Wolf«-Terrorismus. Eine Auseinandersetzung mit den Besonderheiten im Lichte der Terrorismusforschung, www.bpb.de/politik/extremismus/rechtsextremismus/214657/der-anschlag-auf-henriette-reker-ein-fall-von-lone-wolf-terrorismus.

18  Ebd.

19  Auch bei den Fällen von Einzeltäter- und »Lone Wolf«-Terrorismus mit anderen ideologischen Vorzeichen handelt es sich bis auf wenige Ausnahmen um Männer.

20  Die Anschläge und Attentate von Einzeltäter- und »Lone Wolf«-Terroristen aus anderen Ländern wie z. B. in den Fällen John Ausonius, David Copeland, Franz Fuchs und Peter Mangs richteten sich aber gegen Migranten. Diese Erkenntnis macht deutlich, dass es einer breiter angelegten und international vergleichenden Betrachtung und Untersuchung des Phänomens bedarf.

21  Vgl. Sindre Bangstad, Anders Breivik and the Rise of Islamophobia, London 2014; Aage Storm Borchgrevink, En norsk tragedie. Anders Behring Breivik og veiene til Utøya, Kopenhagen 2012.

22  Vgl. Sebastian Balzter, Hassparolen aus dem Internet, in: Frankfurter All-

gemeine Zeitung, 24.10.2015, S. 4; Daniel Poohl, Ensamvargarna lever inte i ett vakuum, www.expo.se/2015/ensamvargarna-lever-inte-i-ett-vakuum_6959. html.

23  Vgl. Armin Pfahl-Traughber, Soziale Potentiale des politischen Rechtsextremismus, in: Vorgänge, 197 (2012), S. 4-20, dort werden diese Differenzierungen genauer erläutert.

24  Vgl. Peter Waldmann, Terrorismus. Provokation der Macht, München 1998, S. 12 f.

25  Vgl. Karin Kneisl, Lebenslange Haft für Österreichs Bombenbauer Franz Fuchs, in: Die Welt, 11.3.1999, www.welt.de/print-welt/article567912/Lebenslange-Haft-fuer-Oesterreichs-Bombenbauer-Franz-Fuchs.html; Daniel Schmeritschnig, Der Briefbombenattentäter Franz Fuchs. Österreichs größter Kriminalfall in der Zweiten Republik, Wien 2015.

26  Auch hier wird die Notwendigkeit einer international vergleichenden Untersuchung deutlich.

IV. Podiumsdiskussion

# Podiumsdiskussion

mit Ulrich Chaussy, Norbert Frei, Hajo Funke,
Katharina König und Kurt Möller
Moderation: Sybille Steinbacher

*Sybille Steinbacher:* Wir haben uns gestern und heute intensiv mit den achtziger und neunziger Jahren sowie mit der aktuellen Situation im Umgang mit den NSU-Verbrechen beschäftigt. Um den Hergang zu skizzieren: Die ersten terroristischen Akte von Rechtsradikalen in der Bundesrepublik Deutschland fanden in den Siebzigern statt, in den Achtzigern wurde die Gewalt militant und in den Neunzigern erreichte sie ihren (vorläufigen) Höhepunkt. Vieles, worüber wir in den beiden letzten Tagen gesprochen haben und wozu ich die Kolleginnen und Kollegen auf dem Podium gleich befragen möchte, ist noch nicht Zeitgeschichte, sondern unmittelbares Gegenwartsgeschehen. Zu beobachten ist oftmals, wie wenig Sensibilität in Behörden und Öffentlichkeit im Umgang mit den Verbrechen entwickelt wurde. Meine Frage an Norbert Frei: Wie erklärt die Zeitgeschichtsforschung die Entwicklung des Rechtsradikalismus? Welche Rolle spielt dafür womöglich unsere Haltung zur NS-Zeit? Seit den neunziger Jahren haben wir es ja mit einem Wandel der Gedenkkultur und mit der starken medialen Präsenz des Nationalsozialismus zu tun. Besteht hier womöglich ein Zusammenhang?

*Norbert Frei:* Schwierige Frage. Ich bin mir nicht so sicher, ob wirklich ein deutlicher Zusammenhang zwischen der Entwicklung unseres Umgangs mit der NS-Vergangenheit und der Entwicklung des Rechtsradikalismus besteht. Die gesellschaftliche Auseinandersetzung mit den NS-Verbrechen kam in den späten siebziger Jahren ja sehr in Fahrt – die amerikanische Fernsehserie »Holocaust«, die 1979 in der Bundesrepublik zu sehen war, ist da als wichtige Zäsur zu nennen. Die Wehrsportgruppe Hoffmann hingegen bestand bereits seit 1974, und das war ja nun auch eine Form von Rechtsradikalismus.[1]
In den fünfziger und sechziger Jahren war der Rechtsradikalismus – ich ziehe diesen Begriff dem Terminus »Rechtsextremismus« übri-

gens vor – wohl doch noch etwas anderes als das, was wir seit den späten siebziger und achtziger Jahren erleben. Die Entwicklung in den Fünfzigern und Sechzigern wird man in stärkerem Maße als Nachgeschichte des Nationalsozialismus zu verstehen haben. In dieses Bild gehört, dass die Sozialistische Reichspartei als Nachfolgeorganisation der NSDAP auf Antrag der Bundesregierung 1952 durch das Bundesverfassungsgericht verboten wurde und dass der britische Hohe Kommissar noch Anfang 1953 den sogenannten Gauleiter-Kreis um Werner Naumann hochgehen ließ.[2] Damit waren Grenzen markiert. Wer dann 1964 der neugegründeten NPD beitrat, der hatte in der Regel eine NS-Vergangenheit und signalisierte damit seinen fortgesetzten Unwillen, sich in die demokratischen Verhältnisse der Bundesrepublik einzufinden. Das war eine andere Klientel als in den achtziger und neunziger Jahren, als der – ich bin versucht zu sagen: fast biedere – rechtsradikale Honoratiorenclub eines Adolf von Thadden[3] abgelöst wurde von einem Drängen zur Tat.

Wie wollen Sie dies mit der Entwicklung der Auseinandersetzung mit der NS-Vergangenheit zusammenbringen? Klar, es gab in den neunziger Jahren in der gesellschaftlichen Mitte eine breite Bereitschaft zur Auseinandersetzung mit der NS-Zeit. Und tatsächlich gab es konkrete rechtsradikale Aktivitäten, die sich dagegen richteten: etwa die Attacken – bis hin zu einem Bombenanschlag – gegen die Wehrmachtsausstellung. Aber wenn ich heute morgen Kurt Möller richtig zugehört habe, der darüber sprach, was wir heutzutage als rechtsextreme Haltungen sehen und wie verbreitet sie in Teilen der Gesellschaft weiterhin sind, dann hat das mit Wissen über die NS-Vergangenheit und mit konkreter historischer Bezugnahme auf den Nationalsozialismus, so scheint mir, immer weniger zu tun. Das sind doch andere Phänomene: das sind Vorurteilsstrukturen, Ressentiments, das ist Alltagsrassismus, den es auch jenseits des Wissens über die deutsche Geschichte gibt und der sich immer wieder aktualisieren kann.

Erinnern wir uns an die Situation Anfang der neunziger Jahre, an diese xenophobe Vereinigungsgewalt, als immer wieder nach historischer Aufklärung verlangt wurde. In diesem Zusammenhang hat mein Freiburger Kollege Ulrich Herbert gesagt, man müsse über den Holocaust überhaupt nichts wissen, um zu wissen, dass man Menschen nicht anzündet. Das ist und bleibt richtig! Der Zusammenhang zwischen den NS-Verbrechen und den rechtsradikalen Taten ist aus meiner Sicht – je länger Erstere zurückliegen, umso mehr – doch nur noch ein vermittelter. Ich sage dies bewusst etwas zugespitzt. Um es auf den Punkt zu bringen: Wenngleich man an der Wehrsportgruppe Hoffmann die biographischen Kontinuitäten und die Weitergabe von rechtsradikalem Gedankengut klar aufzeigen kann, glaube ich nicht, dass in deren Reihen viel konkretes Wissen über den Nationalsozialismus vorhanden war. Das lief eher über Symbole und symbolische Bezugnahme.

*Sybille Steinbacher:* Das Stichwort »Vereinigungsgewalt« bringt mich zu einer Frage an Hajo Funke: Sie hatten gestern in Ihrer Einführung die Entwicklung des Rechtsradikalismus als ein »West-Ost-Produkt« bezeichnet. Das heißt, die zunehmend militante Gewalt, die nach der deutschen Vereinigung im Osten aufkam, war ein Import aus dem Westen, denn dort hatte sie längst Fuß gefasst. Wie ging dies vonstatten, wo lagen die Bezüge? Und wie sehen Sie im Vergleich zu den frühen Neunzigern die gegenwärtige Situation, in der Flüchtlinge das Ziel von Angriffen von rechts sind, sowohl von verbalen Attacken als auch von handfesten Übergriffen – und dies nicht nur in den ehemals ostdeutschen Ländern?

*Hajo Funke:* Ich möchte erst einmal Norbert Frei widersprechen. Ich glaube, dass wir heute die Identifizierung mit nationalsozialistischen Elementen als Kernproblem des Rechtsextremismus haben – und zwar des Gewaltrechtsextremismus. Der NSU ist sozusagen die Farce des Nationalsozialismus. Michael Kühnen[4] ist derjenige, der aus der NPD herausgegangen ist, weil sie ihm zu bieder war. Er ist der Ideologe der Gesinnungsgemeinschaft der Neuen Front, deren Anhänger eine zweite nationalsozialistische Revolution und die Radikalisierung nach Hitlers Machtantritt nachspielen wollten – als Farce. Aber diese Farce ist hochgefährlich, weil sie zu zahlreichen Morden und zur NSU-Affäre geführt hat. Heute haben wir mit dem sogenannten Dritten Weg nicht nur in Bayern, sondern auch in Thüringen und Sachsen eine gefährliche Kleingruppe, die als Neo-Nationalsozialisten den Versuch der Wiederkehr des Dritten Reichs unternimmt. Natürlich ohne Erfolg, aber sie sind die Speerspitze der Gewalt. Zu einem beträchtlichen Anteil sind es nicht nur der Dritte Weg und Die Rechte, sondern inzwischen, jedenfalls auch in Sachsen, wieder Teile der NPD, die eine koordinierte Strategie haben oder versuchen, über 400 Anschläge auf Flüchtlinge zu verüben. Ja, es gibt Kontinuitäten am Rande, das muss man einfach zur Kenntnis nehmen.
Zu Ihrer Frage in Bezug auf die aktuelle Lage: In Bayern wird gegenwärtig durch einen Teil der Parteispitze der CSU der sehr gefährliche Versuch eines Konfrontationskurses gegen den humanen Umgang

mit Flüchtlingen unternommen. Mit rechtspopulistischen, zum Teil auch mit schärferen Sprüchen beispielsweise von Finanzminister Markus Söder wird am Ende nur die AfD hochgebracht, die Alternative für Deutschland. Die Partei ist Teil eines Phänomens, das wir so bisher nur in Österreich oder, über längere Jahre, in Frankreich gesehen haben. Die Gefahr ist, dass die AfD – das beschreibt Katharina König für Thüringen, und es gilt auch für Sachsen – sich in der Denunziationspraxis von NPDlern und Dritte-Weg-Leuten unterlaufen lässt und immer stärker auf einen aggressiven flüchtlingsfeindlichen Kurs drängt. Der bayerische Ministerpräsident Seehofer will diesen Kurs zwar nicht, aber er befördert ihn. Das zeigen alle Erfahrungen in der Rechtspopulismusforschung in Westeuropa. Die Gefahren von ganz weit rechts werden angesichts der als »Flüchtlingskrise« erfahrenen Gesamtsituation immer stärker. Norbert Frei hat natürlich recht, dass es eine kontinuierliche Debattenauseinandersetzung über den Nationalsozialismus gibt. Aber an den Rändern, das ist das Ironische und gefährlich Farcehafte, wird immer noch die Identifizierung mit dem Nationalsozialismus versucht.

*Norbert Frei:* Ja, bei Michael Kühnen würde ich noch einen Unterschied machen. Aber ich habe in all den Jahren, in denen wir nun vom NSU in der Presse lesen, nicht gelernt, dass dessen unmittelbare Aktivisten und dass diejenigen, von denen heute morgen aus sozialwissenschaftlicher Perspektive die Rede war, besonders viel über den Nationalsozialismus wussten. Ich bin zwar kein Rechtsextremismusforscher, aber der NSU hatte mit inhaltlich ernstzunehmender oder auch nur halb ernstzunehmender Auseinandersetzung und Kenntnis dessen, was der Nationalsozialismus war, nicht viel zu tun. Ich glaube, das sind wirklich die Ränder dieser Rechten. Hier würde mich Frau Königs Kommentar interessieren.

*Hajo Funke:* Doch! Das hat damit zu tun. Und das sind die gefährlichen Ränder. Uwe Mundlos wusste alles über den Nationalsozialismus.

*Sybille Steinbacher:* Frau König, welche Rolle spielt der Nationalsozialismus in der rechten Szene? Wie groß ist das Wissen darüber? Und eine weitere Frage: Sie haben gestern detailliert Einblick in die unglaublich mühsame Arbeit des NSU-Untersuchungsausschusses im Thüringer Landtag gegeben. Am Ende kamen Sie zu einer pessimistischen, ja bitteren Schlussfolgerung, als Sie sagten, nach Ihrem Eindruck fehlten in der Bundesrepublik Deutschland das gesellschaftliche Engagement und der gesellschaftliche Wille zur Aufklärung. Woher, denken Sie, kommt diese Haltung des Hinnehmens und Billigens in der Öffentlichkeit, die Sie konstatieren?

*Katharina König:* Uwe Mundlos hat sich mit dem Nationalsozialismus beschäftigt, da stimme ich Herrn Funke zu. Statuen von Rudolf Heß standen in seinem Zimmer, auch Hakenkreuzfahnen waren da, und er widmete sich einer theoretischen Beschäftigung mit dem Nationalsozialismus. Allerdings ist Mundlos die Ausnahme im Kerntrio des NSU. Woran man den Bezug zur NS-Zeit auch festmachen kann, sind die Rudolf Heß-Aufmärsche, die jährlich stattfinden. Hier wird auf der Basis bundesweit etablierter Neonazi-Strukturen die positive Bezugnahme auf zumindest eine Führungsfigur des NS-Regimes organisiert. Ich sehe die Frage, inwieweit hier Kontinuität besteht, aber durchaus gemischt, sie ist wohl nicht eindeutig zu beantworten.

Zur gesellschaftlichen Haltung: Zum einen mache ich meinen Eindruck daran fest, wie viel Öffentlichkeit die verschiedenen NSU-Untersuchungsausschüsse und der Prozess in München haben. Wie viele Menschen sind denn dort und versuchen den Platz einzunehmen, um ihn nicht dem Unterstützerkreis der Neonazis zu überlassen? Im Münchener Prozess sitzen auf den Publikumstribünen regelmäßig Angehörige der rechten Netzwerke. Es gibt 50 Plätze für die Öffentlichkeit. Warum gelingt es denn nicht, diese Plätze so zu besetzen, damit eben weder der Unterstützerkreis für den Angeklagten Ralf Wohlleben noch das Umfeld von André Eminger, der ebenfalls angeklagt ist und dessen Bruder Maik beim Dritten Weg ist, dort Platz nehmen? Diese Leute, die dort sitzen, betreiben mit T-Shirt-Symbolik rechte Propaganda und signalisieren den Angeklagten auch noch Zuspruch.

Zu Ihrer zweiten Frage: Ich denke weniger, dass die verbreitete gesellschaftliche Haltung lautet: Wir wollen nicht, dass das aufgeklärt wird. Vielmehr dominiert die Ansicht, es werde sowieso nicht möglich sein, die Verbrechen aufzuklären, weil eben Verfassungsschutz und Sicherheitsbehörden sehr tief drinhängen. Es wird ohne Zweifel keinen Eklat geben, wenn der nächste V-Mann auffliegt, denn mittlerweile hat sich in der Öffentlichkeit die These verfestigt: Natürlich hat der NSU etwas mit dem Verfassungsschutz zu tun – was soll denn jetzt noch weiter aufgeklärt werden? Die Verantwortlichen in den Sicherheitsbehörden wird man nicht zu fassen bekommen. Es wächst also die Resignation in der Öffentlichkeit, vielleicht ist dies auch eine Resignation aus Angst davor, was passiert, wenn wir tatsächlich alles

wissen sollten, also auch, wie genau die Kenntnis der Sicherheitsbehörden vom NSU gewesen ist und wie tief sie in das Ganze involviert
waren. Ein weiterer Aspekt kommt hinzu: Die NSU-Untersuchungsausschüsse und der Prozess haben wenig mit der Alltagsrealität der
meisten Menschen zu tun. Auch das ist ein Grund für die verbreitete
Zurückhaltung. Was ich auch noch loswerden möchte: Der Pressesprecher der Pogrome von Rostock-Lichtenhagen – ja, den gab es! –,
das war Norbert Weidner, ehemals FAP, Freiheitliche Deutsche Arbeiterpartei. Weidner war V-Mann! Der Pressesprecher der Pogrome
von Rostock-Lichtenhagen war V-Mann! Das muss man sich mal
vorstellen! Was macht man da?

*Norbert Frei:* Können wir einen Moment beim Verfassungsschutz bleiben? Ich stehe noch ganz unter dem Eindruck der Lektüre des gerade
erschienenen Buches über das Bundesamt für Verfassungsschutz von
Constantin Goschler und Michael Wala, zwei Bochumer Histori-
kern.[5] Ob der Titel »Keine neue Gestapo« glücklich ist – es ist ein Zi-
tat –, steht auf einem anderen Blatt. Die Studie bestätigt, was Sie,
Frau König, als Symptom für die Gegenwart beschreiben, nämlich
diese gar nicht mehr mögliche Erwartungsenttäuschung im Blick auf
unsere Verfassungsschützer. Das hat Tradition! Sie beginnt im Grunde genommen mit dem ersten Präsidenten des Bundesverfassungs-
schutzes Otto John, der 1954 in die DDR gegangen ist.[6] In der Öffentlichkeit gab es das Gefühl, dieser Verfassungsschutz sei die Fünfte
Kolonne der West-Alliierten; Briten und Amerikaner hätten alles unter Kontrolle. Nachdem John gegangen war, hat sich die westdeutsche
politische Elite sehr stark davon distanziert. Danach hat man versucht, den Verfassungsschutz neu aufzubauen, hat dies bis zu einem
gewissen Grad auch geschafft; die berühmten »Freien Mitarbeiter«
wurden herangezogen. Es entwickelte sich ein kontinuierliches gesellschaftliches Misstrauen gegenüber den Verfassungsschutzorganen –
und dies wurde umso stärker, je mehr sich die Bundesrepublik liberal-
lisiert hat; das wird in dem Buch sehr schön gezeigt. Das Misstrauen
kulminierte im Zusammenhang mit dem Radikalenerlass. Mit anderen Worten: Es gibt eine, ich möchte fast sagen, bundesrepublikani-
sche Tradition durch die Jahrzehnte hindurch, den Verfassungsschutz
und seine Organe sowieso für eine höchst dubiose »Mischpoke« zu
halten. Ich glaube, dies spielt bei dem, was Frau König als Fatigue für
die Gegenwart beschreibt, noch immer eine Rolle.

*Sybille Steinbacher:* Lassen Sie uns ausgehend von diesen Zusammenhängen noch einmal auf die Frage nach der Bedeutung des Nationalsozialismus für Jugendliche in der rechten Szene kommen. Herr Möller, was sind Ihre Erfahrungen aus sozialwissenschaftlicher Perspektive damit?

*Kurt Möller:* Unsere Studien zeigen, dass weniger die manifeste politische Sozialisation, beispielsweise in Schulen durch rechtsextreme Lehrkräfte oder rechtsextreme Eltern, das Problem ist. Das Problem sind eher vagabundierende Narrative im Erwachsenendiskurs, im Vereinsdiskurs, oben auf der Schwäbischen Alb zum Beispiel, Narrative, in denen Repräsentationen umgeschlagen werden, die weniger kognitiv strukturierte und mit rationalem Anstrich daherkommende Argumentationsketten sind, als vielmehr affektiv verankerte Vorurteile, Metaphern und Sprachbilder bis hin zu Habitualisierungen, Haltungen, die sich verkörperlicht haben. Das pädagogische Problem im Umgang damit besteht darin, hier mit Wissensvermittlung nicht sehr viel weiter zu kommen. Wenn nicht Wissen und Argumentation die Brücken in den Rechtsextremismus darstellen, dann können wir auch nicht erfolgreich mit Gegenwissen aufklären. Dann müssen wir uns etwas anderes ausdenken. Auch Betroffenheitspädagogik, also die emotionale Ebene zu erwischen, hilft nicht weiter, wie wir aus der Erfahrung der Gedenkstättenpädagogik wissen. Solche Pädagogik produziert bei rechtsextrem Anfälligen bzw. bereits entsprechend Orientierten eher Abwehr. Auch die gängige Form der (vor allem schulischen) Aufklärung über die Judenverfolgung im Nationalsozialismus birgt kontraproduktive Momente in sich. Deutlich wird dies u. a. daran, dass wir feststellen müssen, dass sich unter Jugendlichen eine antisemitische Semantik verbreitet, die gar nicht antisemitisch gemeint ist. Dies ist mir besonders stark in einem Interview mit einem Jugendlichen aufgefallen, das ich selbst geführt habe. Dieser Jugendliche erzählte mir, was Jugendliche so gängig als Schimpfwörter draufhaben. Unter anderem gehört dazu eine Reihung wie: »Du Loser, du Opfer, du Jude!« Das ist prototypisch. Diese Verbindung von »Jude« und »Opfer«, die da gemacht wird, hängt, glaube ich, mit dem Opferdiskurs zusammen, der durch einen bestimmten Blick auf die Juden im Deutschland des Nationalsozialismus produziert wird. Geschaut wird oft ja nur auf die Verfolgung, dabei kommt es zumeist zur Ausblendung wichtiger Zusammenhänge. Auf eine ganz eigenartige, auch ambivalente Art und Weise steht »der Jude« dabei prototypisch als Opfer und gleichzeitig als bedrohende und mächtige Instanz – man kennt dieses Narrativ.

Bloß nicht Opfer zu sein, spielt noch in einem anderen, allgemeineren Repräsentationszusammenhang eine Rolle. Dies ist ein Repräsentationszusammenhang, der aus der Bewertung von Leistung in unserer Gesellschaft kommt. Die »Opfer« gelten nämlich als die Schwachen, als diejenigen, die nicht mithalten können, als Leute, die »underperformen« – und schwach hat man nicht zu sein. Dies ist die Botschaft, die hier aufgegriffen und antisemitisch verkleidet wird. Hier amalgamieren Repräsentationskörper miteinander: der eine aus dem Antisemitismus, der andere aus der Bewertung der Leistungsgesellschaft. Wenn wir daraus nicht unsere Konsequenzen ziehen, auch in pädagogischer Hinsicht, dann kommen wir an dieser Stelle nicht weiter.

Das dritte, worauf ich verweisen möchte, ist die scheinbare Selbstverständlichkeit einer Differenzkonstruktion zwischen »den Juden« und »den Deutschen«, die nicht selten auch, zum Teil unbewusst, von Pädagoginnen und Pädagogen vorgenommen wird. Wohlmeinende Pädagogen und Sozialarbeiter schaffen durch ihre anti-antisemitisch gemeinte Gegenargumentation zwischen Juden und Deutschen eine Differenzkonstruktion. Sie bauen sie auf, indem sie wohlmeinend aufklären wollen, dass »die Juden« gar nicht so sind, wie die antisemitisch gestimmten Jugendlichen sie darstellen wollen. Damit reproduzieren sie aber eine Differenzkonstruktion, die ein Jugendlicher aus einer rechtsextremen Clique in unserer letzten Studie[7] so beschrieb: »Ein Jude kann doch kein Deutscher sein!« Das reproduziert er mit einer Selbstverständlichkeit, die staunen lässt. Er tut dies offenbar nicht nur deshalb, weil ihm das seine Eltern nahegebracht haben und weil dieser ganze männliche Kontext, in dem er sich bewegt, ihm das nahelegt, darunter beispielsweise Vereinskontexte, wie der Schützenverein. Sondern dies tut er auch, weil er das durch Pädagogik gelernt hat oder meint gelernt zu haben. An dieser Stelle müssen wir sehr aufpassen, um hier nicht Differenzkonstruktionen auf den Leim zu gehen, die ganz offensichtlich weder Hand noch Fuß haben.

*Sybille Steinbacher:* Herr Chaussy, Sie sagten, es sei kein Aufschrei der Empörung ertönt, als Ende 1982 die Ermittlungen zum Oktoberfestattentat eingestellt worden sind. Damals wurden Zusammenhänge mit dem Rechtsextremismus wider besseres Wissen nicht ernst genommen. Wie sieht das heute im Wiederaufnahmeverfahren aus? Wie ernst nimmt man jetzt die Bezüge zum Rechtsextremismus?

*Ulrich Chaussy:* Das ist ja ein schwebendes Verfahren. Das führt dazu, dass aus dem Bereich derer, die jetzt die Ermittlungsarbeit leiten, die »Sonderkommision des Bayrischen Kriminalamtes 26.9.1980«, kaum irgendwelche Nachrichten dringen. Man sieht die Aufgabe aufgrund weiterführender Zeugenhinweise darin, mögliche Mittäter und Hintermänner von Gundolf Köhler vielleicht doch noch zu finden. Man unternimmt aber keinen Versuch, die Systematik der Ermittlungsfehler und der Vertuschungen zu untersuchen. Dies sind so ungefähr die Beobachtungen, die ich von außen machen kann. Nach 35 Jahren — vorhin ist gesagt worden, das sei ja noch ganz nah, aber es ist doch schon ziemlich lange her — einen Kriminalfall aufklären zu wollen und Zeugenaussagen von damals, wie etwa Personenbeschreibungen, zu nutzen, ist ja ein Wagnis. Alles ist sehr ungewiss. Und es ist erst recht ungewiss, wenn, wie in diesem Fall, die Vernichtung der Sachbeweise geschehen ist.

Für mich liegt der Schlüssel darin, nun zu untersuchen, warum damals von wem, in welchen Schritten und wodurch initiiert die mögliche Aufklärung verhindert worden ist. Dass sie verhindert wurde, liegt ja offenkundig auf der Hand. Wir wissen, die Nachrichtendienste spielten dabei eine große Rolle. Seit dem NPD-Verfahren wissen wir das genauestens, als uns die Bundesverfassungsrichter im März 2003 in einer wirklich luziden Entscheidung gesagt haben: Wir können dieses Verfahren gegen die NPD, dieses Verbotsverfahren, nicht durchführen, weil wir nicht wissen, ob wir im Falle des NPD-Vorstandes über eine Gruppierung authentischer Rechtsextremisten oder über eine durch V-Personen staatlich nicht nur ausgeforschte, sondern partiell auch gesteuerte Vereinigung entscheiden. Vor dieser Frage stehen wir — in nicht bekanntem Ausmaß — möglicherweise auch beim Oktoberfestattentat und vor ihr stehen wir seit dem NSU-Komplex ganz deutlich.

Empört hat mich die Weigerung der Bundesregierung, als die Fraktionen der Linken und der Grünen im Bundestag forderten, man möge offenlegen, in welchem Ausmaß Akten vorhanden sind, um darüber Kenntnis zu erlangen, wie die Szene von V-Leuten durchsetzt war. Darauf kam die Antwort, dies sei nicht möglich, weil man durch die Offenlegung dieser Strukturen und erst recht durch die Nennung gerade der dort agierenden Personen und ihrer Rolle das Staatswohl gefährde. Denn es drohe damit Gefahr für Leib und Leben von enttarnten V-Leuten. Das ist, Gott sei Dank, mit der Organklage dieser beiden Fraktionen beim Bundesverfassungsgericht beantwortet worden. Es ist meines Erachtens eine Ungeheuerlichkeit, dass die Bundesregierung sich traut, mit Bezug auf die rein hypothetische künftige Bedrohung ehemaliger V-Personen den Begriff »Staatswohl« zu verwenden! Wir haben es im Fall des Oktoberfestattentats mit einem dreizehnfachen Mord zu tun, mit dem schwersten Terroranschlag in der Geschichte der Bundesrepublik. Mord verjährt bekanntlich nicht. Weshalb nicht aufgeklärte und nicht gesühnte Morde den Rechtsfrieden auf Dauer stören und damit de facto seit 35 Jahren das Staatswohl eklatant verletzt ist! Damals starben 13 Menschen, 211 wurden verletzt, über 60 davon schwer. Dies ist aber offenkundig für die Bundesregierung ein geringeres Rechtsgut gegenüber der möglichen Gefährdung von Leib und Leben ehemaliger V-Leute vor 35 Jahren, die jetzt als Fünfzig-, Sechzig-, Siebzigjährige irgendwo sind. Es gibt nur zwei Möglichkeiten: Entweder sind diese Damen und Herren – hauptsächlich wohl Herren – heute noch in irgendwelchen extremistischen Zusammenhängen aktiv oder sie privatisieren irgendwo rum. Und da muss ich einfach sagen, ich möchte den Begriff »Staatswohl« durch »Rechtsstaatswohl« ersetzt wissen. Dem würde dann Rechnung getragen, wenn die Rolle der V-Personen in der Neonazi- und Wehrsportszene im Fall Oktoberfestattentat offengelegt würde. Es muss einfach alles auf den Tisch!

Und betrachten wir, was geschieht, wenn nicht alles auf den Tisch kommt: Mittlerweile setzt sich sowohl bei Karl-Heinz Hoffmann, dem Gründer der gleichnamigen Wehrsportgruppe, als auch bei verwandten Kreisen der agitatorische Gedanke durch, dass quasi alle Gewaltaktionen aus der rechtsextremistischen Szene mindestens staatlicherseits induziert oder inszeniert seien – also in letzter Konsequenz als Staatsverbrechen beziehungsweise Staatsterrorismus anzusehen seien. Hoffmann zufolge hat der Mossad, der israelische Geheimdienst, im Zusammenwirken mit deutschen Diensten Gundolf Köhler quasi als Oktoberfestattentäter rekrutiert und in die Luft gesprengt. Hoffmanns Vorwurf lautet, dass dies nur geschehen sei, um die Spur zu ihm zu legen und er auf diese Art und Weise auf alle Zeit als das desavouiert worden sei, was er nie gewesen: ein Nazi. Zu solcher Theoriebildung neigen nicht nur Rechtsextremisten. Mancher, der sich in kritischer Absicht obsessiv und einseitig auf die unbestreitbar finstere Rolle der V-Leute fixiert, neigt zu der Annahme, es gebe gar keine authentischen Rechtsextremisten mehr oder ihre Bedeutung sei marginal. Darüber streite ich mich ab und zu mit meinen linken und antifaschistischen Freunden. Auch unter ihnen neigen einige zu der Auffassung, dass mittlerweile der Staat die eigentlich treibende Rolle bei rechtsextremen Gewaltaktionen und Terroranschlägen spiele. Aus diesem Wirrwarr von Verschwörungsphantasien und -theorien kommen wir in der Tat nur heraus, wenn alle Zusammenhänge auf den Tisch kommen. Sie müssen auf den Tisch, weil die Erkenntnisfähigkeit dieses V-Mann-Systems bekanntermaßen völlig bankrott ist! Das wissen wir seit dem NSU – und deswegen darf man an diesem Punkt nicht nachgeben. Historische Transparenz kann und muss man durch umfangreiche Aktenöffnung herstellen. Und für den künftigen, demokratiekompatiblen Umbau der Geheimdienste müssen endlich umfassende und durchgreifende parlamentarische Kontrollmechanismen geschaffen werden.

*Sybille Steinbacher:* Ich danke dem Podium und möchte nun das Publikum um Kommentare, Anmerkungen und um Fragen an die Podiumsrunde bitten.

*Barbara Distel:* Ich möchte bei der Frage von Kontinuitäten noch auf einen Gedanken verweisen, der gestern geäußert worden ist: die Kontinuität des Hinnehmens der gegenwärtigen Situation. Jeden Tag geschehen heute Anschläge auf Flüchtlingsheime, dies findet immer weniger öffentliches Interesse. Eine Gesellschaft des Hinnehmens ist entstanden. Seit Generationen haben die Bürgergesellschaft oder der Widerspruch bei uns ja nur sehr wenig Kontinuität! Dies verweist, denke ich, ebenfalls auf den Nationalsozialismus, sucht man nach Spuren der Kontinuität.

*Jürgen Zarusky:* Ich glaube, die Kontinuitäten sind hoch. Ich glaube auch, dass zutrifft, was Norbert Frei so schön »Fatigue« genannt hat: der plötzliche Energieabfall, wenn es um dieses Thema geht, dieser Mangel an Aufregung. Gestern hat jemand gesagt: »Was würde passieren, wenn es zum Beispiel jeden Tag drei islamistische gewaltsame Übergriffe gegen deutsche Mädchen gäbe? Wo würde das Emotionsthermometer in Deutschland dann stehen?« Jeder von uns weiß es.[8] Ich glaube, solche zu erwartenden Reflexe haben etwas mit historischen Kontinuitäten zu tun. Wir haben ein rechtsextremes Lager, ganz am Rand, das aber eine nicht zu vernachlässigende Randgruppe ist, sondern vielmehr die Gruppe, aus der heraus das Problem kommt, mit dem wir uns hier beschäftigen: Gewalt und sogar Terrorismus – ganz klar verortet in der nationalsozialistischen Tradition. »NSU, Nationalsozialistischer Untergrund« – klarer kann man es nicht sagen. Es gibt ständig irgendwelche Gerichtsverfahren wegen Propagandadelikten, Verwendung verfassungsfeindlicher Zeichen etc. Diese Leute verorten sich in dieser Tradition. Dann gibt es natürlich Alltagsrassismus bis hin zum Populismus und seinen Übergängen in die etablierte Politik. Das hat damit zu tun, dass hier mehrheitsfähige Themen angesprochen werden. Die Linke tut sich immer schwer, Mehrheiten für sich zu gewinnen. So ist das Land nun halt mal; es hat den Nationalsozialismus aus sich hervorgebracht mit einer Mehrheit. Diese Hinnahme, diese Bereitschaft – das ist jetzt eine Hypothese, die ich hier nicht exakt belegen kann – hat auch etwas damit zu tun, dass man dazu erzogen worden ist. Auch jene, die das ursprünglich nicht wollten, sind in den zwölf Jahren NS-Zeit von der Übermacht dieses totalitären Staates dazu erzogen worden. Wie viele – das wissen wir jetzt erst langsam – haben etwas mitbekommen? Wie viele haben etwas gesehen, hatten vielleicht ambivalente Gefühle dabei? Aber sie haben gelernt: »Halt's Maul, sonst kommst nach Dachau!« Diese Lektionen stecken noch irgendwo in den Leuten.

Es gab in der NS-Zeit auch die Identifikation mit der Kriegsführung. Norbert Frei hat gerade eine sehr interessante Rezension über ein sehr interessantes Buch in der *Süddeutschen Zeitung* geschrieben – ein Buch, das diese Gefühlslagen genau untersucht.[9] Warum sollen die damals gemachten Erfahrungen weg sein? Warum stellt sich heute beispielsweise ein Michael Stoschek in Coburg hin und sagt: »Mein Großvater war ein toller Mann«? Das setzt er in Coburg durch, damit ist die Diskursherrschaft gesetzt und niemand fragt mehr nach, was dort mit den sowjetischen Kriegsgefangenen war.[10] Der Preis, den die Kriegsgefangenen zahlen mussten, nach dem wird gar nicht gefragt! Damit wird eine moralisch-politische Frage einfach ausgeschlossen. So werden Haltungen geprägt. Ich kann nicht finden, dass es in diesem Prozess, dieser Hinnahmebereitschaft irgendwo eine Unterbrechung gibt und dann sozusagen etwas ganz Neues gekommen ist.

*Ernst Grube:* Dieses Hinnehmen, von dem gerade die Rede ist, hat mit vielen Prämissen zu tun. Ich möchte auf ein Beispiel eingehen, auf Flüchtlinge. 1938 im Juli hat auf Initiative des amerikanischen Präsidenten Roosevelt eine Konferenz in Évian stattgefunden, auf der über 30 Staaten beraten haben, wie sie mit jüdischen Flüchtlingen umgehen, das heißt, wie viele sie aufnehmen sollen. Das ist geschehen, sicher auch unter dem Eindruck des Wütens der Faschisten in Österreich. Auf jeden Fall hat die Konferenz keinen Beschluss gefasst. Kein Staat hat sich bereit erklärt, über das bestehende Kontingent ein bisschen hinauszugehen und zusätzlich Juden aus Österreich und Deutschland aufzunehmen.[11] Wenn man das heute sieht, dann kann man sicher sagen: Hätten diese Staaten in diesem Jahr beschlossen, alle geflüchteten Juden aufzunehmen, dann hätten Tausende, Zehntausende Juden gerettet werden können und wären nicht umgebracht worden. Wenn wir heute die Situation der Flüchtlinge sehen, dann meine ich, dass wir das Wissen um dieses Geschehen damit verbinden müssen und die Folgerung aus der damaligen Nichtzulassung von Flüchtlingen zu ziehen ist. Mein Beispiel zeigt, wie notwendig und wichtig es heute ist, Flüchtlinge aufzunehmen und ihnen zu helfen.

*Günter Heinritz:* Ich möchte sagen, dass ich mich als Zeitgeschichtsreferent des Dachauer Stadtrats sehr freue, dass die Thematik des Symposiums an die Gegenwart herangerückt ist. Ich glaube, es ist ganz wichtig, dass die Dachauer sehen, dass wir die Veranstaltung nicht just for fun nur um ihrer selbst willen machen, sondern um damit aus der Geschichte Lehren zu ziehen. Es ist mir in Erinnerung geblieben, was Herr Möller sagte, als er von den vier Kurven gesprochen hat. Ich denke, wir hätten schon bei der ersten Kurve allen Grund gehabt, ein wenig innezuhalten, um nachzudenken. Es ging dabei – wenn ich es richtig verstanden habe – um die alltagsrassistischen Äußerungen, die sich in Erwachsenendiskursen fortpflanzen. Ich glaube, dass das ein Feld ist, auf dem wir uns ganz besonders anstrengen müssen. Noch mal: Ich bedanke mich bei Ihnen, dass Sie das Thema an die Gegenwart heranrücken, wohlwissend, dass dabei nicht nur angenehme Töne zu hören sein werden. Und ich bedauere, dass so wenige Vertreter der Politik heute anwesend sind, die sonst bei allen harmlosen Anlässen sich gerne sehen lassen.

*Sybille Steinbacher:* Vielen Dank. Ich bitte nun das Podium um eine Abschlussrunde, die angesichts der fortgeschrittenen Zeit bitte kurz ausfallen muss.

*Norbert Frei:* Kontinuitäten gibt es ganz sicher: Mentalitäten, die lange wirken, außerdem auch eine transgenerationelle Weitergabe. Und gleichzeitig haben wir in den letzten Wochen erlebt, wie nicht nur wir selbst über uns überrascht waren, sondern wie ganz Europa, ja die ganze Welt von den Deutschen überrascht war. Dies ging bis hin zu Formulierungen wie »Hippie-Staat«, und die rätselnde Frage kam auf: Was machen diese Deutschen eigentlich? Der Eindruck entstand, da gebe es ja kein Recht und keine Ordnung mehr, sondern es herrsche nur noch die Devise: Jeder, der will, kann kommen.

Wenn wir von Kontinuitäten reden, müssen wir auch auf Gegenentwicklungen zum Rechtsradikalismus schauen, Gegenentwicklungen, die nicht erst in der Gegenwart, sondern schon im Zeichen der großen Krise nach der Vereinigung entstanden sind, als es die Lichterketten, die massiven zivilgesellschaftlichen Gegenbewegungen erstmals in dieser Form gab. Wir haben also beides – und keine einlinig zu beschreibende Situation.

Auch wenn dies nun ein bisschen gegen meine eigene Arbeit geht, so muss ich sagen: Wir sollen nicht glauben, es gehe nur um das Wissen über die NS-Zeit, nach der Devise: Wenn man es nur immer wieder eintrichtert, dann sind wir auf dem richtigen Weg. So einfach, glaube ich, ist es nicht mehr.

Herr Grube, Sie haben so recht mit Ihrem schlagenden Hinweis auf die Konferenz von Évian. Das sollten die Medien jetzt aufnehmen, denn man kann damit viel sagen, ohne gleich den Holzhammer zu benutzen. Es reicht, einfach die Geschichte dieser gescheiterten Konferenz zu erzählen. Aber was machen unsere Medien? Seit drei, vier Wochen, kaum dass der »Hippie-Staat« ausgerufen worden ist, dass diese schönen Szenen vom Münchner Hauptbahnhof berichtet worden sind, gieren sie nach der Antwort auf die selbstgestellte Frage: Wann kippt die Stimmung? Ich würde so weit gehen zu sagen, es ist gar nicht so sehr die Politik, die dieses Umkippen herbeiredet, sondern es ist ein medialer Erwartungsdruck, der dazu führt. Es ist die Gier nach immer neuen Ereignissen: Die »Willkommenskultur« hatten wir jetzt, das nächste Ereignis ist dann die Eskalation. Das liegt in der Logik des Kampfes um Aufmerksamkeit und ist medial sehr schwer zu diskutieren, weil es eine Fähigkeit der Medien zur Selbstkritik erfordert. Sich selbst zu thematisieren ist ja kaum möglich angesichts eines enorm gesteigerten Konkurrenzdrucks, angesichts der Zeitungskrise und des Bedeutungsverlusts des Fernsehens. So sind wir dem Eskalationsdruck ausgeliefert. Wenn dann im Zusammenhang mit den Flüchtlingen noch Worte wie »Notwehr« fallen – so der bayerische Ministerpräsident –, ohne dass sämtliche Alarmglocken läuten, dann zeigt das auch ein Versagen der Medien an.

*Kurt Möller:* Im Schlussstatement ein neues Fass aufzumachen, bietet sich eigentlich nicht an, aber ich komme nicht daran vorbei, genau dies zu tun: Ich glaube, dass wir die Bearbeitung des Rechtsextremismus stärker im Kontext der Bearbeitung anderer pauschalisierender Ablehnungskonstruktionen angehen sollten als bisher. Es zeigt sich nämlich praktisch, es zeigt sich theoretisch und es zeigt sich empirisch, dass Be standteile des Rechtsextremismus, wie zum Beispiel Rassismus, Fremdenfeindlichkeit und Antisemitismus, eng verbunden sind mit Ablehnungen, die Muslime, Geflüchtete, Obdachlose, Homosexuelle, Behinderte und andere Gruppierungen treffen. Einige von Ihnen im Publikum wissen jetzt wahrscheinlich: Dies sind Ablehnungsfacetten des Modells »gruppenbezogener Menschenfeindlichkeit«, auf die ich anspiele. Ich glaube, dass wir uns fragen sollten, wie wir Rechtsextremismusbearbeitung im Kontext dieser anderen pauschalisierenden Ablehnungskonstruktionen platzieren können. Denken wir mal ganz praktisch: Wenn ich als Pädagoge bestenfalls den Rassismus, den Antisemitismus, die Fremdenfeindlichkeit und die Verharmlosung des Nationalsozialismus sowie die anderen der sechs Aspekte des Rechtsextremismus, die ich in meinem Vortrag angeführt habe, zurückgedrängt habe, könnte das Problem nach einer Weile hinterrücks durch die Bestärkungsmomente zum Beispiel der Ablehnung von Flüchtlingen oder der Ablehnung von Muslimen wieder aufkommen. Der Grundmechanismus der thematisch different erscheinenden Ablehnungskonstruktionen ist derselbe: die unreflektierte Pauschalisierung, also das Hochrechnen von Erfahrungen mit oder Hörensagen von Einzelnen auf die Gruppierung, der man jeweils diese Einzelnen zurechnet, und umgekehrt: die Hernahme des Bildes, das man sich von einer bestimmten Gruppierung gemacht hat, zur Wahrnehmung, Bewertung und Beurteilung von einzelnen Personen, die dieser Gruppierung zugerechnet werden.

*Katharina König:* Drei kurze Punkte, erstens: Der Verfassungsschutz hätte aktuell bundesweit eine richtige Aufgabe, wenn man das Wort Verfassungsschutz ernst nehmen würde. Es gibt Parteien und Politiker, die die Abschaffung des Grundrechtes auf Asyl fordern. Normalerweise müsste da, wenn man den Wortsinn ernst nimmt, der Verfassungsschutz schon längst die CSU und die AfD, aber auch andere Parteien unter Beobachtung stellen und zumindest überlegen, inwieweit hier vielleicht ein Verbotsverfahren gegen sie angestrebt werden sollte – mal etwas sehr zugespitzt formuliert. Zweitens: Bei all der Unterstützung für Flüchtlinge, die es in Deutschland seit Wochen und Monaten gibt, die ich nicht nur richtig toll finde, sondern über die ich mich selbst auch sehr freue, müssen wir, glaube ich, aufpassen, dass die Hilfe keinen rein karitativen, keinen rein paternalistischen Charakter hat. Damit nicht sozusagen in dem Moment, in dem aus den Geflüchteten Personen mit eigener politscher Haltung, mit eigenen Forderungen und eigener Kritik werden, die Unterstützung versiegt. Ich habe Sorge, dass dies geschehen könnte, und sehe hier eine

Aufgabe. Nötig ist es, die Politisierung der Unterstützungsgruppierungen zu forcieren. Drittens: Was mir fehlt, vor allem, wenn ich auf Veranstaltungen wie dieser bin, ist die Betroffenenperspektive. Wir sind im Jahr vier nach der Aufdeckung des NSU, wir sind im Jahr 25 nach der Vereinigung, wir sind im Jahr 23 nach Rostock-Lichtenhagen, wir reden immer über diejenigen, die vom NSU ermordet wurden, über diejenigen, die in Rockstock-Lichtenhagen in den Unterkünften saßen, über die migrantische Community. Aber warum binden wir die Betroffenen nicht ein? Dies wäre eine Irritation, die, glaube ich, auch für uns – da nehme ich uns alle mit hinein – ganz wichtig wäre. Zugespitzt formuliert: Es ist an der Zeit, die biodeutsch weiße Perspektive zu verlassen, auf die migrantische Community zuzugehen und sie einzubeziehen, sie auf die Podien, in die Seminare und Veranstaltungen zu holen.

*Ulrich Chaussy:* Ich muss am Ende den militanten Optimisten geben und dem Freund Jürgen Zarusky entgegenhalten: Ich glaube nicht, dass rechtsextremistische Ideologie und Praxis heute noch so anschlussfähig sind wie in den siebziger, achtziger und neunziger Jahren. Damals traten die Ideologen mit Slogans wie »Deutsche Arbeitsplätze für deutsche Arbeiter« auf – eine Lachnummer, wenn man sich die heutige Debatte ansieht. Die Rassisten hatten außerdem die Parole »Rassenvermischung ist Völkermord« – auch eine Lachnummer, wenn man sich die Lebenspraxis großer Teile der Bevölkerung, auch der migrantischen Bevölkerung der zweiten und dritten Generation ansieht. Ich finde, dieser ganze Kleinmut ist überhaupt nicht angebracht. Wenn man sich die Situation Anfang der Neunziger ansieht – Rostock-Lichtenhagen, die Abschaffung des Asylrechts –, das alles war ungeheuerlich. Die Gegenreaktion, was war das? Da muss ich Norbert Frei widersprechen. Die Lichterketten? Das war Symbolpolitik! Heute dagegen helfen Tausende Menschen jeden Tag. Es ist heute eine ganz andere Situation, eine angespannte Situation, natürlich, aber es gibt mittlerweile gewachsene Kulturen und Lernprozesse in unserem Land. Daher würde ich sagen, die Lage ist zwar ernst, aber überhaupt nicht hoffnungslos.

*Hajo Funke:* Nur ganz kurz: Das Kippen der Stimmung wird im medialen dynamischen Diskurs regelrecht organisiert. Das wird bereits gemacht! Ich habe das letzte Woche bei allen Medien beobachtet. Überall die Frage: Kippt sie schon?

*Sybille Steinbacher:* Wir könnten noch lange intensiv weiterreden. Aber ein Blick auf die Uhr sagt mir, dass wir aufhören müssen. Ich danke allen Beteiligten für diese Diskussion.

## Anmerkungen

1 Die Wehrsportgruppe Hoffmann, 1973 von Karl-Heinz Hoffmann in Franken gegründet, war eine paramilitärische Gruppierung, der etwa 400 Mitglieder angehörten, unter ihnen Gundolf Köhler, der das Oktoberfestattentat verübte. Die Organisation wurde 1980 verboten; vgl. Rainer Fromm, Die »Wehrsportgruppe Hoffmann«. Darstellung, Analyse und Einordnung – ein Beitrag zur Geschichte des deutschen und europäischen Rechtsextremismus, Frankfurt a. M. u.a. 1998; Ulrich Chaussy, Oktoberfest. Das Attentat. Wie die Verdrängung des Rechtsterrors begann, Berlin 2014, vor allem S. 46-55.

2 Werner Naumann war im Dritten Reich SS-Mitglied und Staatssekretär im Reichsministerium für Volksaufklärung und Propaganda. Nach Kriegsende tauchte er zunächst unter, tat sich dann mit anderen ehemaligen NS-Funktionären zum »Gauleiter-Kreis« zusammen und versuchte gemeinsam mit ihnen 1953 die FDP in Nordrhein-Westfalen zu unterwandern; vgl. Norbert Frei, Deutsches Programm. Wie Nordrhein-Westfalens FDP Anfang der fünfziger Jahre bewährte Nazis zur Unterwanderung der Partei einlud, in: Die Zeit, 29.5.2002; Günter J. Trittel, »Man kann ein Ideal nicht verraten…«. Werner Naumann, NS-Ideologie und politische Praxis in der frühen Bundesrepublik, Göttingen 2013.

3 Adolf von Thadden, Offizier im Zweiten Weltkrieg, schloss sich nach Kriegsende verschiedenen rechten Parteien an. Im Jahr 1964 war er Mitbegründer der NPD, fungierte zunächst als stellvertretender Parteivorsitzender und war von 1967 bis 1971 ihr Bundesvorsitzender. Nach einem innerparteilichen Eklat um den rechtsradikalen Verleger Gerhard Frey verließ von Thadden die NPD 1975 und war fortan als Immobilienunternehmer und Autor einschlägiger Schriften tätig; vgl. Werner Treß, Adolf von Thadden, in: Wolfgang Benz (Hrsg.), Handbuch des Antisemitismus. Bd. 2.2, Personen, Berlin 2009, S. 822-824.

4 Seit seiner Jugend war Michael Kühnen in rechtsradikalen Kreisen aktiv. Er war 1977 Mitbegründer der Aktionsfront Nationaler Sozialisten (ANS). Nach deren Verbot 1983 gehörte er der Nachfolgeorganisationen Gesinnungsgemeinschaft der Neuen Front (GdNF) und der Freiheitlichen Deutschen Arbeiterpartei (FAP) an. Kühnen avancierte zu einer der führenden Figuren in der radikalisierten neonazistischen Szene; er starb 1991; vgl. Anton Maegerle/Rainer Fromm, Michael Kühnen. Biographie eines Neonazis, in: Der rechte Rand 13 (1991), S. 21 f.; Der neue Neonazi. Michael Kühnen,

in: Die Zeit, 28.4.1978; Fabian Virchow, Eselsmasken-Aktion (1978), in: Wolfgang Benz (Hrsg.), Handbuch des Antisemitismus. Bd. 4, Ereignisse, Dekrete, Kontroversen, Berlin 2011, S. 107 f.

5  Constantin Goschler/Michael Wala, »Keine neue Gestapo«. Das Bundesamt für Verfassungsschutz und die NS-Vergangenheit, Hamburg 2015.

6  Otto John, im Widerstand gegen den Nationalsozialismus tätig, wurde 1950 Präsident des neugegründeten Bundesamtes für Verfassungsschutz. Dass er die Bundesrepublik Deutschland im Juli 1954 verließ und in die DDR ging – bis heute ist unklar, ob er entführt wurde oder das Land aus freien Stücken verlassen hat –, löste eine schwere Krise in der westdeutschen Innenpolitik aus und führte zu einer Debatte über personelle Kontinuitäten zwischen der Geheimen Staatspolizei des Dritten Reichs und dem Verfassungsschutz der Bundesrepublik. Nach seiner Rückkehr in den Westen im Dezember 1955 wurde John wegen des Verdachts auf Landesverrat verurteilt. Seine Rehabilitationsgesuche blieben bis zu seinem Tod 1997 erfolglos; vgl. Erik Gieseking, Der Fall Otto John. Entführung oder freiwilliger Übertritt in die DDR? Lauf an der Pegnitz 2005; Bernd Stöver, Der Fall Otto John, in: Arnd Bauerkämper/Martin Sabrow/Bernd Stöver (Hrsg.), Doppelte Zeitgeschichte. Deutsch-deutsche Beziehungen 1945-1990, Bonn 1998, S. 312-327; Bernd Stöver, Der Fall Otto John. Neue Dokumente zu den Aussagen des deutschen Geheimdienstchefs gegenüber MfS und KGB, in: Vierteljahrshefte für Zeitgeschichte 47 (1999) 1, S. 103-136; Hartmut Jäckel, Das Geheimnis des Doktor John. Das rätselhafte Schicksal des Mannes, der Hitler widerstand und die Bundesrepublik vor 50 Jahren in ihre erste tiefe Krise stürzte, in: Die Zeit, 1.7.2004.

7  Die Studie erscheint im Frühjahr 2016 unter dem Titel: »Die kann ich nicht ab!« Ablehnung, Diskriminierung und Gewalt bei Jugendlichen in der (Post-)Migrationsgesellschaft, Wiesbaden.

8  Die Ereignisse der Neujahrsnacht in Köln, als es zu Belästigungen und sexuellen Übergriffen auf Frauen und Mädchen kam, fanden einige Wochen nach dem Dachauer Symposium statt.

9  Nicholas Stargardt, Der deutsche Krieg 1939-1945, Frankfurt a. M. 2015, rezensiert von Norbert Frei, Mit Hitler gegen die ganze Welt, in: Süddeutsche Zeitung, 29.9.2015.

10  Der Industrielle Max Brose war seit 1933 NSDAP-Mitglied und beschäftigte in der NS-Zeit Zwangsarbeiter und sowjetische Kriegsgefangene in seinem Metallwerk. Als 2004 in Coburg eine Straße nach ihm benannt werden sollte, regte sich heftige Kritik, die die Umbenennung verhinderte. Sein Enkelsohn, der Unternehmer Michael Stoschek, setzte sich für Broses Rehabilitierung ein. Ein erneuter Umbenennungsantrag wurde nach großer medialer Diskussion um Broses NS-Vergangenheit im Mai 2015 bewilligt; vgl. Katja Auer, Streit um »Max-Brose-Straße« in Coburg. »Mein Großvater ist ein Vorbild«, in: Süddeutsche Zeitung, 29.4.2015; Olaf Przybilla, Nur Parteimitglied, oder doch ein Nazi?, in: Süddeutsche Zeitung, 18.3.2015; Kathrin Zeilmann, Coburg streitet um Max-Brose-Straße, in: Die Welt,

20.5.2015; Gregor Schöllgen, Brose – Ein deutsches Familienunternehmen 1908-2008, Berlin 2008.

11  Im Juli 1938 trafen sich Delegierte aus 32 Staaten in Évian am Genfer See, um über die Aufstockung der Aufnahmequoten für Juden zu sprechen, die vor dem NS-Regime aus dem Altreich und dem angeschlossenen Österreich geflüchtet waren. Der amerikanische Präsident Franklin D. Roosevelt hatte die Zusammenkunft initiiert, die allerdings ergebnislos verlief. Keines der beteiligten Länder war bereit, zusätzlich geflüchtete Juden aufzunehmen; vgl. Saul Friedländer, Das Dritte Reich und die Juden. Band 1: Die Jahre der Verfolgung 1933-1939, München 1998, S. 269 ff.; Shalom Adler-Rudel, The Evian Conference on the Refugee Question, in: Yearbook of the Leo Baeck Institute, 13 (1968) 1, S. 235-273.

# Autorinnen und Autoren

*Ulrich Chaussy,* M.A., ist Hörfunkjournalist für die ARD sowie Autor von Sachbüchern, CD-ROMs, Filmen und Web-Features. Ulrich Chaussy studierte Germanistik und Soziologie in München. Rechtsextremismus und Neonazismus zählen zu seinen Themenschwerpunkten. Sein Buch »Oktoberfest. Ein Attentat«, erschienen 1985, ist eine kritische Auseinandersetzung mit der Alleintätertheorie der Ermittlungsbehörden und eine Analyse des rechtsextremistischen Hintergrunds des Terroranschlags. Unter dem Titel »Oktoberfest. Das Attentat. Wie die Verdrängung des Rechtsterrors begann« erschien es 2014 in erweiterter Ausgabe. Im Jahr zuvor wurde der Spielfilm »Der blinde Fleck. Täter, Attentäter, Einzeltäter«, der auf Chaussys Erkenntnissen über den Anschlag basiert, in München uraufgeführt. Ulrich Chaussy verfasste gemeinsam mit Daniel Harrich das Drehbuch des Films. Veröffentlichungen u.a.: Die drei Leben des Rudi Dutschke. Eine Biographie, Zürich 1999 (zuerst 1983); (mit Christoph Püschner) Nachbar Hitler. Führerkult und Heimatzerstörung am Obersalzberg, Berlin ⁷2012 (zuerst 1995); (mit Gerd R. Ueberschär) Es lebe die Freiheit. Die Geschichte der Weißen Rose und ihrer Mitglieder in Dokumenten und Berichten, Frankfurt a.M. 2013.

*Norbert Frei,* Dr. phil., ist Professor für Neuere und Neueste Geschichte an der Friedrich-Schiller-Universität Jena und Leiter des *Jena Center Geschichte des 20. Jahrhunderts*. Er ist Autor zahlreicher Werke zur deutschen Geschichte im 20. Jahrhundert. Seine Bücher wurden in viele Sprachen übersetzt, darunter »Vergangenheitspolitik. Die Anfänge der Bundesrepublik und die NS-Vergangenheit«, München 2012 (zuerst 1996) und »Der Führerstaat. Nationalsozialistische Herrschaft 1933 bis 1945«, München 2013 (zuerst 1987). Gastprofessuren führten ihn u.a. an die New School for Social Research in New York und die Hebrew University in Jerusalem. Norbert Frei wirkte in mehreren Historikerkommissionen mit und ist Mitglied zahlreicher wissenschaftlicher Gremien. Veröffentlichungen u.a.: 1945 und wir. Das Dritte Reich im Bewußtsein der Deutschen, München 2009 (zuerst 2005); Geschichte der Juden in Deutschland von 1945 bis zur Gegenwart. Politik, Kultur und Gesellschaft, München 2012 (Mitautor; hrsg. von Michael Brenner); Das Amt und die Vergangenheit. Deutsche Diplomaten im Dritten Reich und in der Bundesrepublik, München 2012 (zuerst 2010, Mitautor mit Eckart Conze, Peter Hayes und Moshe Zimmermann).

*Hajo Funke,* Dr. phil., ist emeritierter Professor für Politikwissenschaft an der Freien Universität Berlin. Am dortigen Otto-Suhr-Institut lehrte er von 1993 bis 2010. Seine Forschungs- und Lehrschwerpunkte sind die Analyse von Rechtsextremismus und Rechtspopulismus, der zeithistorischen Bedingungen der Aufarbeitung des Nationalsozialismus sowie die Analyse der Konfliktlagen im Nahen und mittleren Osten. Hajo Funke war Gastwissenschaftler an der Harvard University und lehrte an der University of California, Berkeley, er fungierte als Gutachter im Prozess, den der Holocaust-Leugner David Irving gegen die Historikerin Deborah Lipstadt anstrengte, und war Sachverständiger im NSU-Untersuchungsausschuss des Bayerischen Landtags. Veröffentlichungen u. a.: Staatsaffäre NSU. Eine offene Untersuchung, Münster/Berlin 2015; Paranoia und Politik. Rechtsextremismus in der Berliner Republik, Berlin 2002; Die andere Erinnerung. Gespräche mit jüdischen Wissenschaftlern im Exil, Frankfurt a. M. 1989; (mit Micha Brumlik und Lars Rensmann) Umkämpftes Vergessen. Walser-Debatte, Holocaust-Mahnmal und neuere deutsche Geschichtspolitik, Berlin 2004 (zuerst 2000).

*Katharina König,* Dipl.-Soz.päd., ist Abgeordnete im Thüringer Landtag für die Fraktion Die Linke und Mitglied im Innenausschuss des Landtags. Sie gehört seit 2012 dem Thüringer NSU-Untersuchungsausschuss an. In ihrer Fraktion ist Katharina König zuständig für die Themenbereiche Antifaschismus, Netzpolitik und Datenschutz. Sie wuchs in Jena auf, lebte nach dem Abitur Ende der neunziger Jahre in Jerusalem, wo sie als Volontärin in einem Heim für Holocaustüberlebende arbeitete. An der Friedrich-Schiller-Universität Jena studierte sie Islamwissenschaft und Semitische Philologie. In Jena arbeitete sie im Jugendzentrum der Evangelisch-Lutherischen Kirche als Sozialpädagogin und begann berufsbegleitend ein Studium der Sozialpädagogik an der Berufsakademie in Gera, das sie als Diplom-Sozialpädagogin abschloss. Veröffentlichungen u. a.: Die Durchsuchung, in: Johannes Eisenberg/ Lea Voigt/Manuel Vogel (Hrsg.), Antifaschismus als Feindbild. Der Prozess gegen den Pfarrer Lothar König. Hamburg 2014, S. 111-117; (mit Matthias Quent) Anfänge in der DDR. Stationen der Entwicklung der Thüringer Neonaziszene seit 1990, in: Bodo Ramelow (Hrsg.), Made in Thüringen? Nazi-Terror und Verfassungsschutz-Skandal, Hamburg 2012, S. 54-65.

*Dirk Laabs* ist Filmemacher und Autor aus Hamburg. Er ist Absolvent der Henri-Nannen-Schule in Hamburg, einer Journalistenschule, und war dort auch Dozent. Zudem arbeitete er als Berater für das John Jay College of Criminal Justice, New York (Schwerpunkt: islamistischer Terrorismus). Im Jahr 2014 erschien sein Buch »Heimatschutz – der Staat und die Mordserie des NSU«, das er gemeinsam mit Stefan Aust geschrieben hat. »Heimatschutz« wurde für die Shortlist des NDR-Sachbuchpreises nominiert. Dirk Laabs ist auch Autor des Buches »Tödliche Fehler – die Fehler der Geheimdienste vor dem 11. September 2001«. Seine TV-Features und Dokumentationen liefen auf mehreren Festivals und wurden von diversen deutschen Sendern ausgestrahlt, darunter die ARD, arte, 3sat und Phoenix. Im Jahr 2015 sendete das ZDF seine Dokumentation »Der Fall Deutsche Bank«. Er schrieb unter anderem für: *The Guardian, Frankfurter Allgemeine Sonntagszeitung, Welt am Sonntag, Financial Times Deutschland* und *LA Times*. Im Jahr 2012 veröffentlichte er sein Buch »Der deutsche Goldrausch – die wahre Geschichte der Treuhand«, für das er mit dem Opus-Primum-Preis der Volkswagenstiftung ausgezeichnet wurde. Für sein Filmprojekt zum Thema Treuhand erhielt er ein Gerd-Ruge-Stipendium der Filmstiftung Nordrhein-Westfalen.

*Juliane Lang,* M.A., studierte Gender Studies/Geschlechterstudien und Erziehungswissenschaft in Berlin und Buenos Aires und ist Mitglied im Forschungsnetzwerk Frauen und Rechtsextremismus. Sie ist wissenschaftlich und publizistisch sowie als Trainerin in der politischen Bildungsarbeit tätig. Ihre Themenfelder sind Rechtsextremismus und Geschlecht, (Anti-)Rassismus und pädagogische Rechtsextremismusprävention. Sie arbeitete für den Berliner Verein für demokratische Kultur/ Mobile Beratung gegen Rechtsextremismus und für den Verein Dissens – Institut für Bildung und Forschung. Ihre aktuellen Arbeitsschwerpunkte sind Geschlechter- und Familienpolitiken der extremen Rechten sowie Antifeminismus als Scharnier zwischen bürgerlicher und extremer Rechter. Veröffentlichungen u. a.: Mehr als die »emotionale Kompetenz« der Partei? Mädchen und Frauen in der extremen Rechten, in: Ulrich Eith/Beate Rosenzweig/Uwe Wenzel (Hrsg.), Rechtsextremismus – wie weiter in der politischen Bildungsarbeit?, Schwalbach am Taunus 2015; Frauenbilder in der NPD. Zwischen Modernisierung und traditionellen Vorstellungen. Positionen zu Feminismus, Emanzipation und Gender Mainstreaming, in: Heike Radvan (Hrsg.), Gender und Rechtsextremismusprävention, Berlin 2013, S. 89-104.

*Claudia Luzar,* Dr. rer. pol., ist Politikwissenschaftlerin, befasst sich mit Konflikt- und Gewaltforschung und arbeitet als Lehrbeauftragte an der Fachhochschule Dortmund sowie der Universität Bielefeld. Sie studierte Politikwissenschaft an der Freien Universität Berlin. Ihre Themenschwerpunkte sind Rechtsextremismus, Viktimologie und Deradikalisierung. Sie arbeitete mit rechtsextremistisch gefährdeten Jugendlichen, betätigte sich in der Beratung ausstiegswilliger Rechtsextremisten und in der Unterstützung für Opfer rechtsextremer Gewalt in Nordrhein-Westfalen. Veröffentlichungen u. a.: Rechtsextremismus im sozialräumlichen Kontext: Viktimisierung durch rechtsextreme Gewalt und raumorientierte Opferberatung, Schwalbach am Taunus 2015; (mit Dierk Borstel) Geländegewinne. Update einer Zwischenbilanz rechtsextremer Erfolge und Misserfolge, in: Stephan Braun/Alexander Geisler/Martin Gerster (Hrsg.), Strategien der extremen Rechten. Hintergründe – Analysen – Antworten, Wiesbaden ²2015 (zuerst 2014), S. 39-48; Fallanalyse Dortmund. Rechtsextreme Strukturen in Dortmund, in: Andreas Grau/Wilhelm Heitmeyer (Hrsg.), Menschenfeindlichkeit in Städten und Gemeinden, Weinheim/Basel, S. 187-200.

*Thies Marsen,* M. A., studierte Politikwissenschaft in München und ist Journalist. Er ist für diverse Zeitungen und Zeitschriften tätig und arbeitet als freier Mitarbeiter auch für den Hörfunk des Bayerischen Rundfunks und andere öffentlich-rechtliche Rundfunksender. Zu seinen Themenschwerpunkten zählen die NS-Zeit und der Rechtsextremismus in Deutschland sowie in anderen Ländern. Thies Marsen gehört zum ARD-Reporterpool für den NSU-Prozess und berichtet regelmäßig vom Verlauf des Verfahrens vor dem Oberlandesgericht München. Für seine Beiträge wurde er mehrfach ausgezeichnet, u. a. mit dem Robert-Geisendörfer-Preis 2002, der Goldmedaille beim New York Radio Festival 2002, dem Wilhelm-von-Pechmann-Preis der evangelischen Landeskirche Bayern 2011 und dem Regino-Preis 2014 für herausragende Justizberichterstattung der Fachzeitschrift *Neue Juristische Wochenschrift.* Veröffentlichungen u. a.: Zwischen »Reeducation« und Politischer Philosophie: Der Aufbau der Politischen Wissenschaft in München nach 1945, München 2001.

*Kurt Möller,* Dr. phil., ist Professor für Theorien und Konzepte Sozialer Arbeit an der Hochschule Esslingen. Er studierte Erziehungswissenschaften, Soziologie und Germanistik in Münster und Bielefeld. Als pädagogischer Mitarbeiter war er in der Jugendarbeit und der Erwachsenenbildung tätig. Seine Lehr- und Forschungsschwerpunkte umfassen

Gewalt-, Rechtsextremismus- und Menschenfeindlichkeitsforschung, Jugendkulturen, männliche Sozialisation und pädagogische Jungen-/ Männerarbeit, politische Partizipation von Jugendlichen, Konzepte und Theorien der Sozialen Arbeit sowie Jugend- und Bildungsarbeit. Er ist Mitherausgeber der Schriftenreihe Konflikt- und Gewaltforschung. Veröffentlichungen u. a.: (mit Nils Schuhmacher) Soziale und pädagogische Arbeit mit rechtsextrem affinen Jugendlichen. Akteure, Projekte, Ansätze und Handlungsfelder, Berlin 2014; (Hrsg. mit Klaus Farin) Kerl sein. Kulturelle Szenen und Praktiken von Jungen, Berlin 2014; (Hrsg. mit Silke Baer und Peer Wiechmann) Verantwortlich Handeln: Praxis der Sozialen Arbeit mit rechtsextrem orientierten und gefährdeten Jugendlichen, Opladen u. a. 2014.

*Armin Pfahl-Traughber,* Dr. phil., ist Professor an der Hochschule des Bundes für öffentliche Verwaltung in Brühl (Nordrhein-Westfalen) und Lehrbeauftragter für Politische Theorie an der Universität Bonn. Er studierte Politikwissenschaft und Soziologie. Als wissenschaftlicher Mitarbeiter und Referatsleiter war er in der Abteilung für Rechtsextremismus des Bundesamts für Verfassungsschutz tätig. Seine Arbeitsschwerpunkte in Lehre und Forschung sind Antisemitismus, Extremismus, politische Ideengeschichte und Terrorismus. Armin Pfahl-Traughber gehört dem Unabhängigen Expertenkreis Antisemitismus des Deutschen Bundestages und dem Beirat des Bündnisses für Demokratie und Toleranz an. Veröffentlichungen u. a.: Linksextremismus in Deutschland. Eine kritische Bestandsaufnahme, Wiesbaden 2014; Der »zweite Frühling« der NPD: Entwicklung, Ideologie, Organisation und Strategie einer rechtsextremistischen Partei, Sankt Augustin 2008; Rechtsextremismus in der Bundesrepublik Deutschland, München [4]2006 (zuerst 1999).

*Samuel Salzborn,* Dr. paed., ist Professor für Grundlagen der Sozialwissenschaften am Institut für Politikwissenschaft der Georg-August-Universität Göttingen. Er studierte Politikwissenschaft, Soziologie, Psychologie und Rechtswissenschaft. Lehr- und Forschungsaufenthalte führten ihn nach Marburg, Bielefeld, Gießen, Prag und Jerusalem. Seine Forschungsschwerpunkte liegen in den Bereichen Politische Theorie und Gesellschaftstheorie sowie Politische Soziologie und Demokratieforschung. Veröffentlichungen u. a.: Kampf der Ideen. Die Geschichte politischer Theorien im Kontext, Baden-Baden 2015; Rechtsextremismus. Erscheinungsformen und Erklärungsansätze, Baden-Baden [2]2015 (zuerst 2014); Antisemitismus. Geschichte, Theorie, Empirie, Baden-Baden 2014; (Hrsg.) Zionismus. Theorien des jüdischen Staates, Baden-

Baden 2015; (Hrsg. mit Dana Ionescu) Antisemitismus in deutschen Parteien, Baden-Baden 2014.

*Sybille Steinbacher,* Dr. phil., ist Professorin für Zeitgeschichte an der Universität Wien und seit 2012 Projektleiterin der *Dachauer Symposien zur Zeitgeschichte.* Zu ihren Themenschwerpunkten zählen die Geschichte des Nationalsozialismus und des Holocaust. Gastforschungsaufenthalte führten sie an das Center for European Studies der Harvard University, das Fritz Bauer Institut zur Geschichte und Wirkung des Holocaust in Frankfurt a. M. und das Mandel Center for Advanced Holocaust Studies am U. S. Holocaust Memorial Museum in Washington D. C. Sie ist Mitglied mehrerer wissenschaftlicher Gremien. Veröffentlichungen u. a.: »Musterstadt« Auschwitz. Germanisierungspolitik und Judenmord in Ostoberschlesien, München 2000; Auschwitz. Geschichte und Nachgeschichte, München ³2015 (zuerst 2004); Wie der Sex nach Deutschland kam. Der Kampf um Sittlichkeit und Anstand in der frühen Bundesrepublik, München 2011; (Hrsg. mit Frank Bajohr): »... Zeugnis ablegen bis zum letzten«. Tagebücher und persönliche Zeugnisse aus der Zeit des Nationalsozialismus und des Holocaust, Göttingen 2015.

*Tanjev Schultz,* Dr. phil., ist Professor für Journalismus an der Johannes Gutenberg-Universität Mainz und freier Mitarbeiter der *Süddeutschen Zeitung* (SZ). Mehr als zehn Jahre lang war er bis Anfang 2016 Redakteur der SZ, zunächst mit dem Schwerpunkt Bildungspolitik, später zum Thema Innere Sicherheit/Extremismus. Er studierte Philosophie, Psychologie, Politik- und Literaturwissenschaft. An der Universität Bremen arbeitete er in einem Forschungsprojekt über Identitäten türkischer Migranten und wurde mit einer Studie zur politischen Kommunikation promoviert. Für seine journalistische Arbeit erhielt er mehrere Preise. Seit Ende 2011 recherchiert und schreibt Tanjev Schultz über den NSU und begleitet den Prozess in München ebenso wie die zahlreichen Untersuchungsausschüsse. Gemeinsam mit Annette Ramelsberger und Rainer Stadler dokumentierte er das Verfahren im Magazin der *Süddeutschen Zeitung.* Veröffentlichungen u. a.: Schule ohne Angst. Wie eine Pädagogik mit Herz Wirklichkeit werden kann, Freiburg im Breisgau u. a. 2012; (mit Roland Preuß) Guttenbergs Fall. Der Skandal und seine Folgen für Politik und Gesellschaft, Gütersloh 2011.

# Personenregister

Bibliografische Information der Deutschen Nationalbibliothek
Die Deutsche Nationalbibliothek verzeichnet diese Publikation in der
Deutschen Nationalbibliografie; detaillierte bibliografische Daten
sind im Internet über http://dnb.d-nb.de abrufbar.

© Wallstein Verlag, Göttingen 2016
www.wallstein-verlag.de
Vom Verlag gesetzt aus der Adobe Garamond
Umschlagkonzept: Basta Werbeagentur, Steffi Riemann
Druck und Verarbeitung: Hubert & Co, Göttingen

ISBN 978-3-8353-1952-3

# Recht auf Wahrheit

Zur Genese eines neuen Menschenrechts

Hg. v. José Brunner
und Daniel Stahl

208 S., Klappenbroschur
ISBN 978-3-8353-1817-5

Die Autorinnen und Autoren des Sammelbandes widmen sich aus globaler und interdisziplinärer Perspektive folgenden Fragen: Welche Verbindung wird hier zwischen Wahrheit und Würde etabliert? In welchem gesellschaftlichen, kulturellen und rechtlichen Umfeld entstand dieses Menschenrecht? Und was lehrt der Vergleich früherer Wahrheitsdiskurse zu Kriegsverbrechen und Verbrechen gegen die Menschlichkeit mit der Debatte zum »Recht auf Wahrheit« am Ende des 20. und zu Anfang des 21. Jahrhunderts?

www.wallstein-verlag.de

Annette Weinke

# Gewalt, Geschichte, Gerechtigkeit

Transnationale Debatten über deutsche Staatsverbrechen
im 20. Jahrhundert

372 S., geb., Schutzumschlag
ISBN 978-3-8353-1766-6

Am Beispiel politischer, rechtlicher und wissenschaftlicher
Debatten um deutsche (Massen-)Gewalt, die über ein
knappes Jahrhundert und in verschiedenen zeitlichen und
räumlichen Zusammenhängen beleuchtet werden, geht
Annette Weinke dem sich wandelnden Charakter des
humanitären Völkerrechts nach und fragt nach den Ver-
schränkungen von historischer Erfahrung, Historiographie,
Recht und (Moral-)Politik.

www.wallstein-verlag.de